KB123631

쌩큐!
집중력

쌩큐!
집중력

집중력의 비밀과 실천방법 12가지

김규진 지음

마인드북스

집중력은 가치의 실현이다

알파고가 이겼다. 충격이었다. 2016년 3월, IT강국 대한민국의 서울에서 열린 인류 대표 이세돌 9단과 기계 대표 알파고의 바둑 대결에서 인간이 패배했다. 대국 결과는 이세돌의 4:1 완패. 인공지능이 인간의 영역을 넘어선 것이다.

그러나 엄청난 연산능력과 심층신경망으로 프로그래밍 된 알파고 앞에서 이세돌은 놀라운 집중력을 발휘했다. 감정도 없고 실수도 없는 기계와의 대결에서 흔들리지 않는 집중력을 이어갔다.

이 세기의 대국은 인공지능의 연산능력과 인간 집중력의 대결이었다 해도 과언이 아니었다. 해설자와 전문가들도 계속 집중력을 강조했다. 비록 인류 대표가 패배하기는 했지만 귀중한 1승을 거둔 이세돌을 통해 집중력의 중요성이 다시 부각되었다.

필자가 집중력에 관심을 기울이기 시작한 것은 2000년 초부터다. 직업 특성상 매년 수백 명의 사람을 만났는데 해마다 새로운 조직의 사람들을 접하다 보니 나름대로 눈썰미를 가지게 되었다. 유심히 살펴본 결과, 어느 집단이건 집중력이 뛰어난 사람이 성공한다는 것을 알게 되었다. 그래서 집중력의 비밀을 탐구하고 싶어 국내외 많은 자료를 섭렵하기 시작했다.

주의집중(attention)은 1850년대부터 서구의 의사들을 중심으로 연구되었다. 이후 심리학·정신의학의 발전으로 상당한 진전이 있었다. 1950년대 이후 인지과학(cognitive science)이라는 분야가 형성되고, 심리학·철학·교육학·사회학·생물학·전산학·신경과학·뇌과학·인공지능·로봇공학 등과 결합하면서 비약적인 발전을 거듭하였다. 구글의 알파고도 기본적으로는 인지과학의 기반 위에서 만들어진 것이다. 인지과학의 한 테마인 주의집중은 현재 ADHD 치료와 인지심리학·신경정신의학·뇌과학·교육학 분야에서 중요한 주제로 다뤄지고 있다.

집중력(concentration)을 정신혁명과 실용적인 측면에서 최초로 접근한 사람은 미국의 테론 Q. 듀몬트였다. 정신건강·자기계발·동양사상·요가 등 다양한 분야에 걸쳐 많은 책을 집필한 그는 1918년 『집중력의 힘(The Power of Concentration)』을 출간했다. 이 책은 지금도 읽히고 있다.

헝가리 심리학자 미하이 칙센트미하이가 1990년에 발간한 『몰입(Flow)』도 많은 주목을 받았다. 이후 집중력에 관한 여러 책들이 출간되었다. 하지만 필자는 기존에 출판된 책들이 전반적으로 체계와 내용이 부족하고 부분적인 내용만 다뤘다는 생각이 들었다. 그래서 '집중력만 파고들겠다'는 각오로 본격적으로 책을 쓰고자 했다. 특히 순수한 국내 연구서가 단 한 권도 없어 결심을 굳혔다.

필자는 우선 집중력을 체계적, 이론적으로 정립하기 위해 애썼다. 심리학과 신경정신의학의 많은 이론과 실험 결과를 토대로 원리와 근거를 밝히기 위해 노력했다. 세부 항목별로 집중력의 구조 및 비밀을 탐색하여 이해의 폭을 넓히고자 했다. 나아가 일상생활에서 집중력을 발휘하는 데 도움이 되는 효율적인 실천방법을 제안했다. 전체적으로는 풍부한 사례를 들어 어렵고 딱딱하게 느낄 수 있는 내용을 이해하기 쉽게 풀어 쓰고자 많은 노력을 기울였다. 그런 작업을 통해 집중력에 대한 이해와 효율성을 높이는 데 목표를 두었다.

집필하는 과정에서 특히 외국의 원문 자료를 열람하고 확인하는 데 많은 시간을 쏟았다. 국내에서 유통되고 있는 잘못된 정보를 바로잡고, 원문에 대한 색인을 밝히는 데도 중점을 두었다. 혼자서 하는 작업이었기 때문에 외롭고 버거웠지만 나름대로 깊이를 더하고자 했다.

이 책은 필자의 필요성에 의한 작업이기도 하다. 집중력이 절실하게 필요한 직업에 종사하다 보니 어떻게 하면 집중력을 높일 수 있을까에 대해 끊임없이 모색하게 되었다. 또한 이 책은 내 아이의 생활 습관과 학습능력 향상을 위한 노력의 소산이기도 하다. 아이의 집중력 향상을 위해 많은 노력을 기울인 결과, 아이는 영재과학고를 거쳐 카이스트에서 과학을 탐구하고 있다. 그런 과정과 경험이 행간에 투영돼 있다. 사랑하는 딸 강이가 있어서 작업에 더욱 힘을 낼 수 있었다.

끝으로 이 책을 읽는 독자들이 집중력을 통해 더 많은 성취와 행복을 누리기를 기원한다. 쓸데없는 '딴짓'과 '잡생각'을 제거함으로써 삶의 목표를 제대로 설정하고, 자신의 능력을 최대한 발휘하기 바란다. 집중력은 행복이다. 인생을 가치 있게 만드는 지름길이다. 그 길을 함께 가자.

북한산 밑에서
김규진

| 차 례 |

당신도 집중력 장애를 앓고 있다

초음속으로 날아가는 전투기의 최대 속도는 마하 2.5다. 마하(mach) 1은 초속 340m이므로 눈 깜짝할 사이에 850m를 날아간다. 이처럼 빠르게 날아가므로 순간 통제가 무엇보다 중요하다. 고도의 집중력을 가지고 정확하게 통제하지 않으면 바로 죽음이다.

전투기 조종사의 집중력

게다가 전투기는 무지무지하게 비싸다. 우리나라 공군의 주력 전투기 종인 F-15K는 1기당 가격이 1천억 원에 달한다. 전투기 한 대가 5천만 원짜리 고급승용차 2천 대와 맞먹는다. 이처럼 초고가이다 보니 보물처럼 다뤄야 하는 것은 자명한 일이다. 순간의 실수로 전투기를 추락시키면 인명과 함께 엄청난 손실이 발생한다.

이 때문에 전투기 조종사들은 강도 높은 훈련을 반복한다. 그들은 단계별로 실습 과정 → 기본 과정 → 고등 과정 → 전환 및 작전가능 과정 등의 훈련을 받는다. 실무훈련으로는 저압실 훈련, 비상탈출 훈련, 비행착각 훈련, 가속도 내성 훈련 등을 받는다.

전투기 조종사들은 엄청나게 빠르게 날아가는 비행체 속에 있기 때문에 중력의 영향을 많이 받는다. 조종사가 받는 중력의 힘은 G(gravity)로 표시한다. 2G는 평상시 중력의 2배를 받는다는 뜻이다. 전투기가 급상승을 하거나 하강을 할 때면 중력이 높아지는데 일반 전투기는 7.3G, T-50은 8G, F-16/15는 9G에 이른다.

급상승하여 중력이 높아지면 혈액이 다리 쪽으로 몰리면서 머리에 혈액 공급이 안 된다. 산소가 부족하여 의식불명 상태가 될 수 있다. 이런 현상을 눈앞이 까맣게 변한다고 해서 블랙아웃(Black Out)이라 한다.

반대로 급하강하여 혈액이 머리로 몰리면 레드아웃(Red Out) 현상이 일어난다. 원심력으로 인해 뇌와 안구 쪽으로 혈액이 몰리게 되고, 눈에 많은 혈액이 몰려 시야가 빨갛게 된다. 심하면 안구나 뇌의 혈관이 터져 내출혈이 일어날 수 있다. 레드아웃은 블랙아웃보다 더 위험하다.

중력을 이겨 내기 위해 전투기 조종사들은 G-슈트라는 옷을 착용한다. G-슈트는 1~2G를 더 견딜 수 있게 해 준다. 위아래가 붙어 지퍼로 착용하는 옷이 바로 G-슈트다. 멋있어 보이는 조종사들의 상징인 이 슈트는 중력조절용 특수복이다.

상승이든 하강이든 전투기 조종사가 받는 중력은 무시무시한데 이를 견딜 수 있게 해 주는 힘은 바로 체력과 집중력이다. 정신을 잃는다는 것은 바로 추락을 의미하기 때문에 전투기 조종사는 다양한 상황을 상정하고 신체가 무의식적으로 반응할 때까지 훈련을 반복한다. 또한 어떠한 경우에도 집중력을 잃지 않도록 훈련을 받는다. 만약 집중력을 잃고 엉뚱한 버튼을 누르면 곧바로 죽음과 직결된다. 그러므로 집중력은 전투기 조종사의 생명과 같다.

국가는 엄청난 가격의 전투기를 맡기기 위해서 먼저 개인의 자질을 검증하여 적합한 요원을 선발하고, 이후에 엄청난 교육을 시켜 전투기 조종사를 양성한다. 자질과 교육이라는 이중적인 장치를 통해 최고의 집중력을 가진 파일럿이 탄생하는 것이다. 그중 최고로 우수한 조종사가 바로 탑건(Top Gun)이다. 많은 직업군 중에서 가장 높은 집중력을 필요로 하는 분야가 바로 전투기 조종사라 할 수 있다.

집중력 테스트

문제는 우리 모두가 전투기 조종사처럼 될 수 없다는 것이다. 자질이 뛰어난 것 같지도 않고 집중력 교육도 제대로 받지 못했다. 우리의 대부분은 자생적으로 방목된 사람이다. 그러므로 집중력이 뛰어날 리 없다. 더 중요한 것은 자신의 집중력에 대해 심각하게 고민해 보지 않았다는 것이다.

이 책을 읽는 독자들도 제대로 된 집중력 테스트를 받아 본 적은 거의 없을 것이다. "에이 왜 내가?" "난 집중력에 문제가 없는데." "내 일은 그렇게 고도의 집중력을 필요로 하지 않아." 대부분 이렇게 생각한다.

그러나 사실은 우리 모두 집중력 장애를 가지고 있다. 단지 정도의 차이가 있을 뿐이다. 누구나 공부나 업무를 할 때 집중력이 반드시 필요하다는 것을 알고 있다. 그렇지만 대부분의 사람들은 집중력 부족으로 효율이 떨어져도 이를 심각하게 생각하지 않는다. 왜냐하면 더 많은 시간을 투입하여 일을 수행하든가 미흡한 상태로 그럭저럭 버티고 있기 때문이다. 대다수의 사람들은 그런 상태가 자신의 성향, 스타일이라고 생각하고 있다.

하지만 집중력이 높아져 성과가 훨씬 나아진다면 어떨까? 남들이 세 시간 걸릴 일을 한 시간에 끝낸다면? 게다가 성과도 우월하다면? 지적 능력은 비슷한데 적은 시간을 공부하여 높은 성적을 올린다면? 똑같이 공부하여 많은 사람이 탈락했는데 나는 합격한다면? 당연히 좋은 일이다. 그런데도 우리는 집중력을 높이기 위해 적극적인 노력을 하지 않는다. 왜? 자신의 집중력이 어느 정도인지 모르고 있기 때문이다.

그렇다면 당신의 집중력은 어느 정도인가? 자신의 집중력을 테스트하기 위해서는 전문기관에 가서 검사를 하는 것이 좋다. 전문기관에서는 뇌기능 다중검사·심리검사·학습능력검사·정보처리 능력검사 등 다양한 검사를 통해 집중력을 측정한다. 집중력에 상당한 장애가 있다고 생각된다면 ADHD 검사를 실시할 수 있다. 이런 전문 검사를 통해 자신의 집중력을 알아볼 수 있다.

인터넷에서 복잡한 퍼즐 같은 낱말을 나열해 놓고 짧은 시간에 '잘못된 단어 찾기' 등을 해 보라는 식의 집중력 검사가 있다. 하지만 그런 검사는 쓸모없는 것이다. 그와 같은 단편적인 검사는 집중력의 본질과 거리가 멀다. 동영상을 실행해 놓고 무엇인가를 맞춰 보라는 검사 같은 것도 있는데 역시 무용하다. 집중력은 보다 장기적이고 계획적이고 목표지향적인 것이지 순간 기억력과 판단력이 아니기 때문이다.

전문기관에 가서 집중력 테스트를 하고 싶지만 사정상 여의치 않다. 그럴 경우 다음과 같은 설문을 통해 자가진단을 해 볼 수 있다. 다음 설문은 자신의 집중력이 어느 정도인지 알아보기 위한 것이다. 동시에 일상생활에서 집중력 발휘에 필요한 행동 양태나 생활 습관을 얼마나 갖추었는지 점검해 보기 위한 것이기도 하다. 솔직한 마음으로 테스트해 보자.

집중력 자가진단 TEST

다음 문항을 읽고 자신의 행동 양태나 생활 습관이 어느 정도인지 표기하여 합산하시오.

구분	질 문	매우 그렇다 (1점)	그렇다 (2점)	보통 (3점)	아니다 (4점)	전혀 아니다 (5점)
1	공부나 독서, 일을 할 때 지루하며 몰입이 되지 않는다.					
2	공부나 일을 처음 시작하기까지 뜸을 오래들이며 시간이 많이 걸린다.					
3	공부나 일을 하다가 자주 휴대전화를 들여다본다.					
4	공부나 일을 하면서 라디오나 MP3를 듣거나, 음악을 자주 듣는다.					
5	공부나 일을 하면서 인터넷 검색을 자주하고, 시간을 많이 빼앗긴다.					
6	멍하니 딴생각을 자주 하며 공상을 많이 한다.					
7	과제나 맡은 일(학습)을 끝까지 완수하지 못한다.					
8	관리자가 없으면 혼자 공부하지 못한다.					
9	규칙과 지시를 잘 따르지 않고 마음대로 하는 편이다.					
10	금방 설명을 들은 것도 쉽게 잊어버린다.					
11	꼭 해야 할 숙제나 공부, 일을 자꾸 뒤로 미룬다.					

구분	질 문	매우 그렇다 (1점)	그렇다 (2점)	보통 (3점)	아니다 (4점)	전혀 아니다 (5점)
12	나는 꼼꼼하지 않은 편이다.					
13	늘 마음이 불안하고 걱정이 많다.					
14	다른 사람에게 전화나 문자나 카톡을 자주하며, 답장을 계속 기다린다.					
15	다른 사람의 말을 주의 깊게 경청하지 않는다.					
16	다른 사람의 활동에 불쑥 끼어들기를 잘하거나 방해한다.					
17	독자적인 일보다 집단으로 하는 일이 더 좋다.					
18	동작이 느리고 자신감이 없으며, 무기력하다.					
19	목표를 세웠다 할지라도 완수하지 못한다.					
20	방, 책상 등 자기 주변에 있는 물건이 정돈되어 있지 않고 지저분하다.					
21	생각보다 행동이 앞선다.					
22	생각을 많이 해야 하는 활동을 싫어한다.					
23	지속적으로 집중하기 어려워 선생님이나 상급자의 설명을 잘 이해하지 못한다.					
24	세세한 부분을 놓쳐서 실수가 잦다.					
25	손발을 가만두지 못하고 계속 꼼지락거린다.					
26	숙제나 일을 완수하지 못했을 경우 변명을 많이 한다.					

구분	질 문	매우 그렇다 (1점)	그렇다 (2점)	보통 (3점)	아니다 (4점)	전혀 아니다 (5점)
27	시험 때가 다가와도 공부가 잘 되지 않는다.					
28	시험을 볼 때 실수로 틀리는 경우가 많다.					
29	시험이나 마쳐야 할 일이 있지만 다른 일(TV 시청, 게임 등)을 자제할 수 없다.					
30	안절부절못하거나 가만히 있지 못한다.					
31	외부 자극에 의해 쉽게 정신을 빼앗긴다.					
32	이것저것 일을 많이 벌려놓는 편이다.					
33	자기만의 계획이나 해야 할 일(학습)의 목표를 잘 세우지 못한다.					
34	자신의 물건을 잘 잃어버린다.					
35	자신에게 주어진 일(학습)을 대충대충 한다.					
36	자신에게 중요한 것과 불필요한 것을 구별하지 못한다.					
37	업무 중이나 집중해야 할 때 흡연이나 커피를 마시기 위해 자주 자리를 뜨며 주변을 돌아다닌다.					
38	잡음이 나면 계속해서 공부나 일을 하지 못한다.					
39	지나치게 말을 많이 하고, 소란스럽다.					
40	지속적으로 공부나 일을 할 수 있는 시간이 최대 10분이다. (10분-1점, 20분-2점, 30분-3점, 40분-4점, 50분 이상-5점)					

구분	질 문	매우 그렇다 (1점)	그렇다 (2점)	보통 (3점)	아니다 (4점)	전혀 아니다 (5점)
41	질문이 끝나기 전에 불쑥 대답한다.					
42	차례를 기다려야 하는 경우, 차례를 못 기다린다.					
43	충동을 통제하거나 억제하기 어렵다.					
44	평소 깊은 잠을 자지 못하고, 늘 수면 부족에 시달린다.					
45	평소 냉장고 문을 자주 여닫는다.					
46	한 가지 일(학습)을 끝내고, 다른 일로 전환하는 데 시간이 많이 걸린다.					
47	공부나 한 가지 업무를 오래 하지 못하고 금방 다른 일을 찾는다.					
48	해야 할 일을 순서대로 하지 못한다.					
49	혼자 있는 것보다 다른 사람과 어울려 노는 모임 같은 것을 좋아하는 편이다.					
50	화를 잘 내거나 울기를 잘하며 감정 기복이 심하다.					
	계					
	총 계					

결과가 어떻게 나왔는가? 최저점은 50점, 최고점은 250점이다. 점수가 낮을수록 집중력이 떨어지고, 높을수록 집중력이 뛰어나다. 자신의 점수에 따라 다음과 같이 분류할 수 있다.

<50~89점> 심각한 집중력 결여

집중력이 심각하게 결여되어 있다. 주의가 산만하여 학습이나 맡은 업무에 집중하지 못한다. 늘 불안정한 모습을 보이며 안절부절못한다. 책상에 오래 앉아 있지 못하며 자주 자리를 뜬다. 의지가 약하기 때문에 충동적으로 행동한다. 학습에 집중하지 못해 성적이 떨어져 학습부진을 겪을 가능성이 높다.

업무수행 능력과 효율성이 떨어져 성과가 매우 낮고 뒤쳐진다. 정서적으로는 자신감이 매우 낮고 감정표현이 미숙하며 친구관계가 원활하지 못할 수 있다. 전문가의 도움이 반드시 필요하며, 전문기관의 상담·치료 및 집중력 훈련이 반드시 필요하다.

<90~129점> 우려할 만한 수준의 집중력

매우 우려할 만한 수준의 집중력을 가지고 있다. 집중력이 떨어져 자신의 능력이 발휘되지 못한다. 대체로 학습이나 업무에 성과를 내지 못하고 낮은 수준에 머물러 있을 가능성이 높다. 자신이 선호하는 활동을 할 때와 그렇지 않을 때의 편차가 매우 심하다. 시험을 볼 때는 아는 것도 실수로 틀리는 경우가 많다. 역시 전문가의 도움이 필요하며 집중력 부진의 원인을 파악해야 한다. 체계적인 집중력 훈련이 반드시 필요하다.

<130~169점> 보통 수준의 집중력

평균적인 집중력을 가지고 있다. 그러나 집중력이 떨어져 학습이나 업무 저하가 발생할 확률이 매우 높다. 자신의 집중력을 떨어뜨리는 습관이나 환경이 무엇인지 꼼꼼히 따져 보고 보완해야 한다. 자신의 집중력이 보통이라는 것을 인식하고, 의도적으로 집중력을 높여야겠다는 생각과 노력을 계속해야 한다. 역시 체계적인 집중력 훈련이 필요하다.

<170~209점> 약간 높은 수준의 집중력

지금보다 집중력을 더 높일 수 있다면 더 나은 학습 능력과 업무 효율성을 발휘할 수 있다. 평소 습관에서 집중력을 떨어뜨리는 것이 무엇인지 파악해 보고, 집중력을 높일 수 있는 방법을 적극적으로 고민해 보면 좋다. 노력을 기울이면 집중력을 더 향상할 수 있다.

<210~250점> 높은 수준의 집중력

높은 수준의 집중력을 가지고 있다. 집중력을 발휘하는 데 익숙하며 훈련이 되어 있다. 집중력이 좋아 학습이나 주어진 일을 빨리 끝낼 수 있으며 효율성이 높다. 더 높은 집중력을 발휘하고 유지할 수 있는 방법을 찾아 훈련하면 더 큰 성과를 이룰 수 있다. 집중력 유지에 필요한 환경을 조성하고 지속력을 갖추기 위해 힘써야 한다.

테스트 결과, 170점 이하가 나왔다면 반드시 전문가의 도움이 필요하다. 전문기관을 찾아가 상담·치료 및 집중력 훈련을 받아야 한다. 대수롭지 않게 여기면 평생 낮은 수준의 성취에 머물 수 있다. 그 이상의 점수가 나왔다면 높은 집중력을 유지하고 장기집중력을 높일 수 있는 노력을 지속해야 한다.

제 1 장

집중력은
타고나는 것일까

1. 집중력이 성패를 결정한다

"이세돌 9단, 집중력을 발휘해야 합니다."

"이세돌 9단의 집중력을 숫자로 표현한다면 엄청난 숫자가 나올 겁니다."

"끝까지 집중력을 유지해야겠습니다."

2016년 3월 13일, 인류 대표 이세돌 9단과 인공지능 알파고의 바둑대결 제4국. 당초 예상과 달리 세 판을 내리 진 이세돌 9단은 새로운 전략으로 알파고를 공략했다. 신의 한수라 불린 78수가 던져지자 관전자들은 술렁였다. 알파고의 실수가 계속되자 이세돌이 이길 수 있다는 관측이 조심스레 떠올랐다. TV와 인터넷을 통해 전 세계로 중계된 가운데 해설자들은 수없이 '집중력'을 강조했다. 그리고 집중력을 잃지 않은 이세돌은 4국에서 마침내 승리했다.

각 언론은 놀라운 연산능력과 감정의 기복이 없는 알파고 앞에서 이세돌이 "집중력을 잃지 않고 인간의 한계를 넘어서는 대결을 펼쳤다.", "인류를 대표한 외로운 싸움에서 인간의 자존심을 지켜 줬다."라고 극찬했다.

최종 전적에서는 비록 4:1로 패배하고 말았지만 이세돌은 인간의 투혼과 집중력의 중요성을 여실히 보여 줬다. 결국 집중력이 승패를 갈라 놓았던 것이다.

밴쿠버 동계올림픽이 막바지로 치닫고 있던 2010년 2월 26일 오후 1시 22분. 세계의 스포츠팬들은 TV 앞에서 숨을 죽였다. 특히 대한민국 국민들은 바쁜 일손을 멈추고 조마조마한 마음으로 TV를 뚫어져라 바라보았다. 이윽고 경기가 시작되자 김연아 선수는 한 마리 새처럼 우아하게 날아올랐다.

극도로 긴장된 4분 10초. 경기가 끝나자 퍼시픽 콜로세움의 관중석은 폭죽처럼 터지며 순식간에 열광의 도가니로 변했다. 결과는 김연아의 완벽한 승리. 쇼트 프로그램 78.50, 프리 프로그램 150.05, 합산 228.56점을 획득함으로써 김연아는 세계 신기록을 달성했다.

김연아의 금메달이 확정되는 순간 대한민국은 온통 축제 분위기에 휩싸였다. 세계 언론은 "김연아의 연기는 세계 피겨스케이팅 역사상 최고의 작품 가운데 하나"라고 입을 모았다. 뉴욕타임스는 "김연아는 상상할 수 없는 엄청난 심적 부담 속에서도 놀라운 연기를 보여 줬다."라고 평가했다. AP통신은 "얼음 위의 예술을 만든 김연아는 마치 악보 위의 음표처럼 움직였다."라며 극찬했다. 김연아는 마침내 새로운 신화를 쓴 것이다.

동계올림픽이 끝난 후, 김연아는 2010년 3월 말에 열리는 세계선수권대회에 집중하겠다고 밝혔다.

그로부터 28일이 지난 2010년 3월 27일 새벽. 이탈리아 토리노 팔라벨라 빙상장에서 2010 국제빙상경기연맹 피겨스케이팅 세계선수권대회가 열렸다. 그러나 싱글 쇼트프로그램에서 김연아는 60.30점이라는 최악의 점수를 받으며 7위를 기록했다.

경기 후 김연아는 스스로도 실망스럽다며 "정신적으로 풀렸다. 대회를 앞두고 제대로 훈련한 것은 1주일 정도밖에 되지 않았다. 스케이트를 타기 싫어 빈둥거렸다.'라고 털어놓았다.

언론과 전문가들은 '집중력 저하'를 김연아가 추락한 가장 큰 이유로 지적했다. 올림픽이 끝난 후 목표의식이 떨어져 집중력과 긴장감을 잃었다는 것이다. 물론 다음 날 열린 프리 프로그램에서 높은 점수를 얻어 2위를 기록했지만 김연아의 사례는 집중력이 얼마나 중요한지를 여실히 보여 주었다. 왜 이런 일이 일어났을까?

성공은 집중력에 비례한다

집중력은 모든 분야에서 절실하게 요구된다. 공부와 직업, 비즈니스와 예술·스포츠, 심지어 인간관계에서도 집중력이 필요하다.

집중력은 학습에서 가장 절실하게 요구된다. 선생님과 부모들은 늘 학생들에게 '집중! 집중! 집중하라.'고 강조한다. 고사에는 "안광(眼光)이 지배(紙背)를 철(徹)했다."라는 말도 전한다. 얼마나 열심히 공부에 집중했는지 눈빛이 종이를 뚫었다는 이야기다.

사업을 할 때도 한 가지 일에 집중해야 한다. 이것저것 벌이다가는 망하기 십상이다. "한 우물을 파라."라는 말은 불변의 진리다. 성공한 기업은 모두 한 가지 분야에 집중하여 최고의 자리에 올랐다.

삼성전자가 세계 최고의 기업이 된 이유는 1969년 창립 이래 오직 한 분야에만 매진했기 때문이다. 남들이 선진국을 따라잡는 일은 계란으로 바위치기라며 포기할 때도, 전자강국 일본이 자만하며 투자와 기술개발을 소홀히 할 때도 삼성전자는 오로지 한길 기술개발과 투자에 전력을 기울였다.

그 중심에는 항상 '손사래'를 치는 이건희 회장이 있었다. 그는 언제나 '선택과 집중'을 강조했다. 그 결과 삼성전자는 2009년 일본 상위 전자업체 9곳을 합한 것보다 더 많은 이익을 내는 세계적인 기업의 자리에 등극했다. 지금도 삼성전자는 경영전략 중에서 '집중력'을 가장 강조하고 있다.

직장에서 일을 할 때, 연주를 하거나 그림을 그리는 등 예술활동을 할 때, 운전을 하거나 요리를 할 때도 정신을 한 곳에 집중해야 한다. 집중을 하지 않으면 성과가 나타나지 않는다. 운전 중 이리저리 해찰을 하다가는 큰 사고가 날 수 있다. 요리하다 딴생각을 하면 손을 베거나 냄비를 태우게 된다.

심지어 연애를 할 때도 집중력이 필요하다. 이리저리 양다리 세 다리 걸치지 말고 한 사람에게 집중해야 한다. 이 사람 저 사람 기웃거리다가 모두 놓친다. 한 사람에게 집중해도 상대의 마음을 얻을까 말까인데 여러 사람에게 마음을 분산시키면 결과는 백전백패다.

언제나 성공은 집중력에 비례한다. 그 등식은 철칙이다.

연구에 집중하기 위해 필라델피아 멘로파크라는 조용한 마을로 이사한 에디슨은 아크등의 단점을 해결하고자 1878년 여름 백열전구 개발을 결심했다. 그때까지 만들어진 백열전구는 고작해야 5, 6초 이상 빛을 발하지 못했다. 그해 가을 에디슨은 기자회견을 열어 "6주 내에 전구를 발명해 보이겠습니다."라고 선언했다.

에디슨은 수학자 앱튼, 유리기술자 보엠 등 유능한 조수들과 함께 연구를 거듭했다. 문제는 빛을 내게 하는 필라멘트였다. 백금은 몇 초 안에 타 버렸고, 전통적인 재료인 탄소는 전기가 통하자마자 끊어졌다. 그는 필라멘트로 쓸 재료를 집중적으로 연구했다. 루테늄, 크롬 등의 금속을 필라멘트로 만들어 실험했으나 잠깐 빛을 내고 이내 끊어져 버렸다. 그렇게 에디슨은 1,600가지가 넘는 재료를 실험했다. 한마디로 할 수 있는 모든 재료를 실험한 것이다.

실험은 계속 실패했다. 전문가들은 비웃고, 언론은 에디슨이 쓸데없는 짓을 하고 있다고 보도했다. 그러나 에디슨은 집중력을 잃지 않고 결코 포기하지 않았다. 그는 연구하는 동안 하루에 네 시간 이상 자지 않았다. 그러다가 1879년 10월 21일 여러 줄의 실을 탄화(炭化)시킨 필라멘트를 진공의 유리구 내에 넣고 실험한 결과, 45시간 동안 빛을 내는 데 성공했다.

에디슨이 백열전구 발명에 성공했다는 이야기를 듣고 기자들이 몰려와 질문했다.

"전구를 발명하기까지 9,999번이나 실패했다는 것이 사실입니까?"

"아니요. 결코 실패한 일이 없습니다. 나는 다만 전구가 안 되는 방법 9,999가지를 찾아낸 것뿐입니다."

그는 여기에 그치지 않았다. 좀 더 내구성이 있는 필라멘트의 재료를 찾은 결과, 1880년에 탄화시킨 대나무가 가장 오래 간다는 사실을 알아내어 일본 교토 부근의 야와타에서 나는 대나무를 사용하였다. 1882년 가을에는 뉴욕 펄 스트리트에 전기 네트워크를 구축해 100여 개의 전구를 동시에 켬으로써 인류 문명을 환하게 밝혔다.

에디슨은 축전지를 발명할 때는 무려 5만 번의 실패를 거듭한 끝에 결국에는 성공했다. 사람들이 성공의 비결을 묻자 그는 이렇게 말했다.

"대부분의 사람들도 항상 무엇인가를 한다. 그들과 내가 다른 점이 있다면 그들은 많은 일을 하고, 나는 오로지 한 가지 일에 집중한다는 것뿐이다."

불광불급(不狂不及), 미쳐야 이룬다

괴애(乖涯) 김수온(金守溫, 1410~1481)은 조선 최고의 책벌레로 꼽힌다. 과거에 급제하여 세종의 특명으로 집현전 학사가 된 그는 평생을 책에 묻혀 지냈다. 그는 한 번 책을 잡으면 시간이 가는 줄 몰랐다. 책을 읽을 때는 내용을 통째로 외워 버렸다. 심지어 나들이할 때는 한 장씩 찢어 소매 속에 넣고 다니면서 외웠다.

하루는 신숙주에게 귀한 책이 있다는 말을 듣고 빌리러 갔다. 김수온이 계속 조르자 신숙주는 하는 수없이 책을 빌려주었다. 그러나 시간이 지나도 책을 반납하지 않자 신숙주는 김수온을 찾아갔다. 그런데 김수온은 책을 모조리 찢어 벽에 붙여 놓고 외우고 있는 것이 아닌가?

"아니 이게 무슨 짓인가?"

화가 난 신숙주가 소리 질렀다.

"이렇게 벽에 붙여 놓으면 누워서도, 앉아서도, 서서도 책을 읽을 수 있다네."

김수온은 판중추부사와 공조판서를 지낸 명신인데 평생 공부를 게을리하지 않았다. 그는 공부에 빠져 계절이 바뀌는 것도 몰랐다. 어느 날 책을 읽다가 밖으로 나와 수북하게 쌓인 낙엽을 보고서야 "아! 가을이 왔구나." 하고 깨달았다 한다.

불광불급(不狂不及), 미치지 않으면 이뤄내지 못한다. 자기가 하는 일에 즐기면서 열정적으로 미치면 반드시 성공한다. 자기가 하는 일이 천명(天命)이라 생각하고 집중하면 언젠가는 이뤄 낸다. 이리저리 재지 않고, 이것저것 기웃거리지 않고, 뚜벅뚜벅 걷다 보면 언젠가는 성취에 도달한다. 설사 목표에 도달하지 못했다 할지라도 그러한 삶은 가치 있다. 우보천리(牛步千里), 뚜벅이 소가 천리를 간다. 올곧은 의지와 열정을 가지고 공부와 일에 집중한 인생은 행복하다. 주위를 둘러보면 행복하다고 하는 사람들은 무엇인가에 집중한 사람들이다.

'건반 위의 구도자'라는 수식을 달고 다니는 피아니스트 백건우는 엄청난 연습벌레다. 1991년 퀸엘리자베스콩쿠르 때는 미처 생각하지 못한 곡이 제시되자 2시간 자고 22시간 연습한 뒤 무대에서 연주를 끝내고 쓰러진 적도 있었다. 젊었을 때는 하루에 8~9시간 연습했으며, 중년 이후에도 5~6시간 연습했다.

그는 베토벤의 피아노 소나타 전곡 녹음과 연주에 도전하기 위해 2005년부터 엄청난 연습에 몰입했다. 그렇게 연습한 후, 2007년 말 60줄의 나이에도 불구하고 32곡 전곡 녹음이라는 대장정을 마쳤다. 이어서 2007년 12월에는 베토벤 피아노 소나타 전곡을 7일 동안 완주하는 세계적으로 유례없는 기록을 수립했다.

그는 사람들이 자신의 연주에 대해 묻자 "나는 언제나 부족하다. 내 연주는 얼마나 연습에 집중했느냐에 달려 있다."라고 토로했다.

그런데 왜 집중하지 못할까

두말할 나위 없이 집중력은 성패를 결정한다. 개인이건 기업이건 마찬가지다. 우리 모두는 집중력이 중요하다는 것을 잘 알고 있다. 더 부연할 필요도 없다. 하지만 그것을 실천하여 성과를 거두는 사람은 많지 않다.

이유는 무엇일까? 무엇이 집중력을 방해하고 몰입하지 못하게 만드는 것일까? 당장 집중해야 할 일이 있는 데도 왜 중심핵에 뛰어들지 못하고 변두리만 맴도는가? 어떤 사람은 자기 일에 집중하여 놀라운 성과를 도출하는데 왜 어떤 사람은 지리멸렬하여 전혀 성과가 없는가? 집중력은 선천적으로 타고난 것인가? 아니면 노력을 통하여 획득할 수 있는 것인가? 고칠 방법은 없는가? 이제 집중력의 세계에 본격적으로 집중해 보기로 하자.

2. 집중력이란 무엇인가

이광(李廣, ?~B.C.119)은 한나라의 명장이다. 힘이 장사였고 대단한 명궁이었다. 그는 어느 날 사냥을 하다 깊은 숲속에서 길을 잃고 말았다. 날이 어두워져 이리저리 헤매고 있는데 풀숲에서 거대한 호랑이가 자신을 노려보고 있는 것이 아닌가? 너무 놀란 그는 급히 화살을 빼어 활시위를 당겼다.

그런데 호랑이는 꼼짝도 하지 않았다. 화살을 맞았으면 펄쩍 뛰며 포효라도 해야 할 텐데 전혀 움직임이 없었다. 이상하게 생각한 이광이 조심스레 다가가 보니 바위에 화살이 박혀 있었다. 그가 쏜 것은 호랑이가 아니라 호랑이 형상을 한 바위였던 것이다.

헛웃음을 터뜨린 그는 바위를 향하여 다시 화살을 날려 보았다. 그러나 화살이 꽂히기는커녕 튕겨 나면서 살대마저 부러지고 말았다. 몇 번이나 화살을 날려 보았지만 역시 마찬가지였다. 나중에 양자운이란 사람에게 이 일을 말하자 그는 이렇게 말했다.

"집중하면 쇠나 돌도 능히 뚫을 수 있는 법(金石爲開)이지."

정신을 집중하면 화살이 바위를 뚫는다는 뜻을 가진 이광사석(李廣射石)의 고사다.

집중력이란

집중력이란 "어떤 한 가지 일에 마음이나 주의(注意)를 기울여 몰두하는 힘"을 뜻한다. 한자어로 풀이하면 집중력(集中力)은 '가운데, 즉 중심(中心)을 향해 모으는(集) 힘'이다. 영어로는 'concentration'이다. 이는 중심을 뜻하는 'center'와 모으다, 연결하다는 의미로 쓰이는 접두사 'con'의 결합으로 이루어진 단어다. 이 단어 역시 '중심을 향해 모은다'는 뜻을 가지고 있다.

concentration과 비슷한 단어가 attention이다. 그런데 이 두 단어의 용례는 다소 차이가 있다. concentration이 적극적인 집중을 뜻한다면 attention은 '주의, 관심'의 뜻으로 쓰인다. 군대에서 많이 쓰는 단어의 하나가 바로 'Attention!'이다. 우리 말 '일동 차렷!'의 구호다.

concentration과 attention을 비교해 보면 concentration이라는 단어가 더 강력하다. 보다 능동적이며 적극적인 특성을 띠고 있다. 하지만 심리학에서는 '집중'에 대해 'attention'을 더 많이 사용한다. 전통적으로 심리학에서의 주의집중은 'attention'에 관한 연구로 진행되어 왔으며 학문적 연구 역시 'attention'으로 지칭한다.

미리 밝혀 두는 것은 이 두 단어는 사실상 같은 개념이므로 본 책에서는 함께 사용할 생각이다. 다만 학문적 지칭이 필요할 때만 'attention'을 구분하여 '주의집중'으로 표현하기로 한다.

집중력은 심리학과 인지신경과학, 교육에서 가장 강렬한 연구 주제 중 하나다. 근대 심리학의 창시자로 일컬어지는 미국의 심리학자인 윌리엄 제임스(William James)는 1890년 『심리학 원론(The Principles of Psychology)』에서 집중력을 이렇게 정의했다.

"집중력은 여러 가지 동시에 주어진 대상들과 꼬리를 무는 생각들로 부터 한 가지를 분명하고 생생한 형태로 마음에 담아 두는 것이다. 의식의 초점, 집중이 그 본질이다. 집중력은 어떤 것들을 효과적으로 처리하기 위하여 다른 것들로부터 벗어남을 의미한다. 프랑스어 distraction, 독일어 zerstreutheit라 불리는 혼란, 산만, 침착치 못한 상태와 정반대의 상태다."

이처럼 동서양을 종합해 보면 집중력은 '한 군데 중심을 향해 모으는 힘'이라 정의할 수 있다.

집중력 연구의 역사

집중력에 관한 연구는 19세기 중반부터 시작되었다. 집중력 연구는 주의집중을 관장하는 신호의 요인과 감각, 신경계의 뉴런을 조정하는 속성 및 영향, 주의집중과 다른 인지과정 사이의 관계를 규명하는 것 등을 중심으로 진행되었다.

1850~1900년대 초반

1858년 네덜란드 안과의사인 프란시스커스 돈더(Franciscus Donders)는 주의집중을 연구하는 데 정신시간측정법(mental chronometry)을 사용했다. 그것은 지그문트 프로이트(Sigmund Freud) 등 다양한 학자에 의해 지적탐구의 주요 분야로 간주되었다.

이 시대의 큰 논쟁은 동시에 두 가지 일에 집중하는 것이 가능한가였다. 이른바 분할 집중에 관한 것이었다. 독일의 철학자 월터 벤자민(Walter Benjamin)은 이런 경험을 '혼란 상태에서의 수용'으로 설명했다. 제임스(W. James)는 주로 자기성찰을 중심으로 주의집중을 연구하였다.

1950년대~현재

1950년대에 이르러 심리학자들은 주의집중에 대해 새롭게 접근했다. 당시는 인식론이 실증주의에서 리얼리즘으로 바뀌는 시기였고 그것은 '인지혁명'으로 불렸다. 이때부터 주의집중과 같은 눈에 보이지 않는 인지 과정에 대한 과학연구가 중요한 분야로 인정받았다.

주의집중에 관한 현대의 연구는 1953년 영국의 인지심리학자 에드워드 콜린 체리(Edward Colin Cherry)에 의해 이분청취(칵테일파티 효과)의 실험으로 시작되었다. 칵테일파티 효과(cocktail party effect)란 여러 사람들이 모여 한꺼번에 떠드는 모임 속에서도 자기에 관한 이야기를 하고 있으면 귀에 쏙쏙 들을 수 있는 것을 뜻한다. 주의력이 다른 대화를 선택적으로 걸러 내는 것이다. 이 연구는 선택적 주의집중에 관한 연구로 지금도 인정받고 있다.

체리의 이분청취 연구는 영국의 임상심리학자인 도날드 브로드벤트(Donald Broadbent)와 다른 사람들에 의해 발전되었다. 그레이(Gray)와 웨더번(Wedderburn), 앤 트레이즈만(Anne Treisman) 등은 실험을 통해 브로드벤트의 초기 모델과 1968년에 행해진 더치-노만 모델(Deutsch-Norman model)에 이르기까지 여러 문제들을 지적했다.

이 모델에서는 어떠한 신호도 걸러지지 않았으며, 모든 과정이 그들의 메모리에 저장된 표현을 활성화한다는 결과가 도출되었다. 주의집중이 '선택적'일 때는 하나의 자극이 더 나은 결과를 위해 선택되었을 때만 작동한다는 것이 증명되었다.

앤 트레이즈만은 매우 설득력 있는 통합이론을 개발했다. 이 이론에 따르면 주의집중은 의식적으로 경험된 전체를 통해서 대상의 색깔이나 모양 같은 다양한 모습들을 하나로 묶는다. 이 모델은 많은 비판을 받고 있지만 아직도 널리 인용되며, 제레미 울프(Jeremy Wolfe)의 가이드 검색이론(Guided Search Theory) 등과 같은 이론을 양산시켰다.

1960년대에 미국 보건국립연구소의 로버트 워츠(Robert Wurtz)는 주의집중 작업을 수행하도록 훈련된 짧은 꼬리 원숭이의 뇌로부터 전기신호를 기록하기 시작했다. 이 실험은 정신 프로세스와 신경이 직접 상관관계가 있다는 것을 최초로 보여 주었다.

1990년대에 이르러 심리학자들은 주의집중을 수행할 때의 뇌를 이미지화하기 위해 뇌영상 장치인 PET(양전자단층촬영기)와 fMRI(functional Magnetic Resonance Imaing, 자기공명영상)을 사용하기 시작했다. fMRI는 뇌의 활성을 마치 비디오로 찍듯 연속적으로 보여 준다. 약 1초에 한 번씩 뇌 활성을 찍을 수 있기 때문에 피험자의 생각이나 감정의 변화에 따른 뇌 활성의 변화를 관찰할 수 있다. 이 기기의 발전으로 뉴로마케팅, 신경경제학, 신경행동학과 같은 새로운 학문이 탄생했다. 병원에서만 사용할 수 있는 이러한 고가의 장비 때문에 심리학자들은 신경학자와 협력하고 있다.

뇌 영상 연구의 개척자는 미국의 심리학자인 마이클 포스너(Michael I. Posner)와 신경학자 마르쿠스 레이첼(Marcus Raichle)이다. 인간의 뇌 영상에 대한 연구는 신경과학계의 폭발적인 관심을 불러일으켰다. 왜냐하면 그때까지는 원숭이의 두뇌로만 연구해 왔기 때문이다.

이러한 기술혁신의 발달에 따라 신경과학자들은 새로운 두뇌 이미징

기법과 인지심리학의 정교한 실험 패러다임을 결합하는 새로운 연구를 하게 되었다. 여러 자극과 운동, 감정에 대한 두뇌 내부의 변화에 대해 정확하게 측정할 수 있게 됨으로써 연구자들은 뇌과학 연구를 한층 더 진전시켰다.

현재는 주의집중을 비롯한 많은 심리학, 신경학적인 연구에서 뇌영상 연구가 광범위하게 진행되고 있다. 그러나 뇌와 인간행동에 대한 연구는 아이작 뉴턴이 말한 것처럼 아직도 '바닷가 모래알 중의 하나'일 뿐이다.

집중력은 행동이다

집중력은 흔히 정신활동으로만 생각하기 쉽다. 그러나 이는 잘못된 것이다. 집중력은 행위를 수반하는 구체적인 활동이기 때문에 심리적 작용에 따른 행동의 영역이다. 집중력을 발휘하기 위해서는 먼저 자신의 목표를 명확히 설정하고, 그것을 실현하기 위한 방법과 수단을 치밀하게 계획하여 추진하는 행위가 반드시 수반되어야 한다. 몰입하는 힘뿐만 아니라 목표를 향해 나아가는 지향성이 반드시 병행되어야 한다.

집중력은 단계적으로 볼 때 ① 사고 및 인지, ② 선택 및 의사결정, ③ 목표 설정, ④ 계획, ⑤ 실행, ⑥ 성과 도출 및 평가의 과정으로 실현된다. 이 과정에서 단계마다 치밀하게 준비될수록 성과가 높아진다. 이를 세분하면 다음과 같다.

① 사고 및 인지: 자신이 주의를 기울이고 몰입할 대상이나 과제(task)에 대해 사고하고 인지하는 과정이다.

② 선택 및 의사결정: 집중할 대상과 과제를 선택하고 결정하는 단계이다.

③ 목표 설정: 집중해야 할 과제의 구체적인 목표를 수립하는 과정이다.

④ 계획: 목표를 실현하기 위한 계획과 목표에 도달하는 로드맵을 수립하는 단계이다.

⑤ 실행: 목표를 향해 집중력을 발휘하여 과제를 추진하는 과정이다.

⑥ 성과 도출 및 평가: 집중력을 발휘하여 과제를 추진한 후, 도출된 성과를 측정하고 평가하는 과정이다.

이와 같은 과정을 통해 이루어지는 집중력은 집중할 과제를 결정하는 심리적 활동과 그것을 실행하는 행동력이 가장 중요하다고 할 수 있다.

정리해 보면, 집중력은 자신의 특정한 과제를 실현하기 위해 먼저 목표를 설정하고, 과제를 추진하기 위한 수단과 방법을 계획하며, 목표가 성취될 때까지 정신과 행동을 모아, 시간과 경비를 투자하는 행위이다. 집중력은 정신활동일 뿐만 아니라 돌진하는 행동이며 열정과 동의어다.

3. 집중력에도 종류가 있다

무엇인가에 몰입하기만 하면 해결되지 않을까? 아니다. 집중력은 매우 복합된 정신체계이다. 집중력은 여러 종류가 있다. 이를 세분하면 초점 집중력(focused attention), 지속 집중력(sustained attention), 선택적 집중력(selective attention), 교대 집중력(alternating attention), 분할 집중력(divide attention) 등으로 나눌 수 있다. 아울러 집중력과 매우 깊은 관련이 있는 작업 기억력(Working memory)이 있다.

초점 집중력(focused attention)

초점 집중력이란 특정한 청각, 시각이나 촉각 자극에 대해 대응하는 능력을 말한다. 예를 들어 어떤 이야기를 귀담아듣거나, 사물을 유심히 관찰하거나, 촉각에 기민하게 반응하여 대응하는 주의력을 지칭한다. 특정 자극에 반응하는 능력이기 때문에 반응이 느리면 그만큼 집중력이 떨어지는 것을 의미한다.

지속 집중력(sustained attention)

지속 집중력이란 특정한 과제 혹은 자극에 일정 시간 동안 인지적 활동을 계속하여 주의를 기울이는 것을 말한다. 과제를 수행하는 동안 '지속성'을 유지하며 일관된 행동을 하는 능력이기 때문에 집중력 중에서 가장 중요한 영역이다. 지속력이 떨어지면 그만큼 산만하다는 뜻이다. 우리는 흔히 "엉덩이가 무겁다."라는 표현을 쓰는데, 이는 지속 집중력이 뛰어나다는 것을 의미한다.

선택적 집중력(selective attention)

선택적 집중력은 매우 재미있는 영역이다. 선택적 집중력이란 여러 자극 중에서 자기가 원하고 필요로 하는 자극에 주의를 집중하고 그 이외의 자극은 무시하는 행동을 말한다. 다른 방해자극에 의해 주의가 분산되지 않는 능력이기 때문에 역시 중요하다.

예를 들어 매우 시끄러운 강의실에서도 강사의 말에 지속적으로 집중하여 귀를 기울일 수 있다면 선택적 집중력이 뛰어난 것이다. 선택적 집중력은 특정자극에 대한 의식적인 인지에 초점을 맞추고 있다.

선택적 집중력은 영국 맨체스터대학과 왕립학교 교수였던 인지심리학자 에드워드 콜린 체리(Edward Colin Cherry, 1914~1979)가 1953년에 행한 이분청취(dichotic listening) 실험을 통해 밝혀졌다.

그는 인간의 인지지각을 연구하기 위해 실험 참가자의 양쪽 귀에 헤드폰을 쓰게 했다. 그리고 양쪽 귀에 각기 다른 메시지를 들려주었다. 말하자면 한쪽 귀에는 소설책을 읽어 주고 다른 한쪽 귀에는 뉴스를 읽어 주는 것과 같은 방식이었다. 이때 피시험자로 하여금 두 귀 중 어느 한쪽 귀에 들리는 메시지만 읽도록 하였다.

체리 교수는 이와 같은 행동을 하였을 때 피시험자가 주의를 기울이지 않았던 다른 쪽 귀의 메시지를 인지하거나 회상할 수 있는지에 대해 연구했다. 그 결과 대부분의 실험참가자들은 주의를 기울이지 않은 메시지의 내용이 무엇이었는지 알지 못했다. 주의를 기울이지 않았던 귀에 들려온 메시지가 남성의 목소리에서 여성의 목소리로 바뀌었을 때 목소리의 성별은 탐지해 냈다. 그러나 메시지 내용은 전혀 기억하지 못했다. 심지어 메시지가 외국어로 바뀌거나 녹음기를 거꾸로 틀었을 때조차도 알아채지 못했다.

체리 교수는 이 같은 결과들을 토대로 주의를 기울이지 않았던 귀의 정보는 거의 다 차단되는 경향을 보였다고 분석하며, 이러한 인지적 현상을 '선택적 집중력'이라 이름 지었다. 아울러 집중력이 선택적으로 정보를 걸러 내는 방법은 실무율적 경향을 띤다고 주장했다. 실무율(悉無律, all or none principle)이란 활동전위의 크기가 한 수준에 고정되어 있어서 활동전위가 발생하거나 발생하지 않는 두 가지 상태만을 가질 뿐 그 중간 크기의 활동전위는 없다는 것을 뜻하는 말이다. 우리말로 말하면 '모 아니면 도', 영어의 'all or nothing'과 같은 특성을 의미한다.

선택적 집중 현상은 칵테일파티와 같은 시끄러운 현장에서 여실히 증명된다. 칵테일파티장은 시끄럽다. 음악이 흘러나오고 많은 사람의 대화가 뒤섞인다. 음악소리, 잔 부딪히는 소리, 사람들의 발자국 소리, 다른 사람들의 목소리… 등 온갖 것이 뒤섞인다. 말 그대로 칵테일이다. 이런 혼잡한 상황 속에서 대화를 해도 우리는 상대방의 말소리를 알아들을 수 있다.

막대한 자극의 홍수 속에서 대화를 나누는 상대방의 말을 계속 청취할 수 있는 것은 다양한 소리자극 중에서 상대방의 목소리를 선택하여 주의를 기울이고 받아들였기 때문이다. 이러한 현상을 '칵테일파티 효과'라 한다.

칵테일파티 효과는 일상생활에서 흔히 있는 일이다. 수업시간에 다른 아이들이 떠들어도 선생님의 말은 잘 들을 수 있다. 극장에서 영화를 볼 때 스크린에서는 난리법석이 일어나도 옆자리 애인의 귓속말은 쏙쏙 잘 들린다.

한편, 그 이후에 행해진 실험에서 선택적 집중력의 실무율적 특성은 완전하지 않은 것으로 나타났다. 주의를 기울이지 않은 메시지라도 특별한 의미를 갖고 있거나 중요한 정보인 경우에는 선택적인 여과를 통과할 수 있다는 것이다.

머레이(Maray)가 1959년에 행한 실험에서는 집중하지 않은 귀에 자기 이름을 갑자기 부르거나 '불이야!' 같은 위급함을 알리는 메시지를 들려주면 실험참가자들은 즉시 알아차렸다. 아기 엄마가 잠자는 동안 아기의 뒤척임이나 울음소리에 민감하게 반응하는 현상도 마찬가지다. 이러한 결과는 선택적 집중력이 관련 없는 메시지를 완전히 차단하는 것은 아니고, 부분적으로 차단하거나 약화시키는 특성을 가지고 있다는 것을 알게 해 준다.

현대의 신문사 기자들은 아주 시끄러운 환경 속에서도 일한다. 마감에 쫓기면 시끄러운 사건 현장 속에서도 기사를 써서 날린다. 증권거래소의 증권거래인들도 악다구니 속에서 피를 말리며 근무한다. 그들이 겪는 소음은 상상을 불허한다. 그런데도 그들은 자기 업무에 집중할 수 있다. 실수가 곧 파멸을 의미하기 때문에 고도의 집중력을 발휘한다. 왜 그럴까? 그들은 선택적 집중력에 의도적으로 익숙해져 있기 때문이다.

선택적 집중력에서 개인이 '선택'을 하는 대상은 '가치(value), 혹은 필요(need)'에 의해 결정된다. 또한 매우 높은 의도성을 가진다. 기능적 가치가 크거나 자신의 목표와 부합되는 대상을 선택하는 것이다. 이때 가치가 저하되거나 필요 없는 자극은 철저히 무시해 버린다. 심지어 TV를 틀어 놓고 잠들어 버리기도 한다. 잠자는 동안 TV에서 흘러나오는 정보는 완전 차단되고, 기억되지 않는다.

인지의 모든 과정은 유기체가 환경 속의 자극정보를 지각함으로써 비로소 가능하다. 학습 현장에서 선택적 집중력은 필수적이다. 학습은 매우 의도적이고 계획적이며, 선택적인 주의집중을 요구하기 때문이다. 학습을 할 때는 여러 가지 주변 환경에도 불구하고 학습에 집중할 수 있는 능력, 즉 선택적 집중력을 높이는 것이 필요하다.

그러나 선택적 집중력은 많은 사고를 일으킬 수 있다. 운전 중 휴대전화를 사용하거나 옆 사람과 대화를 하는 데 주의를 기울이다 보면 신호를 놓치거나 사고를 낼 가능성이 높다. 작업장에서 딴짓을 하다가 안전사고를 일으키는 일도 많다. 그러므로 선택적 집중력은 그야말로 필요에 의해 선택해야만 한다.

교대 집중력(alternating attention)

교대 집중력이란 자신의 다양한 과제에 대해 관심과 주의를 이동하면서 처리하는 능력을 말한다. 교대 집중력이 뛰어난 사람은 정신적 유연성이 뛰어난 사람이다. 교대 집중력을 제대로 발휘하기 위해서는 빠른 적응력과 통제가 필요하다. 교대 집중력이 향상되면 멀티태스킹으로 발전할 수 있다.

여기 두 사람이 있다. 한 사람은 A라는 일을 하다가 멈추고 즉시 B라는 일로 옮겨 갈 수 있다. A에서 → B로 옮겨 가서도 곧바로 몰두한다. 그러나 다른 한 사람은 A과제에서 B과제로 옮겨 가는 데 많은 시간이 걸린다. 차도 한 잔 마셔야 하고, 담배도 한 대 피워야 하고, 마음의 정리도 필요하다. B과제로 옮겨 가서도 한동안 집중하지 못한다.

집중력이 뛰어나고 공부를 잘하는 학생은 수학을 공부하다 그날의 목표를 달성하면 즉시 영어 과목으로 옮겨 간다. 빠르게 집중하여 수학은 잊어버리고 영어에 몰두한다. 마치 몇 시간 동안 영어를 공부한 것 같다. 반면에 그렇지 못한 학생은 수학책을 덮은 후에 한동안 빈둥거린다. 몸을 비틀고 냉장고 문을 열었다 닫았다 하고, 텔레비전도 좀 보고, 가족과 잡담도 하고 그렇게 시간을 보낸다. 얼마 후 영어책을 열었지만 낯설다. 자꾸 수학이 어른거리고 집중하는 데 시간이 오래 걸린다. 교대 집중력이 낮은 경우라 할 수 있다.

교대 집중력은 정신적 유연성을 기르는 데 유용하다. 다른 상황에 빠르게 적응하는 데도 반드시 필요하다. 교대 집중력이 탁월한 사람은 순발력이 뛰어나다. 많은 일을 한꺼번에 해치우는 사람, 특히 큰 회사의 경영자들 중에는 교대 집중력이 뛰어난 사람들이 많다.

분할 집중력(divide attention)

분할 집중력은 집중력의 가장 높은 수준이다. 주의력을 배분하여 여러 과제를 처리하거나, 여러 과제가 요구하는 사항에 대해 동시에 대응할 수 있는 능력을 말한다.

이 경우 대개는 한 가지 일에 더 집중하고 나머지에는 덜 집중하게 된다. 자연스럽게 주 관심사(main interest)와 부 관심사(secondary interest)가정해지며, 그 순차가 바뀌기도 한다.

예를 들어 선생님의 이야기에 집중하고 있는 학생이 있다. 그런데 옆에 있는 짝꿍이 "선생님이 하신 말씀이 무슨 뜻이냐?"라고 묻는다. 그 학생은 선생님에게 집중하면서 짝꿍의 부탁도 들어줘야 하는데 이때 필요한 것이 분할 집중력이다.

분할 집중력이 부족하면 책을 읽으면서 줄거리는 따라갈 수 있으나 깊이 이해하는 능력이 떨어진다. 그러다 내용을 이해하는 데 집중하다 보면 읽는 속도가 떨어지거나 더듬거리게 된다. 반면 분할 집중력이 뛰어나면 읽어 가면서 동시에 완벽하게 이해하고 넘어간다. 역시 정신적 유연성이 뛰어난 사람은 분할 집중력도 좋다.

분할 집중력이 뛰어나면 멀티태스킹(multitasking)이 가능하다. 본래 멀티태스킹은 컴퓨터 용어로 한 사람의 사용자가 한 대의 컴퓨터로 두 가지 이상의 작업을 동시에 처리하거나, 두 가지 이상의 프로그램들을 동시에 실행시키는 것을 말한다. 다중 과업이라고도 한다. 예를 들어 하나의 컴퓨터에서 여러 개의 윈도를 만든 후, 각각의 윈도에 워드프로세싱, 통신, 음악, 표계산 프로그램을 동시에 불러 작업할 수 있다. 모니터를 여러 개 사용하여 작업할 수 있다.

인지과학에서 멀티태스킹은 한 사람이 여러 가지 일을 한꺼번에 처리하는 것을 뜻한다. 일상생활에서 멀티태스킹의 가장 기초적인 단계는 화장실에서 배설을 하면서 신문을 보는 것이다. 신문을 보며 이빨을 닦을 수 있다. 컴퓨터를 보면서 통화를 하거나, 운전을 하면서 통화를 하는 것도 멀티태스킹의 예이다. 업무처리 능력이 뛰어난 사람은 동시에 여러 가지 일을 할 수 있다.

멀티태스킹은 분할집중력에 속하지만 바람직한 것은 아니다. 연구에 의하면 멀티태스킹에 익숙한 사람도 일의 효율성은 낮은 것으로 조사되고 있다. 멀티태스킹에는 한계가 있어 과제를 수행할 때 한 가지에 몰두해야지 다른 일을 병행하다가 큰 실수를 유발할 수 있다. 운전을 할 때 통화를 하면 집중력이 분산되어 사고를 낼 수 있다. 전문가들은 멀티태스킹을 권하지 않는다. 필자도 멀티태스킹에 대해 부정적이다.

스트루프 효과

사람들은 크게 두 가지 종류의 주의(Attention)를 가지고 있다. 하나는 자동적 주의다. 자동적 주의는 의도적인 행위 없이 무의식적으로 일어난다. 다른 하나는 의식적 주의다. 의식적 주의는 능동적이고 의도적으로 발생한다. 심리학에 스트루프 효과(Stroop effect)라는 게 있다.

파랑　빨강　초록

파랑　빨강　초록

위와 같은 글씨를 쓰고, 각 단어에 글씨의 뜻과 전혀 다른 색상을 입혔을 때 잘 읽히지 않는다. 해당 글자의 색상을 말하라고 할 경우 헷갈리며 잘못 말할 수 있다. 이유는 해당 글자와 색상이 일치하지 않기 때문이다.

이런 현상은 1929년 처음 독일에서 보고되었다. 1935년 이를 체계적으로 연구한 미국의 심리학자인 John Ridley Stroop의 이름을 따 '스트루프 효과'라 명명했다.

스트루프는 1935년 「세 개의 실험을 통한 연쇄 언어반응 과제에서의 간섭에 대한 연구(Studies of interference in serial verbal reactions that includes three different experiments)」를 통해 세 가지 유형의 자극을 고안했다.

실험에서 사용된 자극은 중립 자극, 조화 자극, 부조화 자극의 세 가지 범주였다.

> ① 중립 자극: 검정 색깔로 글자만 나열되어 있는 경우이다. 또는 색깔만 표시되어 있는 경우다. 이 경우에 피시험자들은 글자를 읽거나 점의 색상을 말하는 데 거의 어려움을 느끼지 않았다.
> ② 조화 자극: 글자 의미와 색이 일치하는 경우로 '빨강'이라는 글자가 빨간색으로 칠해져 있는 경우다. 이 경우에 피시험자들은 글자를 빠르게 읽어 나갔다.
> ③ 부조화 자극: 글자 의미와 색이 일치하지 않는 경우다.

실험 결과 피시험자들은 자극3에 반응하여 인지하는 데 상당한 시간이 걸렸다. 피시험자는 글자의 색과 의미를 자동적으로 연상하게 됨으로써 글자를 읽는 데 혼란을 일으켰다. 의미간섭효과가 일어난 것이다.

글자를 보자마자 글자의 색상을 말하기 위해서는 자동적인 주의집중이 일어난다. 그런데 부조화 자극이 주어졌을 때는 동시성이 방해를 받아 읽기의 자동조절효과가 감소하는 현상이 일어난다. 이처럼 무의식적인 자동적 주의 때문에 정보를 처리하는 데 더 많은 시간과 노력이 드는 현상을 '스트루프 효과'라 한다. 사물의 의미와 실제가 다름으로써 혼란을 느끼는 현상을 '스트루프 비동시성(Stroop asyncrony)'으로 부르기도 한다.

다른 예를 들어보자. 일상생활에서 대개 여자 화장실 표지판은 빨간색으로, 남자 화장실은 파란색으로 표시되어 있다. 기호학에서 말하는 상징(symbol)체계이다. 소쉬르의 기호학 개념을 적용하면 빨간색은 기표(記表: signifiant)다. 상징화된 표시라는 뜻이다. 빨간색이 뜻하는 여자화장실은 기의(記意: signifié)다. 상징이 내포하고 있는 의미체계를 뜻한다. 만일 내가 사랑하는 사람에게 장미꽃을 선물했다면, 내가 사랑하는 마음은 기의이고, 장미꽃은 나의 사랑하는 마음을 전달하는 수단인 기표가 되는 것이다.

다시 실험으로 돌아가서, 실험자가 여자 형상이 그려진 화장실 표지판을 파랑색으로, 남자 화장실 표지판을 빨강색으로 바꿔 칠해서 걸어 놓았다. 이렇게 해 놓자 대혼란이 일어났다. 많은 이용자들은 화장실 표지판 색깔만 보고 안으로 들어갔다가 깜짝 놀라 뛰쳐나왔다. 빨간색만 보고 여자 화장실인 줄 알고 남자 화장실로 들어가 버린 경우가 속출했다. 남자들은 파란색만 보고 여자 화장실로 들어갔다가 낭패를 당했다. 다소 주의가 깊은 사람은 어리둥절하며 글자를 몇 번씩 확인하거나 내부를 조심스레 기웃거리는 양상을 보였다.

상징체계에 의한 무의식적인 인지가 작동한 스트루프 효과의 사례라 할 수 있다. 스트루프 검사는 임상의학에서 널리 쓰이고 있다. 이 테스트는 선택적 주의집중, 분할 주의집중, 인지적 유연성 및 처리속도를 측정하며, 검사대상자의 실행 능력을 평가하기 위한 도구로 사용된다. 뇌 손상, 치매나 다른 신경퇴행성 질환, 주의력결핍, 과잉행동장애, 정신 분열증, 마약 중독, 우울증과 같은 정신질환에서는 주의집중에 대한 간섭 효과가 더욱 증가하는 것으로 연구되었다.

스트루프 효과에 대한 뇌파 전위기록이나 기능적 뇌영상 연구들은 전두엽, 특히 대뇌전두피질이나 배외측 전전두피질의 활동을 밝혀내고 있다. 이는 해마나 뇌후엽과도 관계가 있는 것으로 알려져 있다.

집중력의 최고 단계인 분할집중의 경우, 여러 가지 일을 동시에 처리할 수 있다는 장점이 있기는 하지만 지금까지 언급한 스트루프 효과를 일으킬 수 있다. 여러 가지 업무를 동시에 처리하다 보면 꼼꼼한 분석력 대신 감각적 혹은 무의식적 자동적 주의로 인해 기계적으로 루틴(routine)하게 일을 처리할 수 있다. 따라서 고난이도의 업무나 깊은 사고를 요구하는 과업을 수행할 때는 분할 집중과 멀티태스킹을 피하는 것이 좋다.

작업 기억력(working memory)

작업 기억력이란 제시된 정보를 효율적으로 기억하고 일정 기간 머릿속에 유지했다가, 새로운 정보와 합치거나 필요한 정보만 떠올려 재조합하고 행동에 적절하게 활용하는 능력을 말한다. 일반적으로 집중력이 높을수록 워킹 메모리가 증가한다. 즉 워킹 메모리는 보다 종합적이고 높은 수준의 집중력이라 할 수 있다.

당신은 114에서 전화번호 안내를 받았을 때 그것을 잘 기억하는가? 아니면 금방 듣고도 잊어버리는가? 메모지에 받아 적지 않고도 잘 떠올릴 수 있다면 워킹 메모리가 뛰어난 편이다. 요리학원에서 실습을 할 때 강사가 말한 레시피의 순서를 잘 기억해낼 수 있다면 역시 워킹 메모리가 좋은 것이다. 하지만 만약 금방 잊어버린다고 해도 좌절할 필요는 없다. 뇌는 워킹 메모리 한 가지만으로 작동되는 것은 아니기 때문이다.

암산을 잘하는 것, 강사의 지시에 따라 해당 내용을 빠뜨리지 않고 잘 반복 실행할 수 있는 것, 방금 공부한 내용을 떠올리거나 대입하여 응용문제를 잘 푸는 것 등이 워킹 메모리에 해당한다.

워킹 메모리는 어떤 과제를 해결하는 데 필요한 기억의 양과 질을 좌우한다. 워킹 메모리가 좋은 사람은 그렇지 못한 사람과 비교할 때 정보를 기억하는 방법이 다르다. 워킹 메모리가 부족한 사람은 주어진 정보를 무조건 외우려고 애쓴다. 그러나 워킹 메모리가 좋은 사람은 술술술 읽어 나간다. 그렇게 읽으면서 기억해야 할 정보들을 체계적으로 받아들이고 재배열하여 제한된 시간 내에 더 많은 정보를 뇌에 저장한다.

워킹 메모리는 학습과 대단히 깊은 관련이 있다. 책의 내용을 정확하게 이해한 후 이를 순차적으로 뇌에 저장하고, 이렇게 저장된 정보를 필요할 때 적절하게 꺼내어 활용하는 능력이 부족하면 학습 성과가 나쁠 수밖에 없다. 워킹 메모리가 좋으면 시험을 치를 때도 자신이 아는 것을 머릿속에 떠올리고, 그것을 조합하여 주어진 문제에 대한 정답을 더 쉽게 찾아낼 수 있다.

워킹 메모리는 과제 해결 능력에 중대한 영향을 끼친다. 워킹 메모리는 트레이닝을 통해서 향상시킬 수 있다. 워킹 메모리를 높이는 방법은 뒤에서 자세히 다루기로 한다.

이처럼 집중력에도 여러 가지 종류가 있지만 특정 개인이 어떤 집중력이 뛰어나고 부족한지를 판별하는 것은 쉽지 않다. 전문적인 테스트와 경험을 통해 파악해야 한다.

4. 집중력은 뇌의 어떤 부위에서 담당할까

　집중력을 관장하는 신체 기관은 뇌(腦)다. 우리 몸은 전체가 유기적으로 연결되어 있어서 어느 한 부분의 작동으로만 활동하는 것은 아니지만 집중력은 주로 뇌력으로 결정된다. 그러므로 집중력을 탐색하기 위해서는 뇌에 대해 아는 것이 중요하다. 아는 만큼 보이고 아는 만큼 실천한다.

　집중력의 핵심을 알기 위해 먼저 뇌의 구조를 살펴보자. 그리고 뇌와 집중력의 상관관계를 알아보자.

뇌의 구조

　뇌는 아직도 인류가 탐구해야 할 영원한 숙제다. 현대과학에 있어서 뇌에 관한 연구는 아직도 바닷가의 모래알 하나 수준만큼밖에 이루어지지 않았다.

　사람의 뇌는 약 1,200~1,300그램으로 크기는 양배추만 하고 모양은 호두처럼 생겼다. 부피는 약 1,300~1,500cm^3이고, 1,000억 개 이상의 신경세포로 이루어져 있다. 한 개의 신경세포는 시냅스라는 연결회로를 통해 다른 신경세포와 연결되어 있으며, 이들 회로의 작동에 의하여 다양한 뇌 기능이 발생한다. 신경세포 하나가 평균 1,000개의 시냅스를 가지고 있다고 보면 모두 100조 개의 시냅스가 있는 셈이다. 실제로는 그 이상이므로 슈퍼컴퓨터보다 더 큰 용량을 가지고 있는 셈이다.

뇌는 해부학적으로 크게 대뇌, 소뇌, 뇌간의 세 부분으로 구분된다. 대뇌는 대뇌반구(종뇌)와 간뇌로 나눈다. 다시 뇌간은 중뇌·교뇌·연수의 세 부분으로 구분된다. 그리고 뇌와 온몸의 중추신경계를 잇는 신경다발인 척수가 있다.

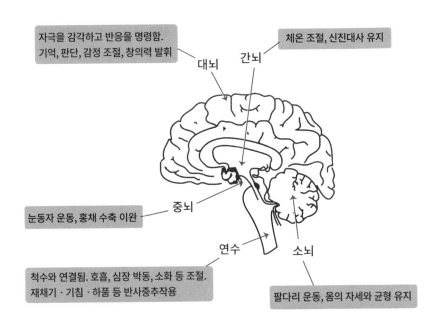

자극을 감각하고 반응을 명령함.
기억, 판단, 감정 조절, 창의력 발휘

대뇌

간뇌

체온 조절, 신진대사 유지

중뇌

눈동자 운동, 홍채 수축 이완

연수

소뇌

척수와 연결됨. 호흡, 심장 박동, 소화 등 조절.
재채기 · 기침 · 하품 등 반사중추작용

팔다리 운동, 몸의 자세와 균형 유지

집중력을 담당하는 뇌의 부위

뇌는 우리 인체 전체를 관장하며 다양한 활동을 한다. 그렇다면 뇌의 어느 부분이 집중력과 깊은 관련이 있을까? 결론부터 말하면 지금까지의 연구 결과로는 뇌의 어떤 특정 부분이 집중력을 관장하고 있다고 명확하게 단정할 수 없다.

뇌의 각 영역은 한 가지 일만 하는 것이 아니라 복합적인 활동을 하며, 각 신경계가 수십억 개의 촘촘한 연결망 속에서 유기적으로 움직이기 때문이다. 그럼에도 불구하고 뇌의 비밀을 탐구하고자 하는 뇌 연구자들은 많은 임상실험과 연구를 통해 추론을 계속해 나가고 있다.

캐나다 맥길대학의 신경외과 의사인 와일더 펜필드(Wilder Penfield, 1891~1976)는 뇌수술 환자의 피질을 전기적으로 자극하면서 체감각피질의 부위와 반응하는 신체 부위를 관찰하여 연관성을 기록했다. 뇌의 한 지점을 건드리자 발이 꿈틀거렸다. 다른 지점을 자극하자 입이 움직였다. 또 다른 지점에 자극을 주자 팔이 쑥 솟구쳤다.

뇌지도, 호문쿨러스

그는 이 실험 결과를 바탕으로 1928년 뇌지도라는 것을 만들었다. 사람의 두뇌에는 신체가 지도화되어 있으며, 뇌의 각 부분은 신체의 실제 크기가 아니라 숙련된 동작을 담당하는 정도에 따라 차지하는 크기가 다르다는 것이었다. 그는 이 뇌지도를 '호문쿨러스(homunculus)'라 이름 붙였다. 호문쿨러스는 난쟁이라는 뜻이다. 펜필드의 호문쿨러스는 사상 최초로 작성된 인간의 뇌촉각지도였다.

이 기형적인 호문쿨러스를 보면 우리 뇌에서 신체 각 부위가 어느 정도의 비중을 차지하는지 알 수 있다. 부위가 크면 클수록 그 부위를 담당하는 뇌의 부분도 크다.

호문쿨러스를 보면 두 손이 우리의 뇌에서 차지하는 비중이 엄청나게 큰 것을 알 수 있다. 한쪽 손만으로도 얼굴이 차지하는 면적의 거의 두 배 이상을 차지한다. 이것은 뇌에 들어오는 감각과 뇌에서 밖으로 나가는 신호의 절반 이상이 손으로 연결되어 있다는 것을 의미한다. 손은 신체가 활동하며 생명현상을 유지하는 데 가장 중요한 부위임을 알 수 있다.

두 번째는 손 다음으로 큰 입을 볼 수 있다. 입은 영양섭취와 언어활동을 하는 곳이다. 영양섭취는 생명과 직결되어 있고, 언어는 외부 세계와의 커뮤니케이션을 가능하게 되므로 엄청나게 중요한 기능을 한다. 그러므로 뇌가 지대한 관심을 기울일 수밖에 없다. 입을 관장하는 뇌의 부위가 큰 것은 지극히 당연한 일이다.

반면 발과 심장, 위장 등 각종 장기를 담당하는 부분은 그리 크지 않음을 알 수 있다. 이는 단순한 기능을 하고 개체의 의지와 관계없이 스스로 움직이는 제대로근(불수의근)이므로 뇌가 그다지 신경을 쓰지 않아도 되기 때문이다.

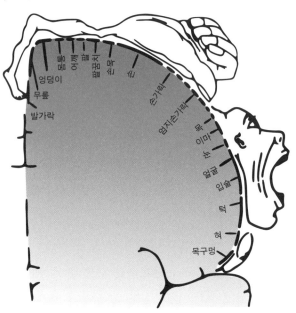

펜필드의 호문쿨러스가 발표되자 뇌과학계는 크게 자극을 받았다. 뇌의 특정 부위와 신체의 상관관계가 깊은 연관이 있음이 밝혀졌기 때문이다. 이로써 관련 연구가 봇물 터지듯 쏟아졌으며 뇌연구가 크게 진전되었다.

호문쿨러스 형상

뇌지도가 만들어진 후 연구자들은 인체의 행동이 뇌의 어느 부분과 깊은 관련이 있는지 연구하기 시작했다. 뇌가 활동한다는 것은 어떤 신경세포에서 분비된 신경전달물질을 다른 신경세포가 받아들이는 것이다. 그러므로 그것을 역추적하면 뇌 각 부분의 기능을 파악할 수 있는 것이다.

올리버 색스, 아내를 모자로 착각한 남자

미국의 저명한 신경과 의사인 올리버 색스(Oliver W. Sacks, 1933~2015)는 뇌의 특정 부위에 관해 연구하기 시작했다. 그는 자신의 연구를 바탕으로 1985년『아내를 모자로 착각한 남자』를 출판했는데 즉각 세계적 베스트셀러가 되었다. 이 책은 국내에서도 출판되었다. 책에 나오는 내용은 이렇다.

음악교사인 P는 뛰어난 성악가로 이름을 날렸다. 그는 당뇨병을 앓았다. 병이 심해지자 당뇨합병증은 시각에 손상을 주었다. 병원에 온 P는 검사를 끝낸 뒤에도 신발을 신지 않고 그대로 있었다.

"신을 신으셔야죠."

"아차, 신을 깜빡했군요!"

P는 신발을 계속 찾았지만 눈은 엉뚱한 곳을 향하고 있었다. 마침내 그의 시선이 자기 발에서 멈추었다.

"이게 내 신 맞죠?"

"아닙니다. 그건 선생님 발입니다. 신발은 저쪽에 있어요."

P는 검사가 끝나자 모자를 찾기 시작했다. 그는 손을 뻗어 아내의 머리를 잡고 자기 머리에 쓰려고 했다.

"아닙니다. 그건 선생님 모자가 아닙니다. 모자는 여기 있습니다."

P는 '시각인식불능증' 환자가 된 것이다. 그의 뇌는 사람이든 물건이든 '얼굴'을 알아보지 못했다. 심지어 거울에 비친 자기 얼굴도 인식하지 못했다.

얼굴인식불능증 환자는 눈이나 코, 입 같은 세부 부위들은 볼 수 있지만 그 정보들을 조합하여 뇌 속에 저장된 특정 정보와 비교하지 못한다. 이는 두정엽에 위치한 방추이랑이 손상을 입었기 때문이다.

다른 환자는 후두부에 심각한 손상을 입었다. 그녀는 자신의 왼쪽에 있는 사물을 인식하지 못했다. 오른쪽에 있는 것만 알아봤다. 접시의 음식도 오른쪽만 먹고, 반대로 돌려놓아야 나머지를 먹을 수 있었다. 립스틱도 오른쪽만 칠했다. 이 환자는 눈에서 들어오는 정보를 처리하는 후두엽의 시각피질이 손상되었다.

올리버 색스의 연구를 통해 뇌의 특정 부위가 신체의 특정기관 및 기능과 밀접한 관련이 있음을 알게 되었다.

주의력결핍(ADHD)

집중력과 뇌의 연관성에 관한 연구도 이러한 개념하에서 출발했다. 뇌의 어느 부위가 집중력과 관련이 크고, 그 영역이 어디까지인지를 탐구하면 집중력에 관한 비밀을 풀 수 있지 않을까 하는 것이다.

이런 개념하에 가장 많은 연구가 이루어진 분야는 주의력결핍증상(ADHD)이다. ADHD(Attention Deficit / Hyperactivity Disorder)는 주의력결핍 및 과잉행동장애 질환을 일컫는다. 흔히 아동기에 많이 나타나며 이를 치료하지 않고 방치할 경우 여러 가지 문제를 유발하고 학습장애를 일으킨다.

ADHD 질환자의 가장 큰 특징은 주의집중이 잘 되지 않는다는 것이다. 외부의 자극에 매우 약하고, 산만하며, 시험을 보더라도 문제를 끝까지 읽지 않아 틀리는 경우가 많다. 또한 이리저리 뛰어다니고, 팔과 다리를 끊임없이 움직이는 등 과잉행동을 한다. 생각하기 전에 행동하는 경향이 있으며, 규율을 알고 있는 경우에도 급하게 행동한다. 마치 무엇에 쫓기거나 불안해한다.

미국 소아정신과학회의 통계에 따르면 소아의 ADHD 유병률은 약 3~8% 정도다. 남자아이가 여자아이보다 3배 정도 더 높다. 서울대학교병원에서 시행한 국내 역학조사 결과에 따르면 유병률이 6~8%로 나타났다. 심각하지 않은 경우까지 포함하면 13%가 조금 넘는데 이런 유병률은 소아정신과 관련 질환 가운데 가장 높다. 청소년기 이후 성인기까지 지속되는 경우도 30%에서 많게는 70%에 이르는 것으로 밝혀졌다.

이 질환은 사회적·학업적·직업적 기능에 심각한 장애를 초래한다. 증상이 심하면 발달장애·정신분열증·불안장애·해리성 장애·조울증 등으로 이어질 수 있다.

 ADHD의 원인은 불균형적인 뇌 발달에 의한 것으로 추론되지만 아직까지 정확히 규명되지 않고 있다. 하지만 다각도의 역학조사를 통해 원인을 밝히려는 노력이 계속되고 있다. 특히 ADHD는 집중력 탐구의 대상으로 많이 연구되고 있다.

집중력과 전두엽 피질

 뇌 영상기기 등을 사용하여 ADHD가 있는 아이와 그렇지 않은 아이의 두뇌를 스캐닝해 본 결과 뇌 특정 부분의 크기에 차이가 있었다. 그 부위는 바로 전두엽 피질이다.

 대뇌의 앞머리 부분에 위치한 전두엽은 기억력·사고력 등의 고등행동을 관장한다. 고등한 포유류일수록 잘 발달되어 있고, 인간은 특히 현저하게 발달돼 있다. 전두엽은 동기를 부여하여 주의집중을 하게 한다. 계획을 세우거나 결심을 하는 등의 목표 지향적인 행위를 주관한다. 인간성과 도덕성도 추론한다. 전두엽은 어떤 상황의 위험 여부를 결정하는 데 중요한 역할을 한다. 따라서 전두엽이 손상을 받으면 계획을 세우고, 복잡한 행동을 하며, 아이디어를 구상하는 일이 불가능해진다. 뿐만 아니라 새로운 환경에 적응하지 못하고 비합리적인 자극에 예민해지게 된다. 전두엽 손상은 사이코패스로 이어질 수 있다.

 전두엽 피질은 뇌의 전면에 위치하고 있다. 전두엽은 뇌의 명령센터 역할을 하며, 외부의 자극에 대응하는 뇌의 기능을 조절한다. 수많은 뇌 영상 연구 결과 ADHD를 가진 사람의 전두엽 피질은 장애가 없는 사람에 비해 훨씬 활성화되지 않았다.

전두엽 피질의 뇌 화학물질인 도파민과 부신수질 호르몬은 정신 및 감정기능에 영향을 미치는 신경전달물질 또는 화학 메신저라 할 수 있다. 신경전달물질은 두뇌의 뉴런 세포 사이에 정보를 전달해 주는 역할을 한다. 사람이 특정 자극을 받으면 이러한 화학물질이 분비되면서 대응반응이 발생한다. 그러나 메신저 역할을 하는 신경전달물질 체계에 이상이 생기면 효과적인 정보전달에 실패하면서 장애가 발생한다. 그러므로 전두엽 피질의 이상은 ADHD를 유발하고, 집중력에 영향을 미치는 것이다.

대뇌핵도 ADHD와 관련이 있는 것으로 연구되었다. 대뇌핵에 있는 미상핵과 담창구(대뇌반구의 깊은 곳에 있는 회백색의 덩어리. 피각과 합쳐서 렌즈핵이 된다)는 전두엽 피질에서 오는 명령을 빠르게 처리하거나 중지시킨다. ADHD 어린이의 대뇌핵은 평균 어린이의 것보다 작은 것으로 연구되었다. 이 부분에 이상이 있으면 신체의 안정도, 근육 긴장도, 활동, 자세 등에 장애가 일어날 수 있다.

소뇌도 관련이 있다. ADHD 증상을 보이는 어린이는 역시 정상인에 비해 소뇌의 크기가 작았다.

뇌의 신경 네트워크는 시상과 대뇌피질 등을 연결하는 중요한 회로이다. 이 부분은 ADHD, 투어렛 증후군(안면경련 등을 일으키는 틱 장애의 일종), 강박 장애와 관련이 있다.

이런 연구 결과들을 종합해 보면 전두엽 피질, 대뇌핵, 소뇌 등이 집중력과 밀접한 관련이 있다고 볼 수 있다. 하지만 어떤 특정 부위가 집중력 전체를 관장한다고 단정 짓기는 어렵고 유기적인 체계에 의해서 집중력이 발휘된다고 보아야 할 것이다.

한편, 국내에서는 ADHD가 뇌의 신경시냅스 단백질(GIT1) 부족 때문이라는 연구 결과가 나왔다. 카이스트 생명과학과 김은준 교수와 강창원 교수는 ADHD의 원인이 뇌의 신경시냅스 단백질의 부족으로 발생한다고 2011년 4월 발표했다.

연구팀은 ADHD 증상을 갖고 있는 어린이 200명과 정상 어린이 200명의 유전자를 분석한 결과, 정상 어린이는 GIT1 유전자의 특정 부분 염기가 '시토신'이었지만 ADHD를 앓는 어린이는 '티민'인 것으로 나타났다. 유전역학 연구 결과, GIT1 유전자의 염기 한 개가 다름으로 인해 신경시냅스 단백질이 적게 만들어지는 어린이들에게서 ADHD의 발병 빈도가 현저히 높다는 것을 발견했다.

또한 생쥐 실험에서 GIT1의 유전자를 제거해 신경시냅스 단백질을 합성하지 못하게 하면 ADHD 증상을 보인다는 것도 실험을 통해 밝혀냈다. GIT1 결핍 생쥐들은 사람의 ADHD처럼 과잉행동을 보이고 학습능력이 떨어지며 비정상적인 특이 뇌파를 발생시켰다. 이런 생쥐에 ADHD 치료약을 투여하면 ADHD 증상이 사라졌다.

실험 결과를 바탕으로 연구진은 신경세포를 흥분시키는 기작(機作, mechanism)과 진정시키는 기작이 균형을 이뤄야 하며, GIT1이 부족하면 진정 기작이 취약해서 과잉행동을 억제하지 못하는 것으로 추정했다.

5. 집중력은 유전일까 습관일까

　어떤 학생은 똑같은 시간과 조건에서 공부했는데 월등히 좋은 성적을 기록한다. 어떤 사람은 동일한 시간 동안 일을 했는데 성과가 높다. 주위 사람들은 그를 부러워한다. 그러면서 '타고난 머리가 좋다.'고 이야기한다.

　미국의 교육심리학자인 린다 갓프레드슨(Linda Gottfredson)은 지능(intelligence)을 "추론, 계획, 문제해결, 추상적 사고, 복잡한 생각의 이해, 경험에서 배우는 능력"이라고 정의했다. 분명 사람마다 지적 능력의 차이가 있다. 과제를 빨리 이해하고, 효과적으로 저장하며, 필요할 때 정확하게 추론하여, 효율적으로 적용 해결하는 지적 능력의 차이는 분명히 존재한다. 그렇다면 지능은 타고난 것일까? 과연 신의 영역일까? 아니면 후천적으로 개선 가능할까?

　많은 학자들이 인간의 지적 능력에 대해 연구해 오고 있지만 아직까지 한 목소리를 내지 못하고 있다. 한쪽은 지적 능력을 결정하는 요인은 유전적 영향이 크다고 이야기한다. 다른 한쪽은 자라난 환경적 요인이 더 크다고 주장한다. 관련 연구들을 살펴보면 양쪽 다 설득력이 있다.

　그런데 특이한 것은 양쪽 학자들 역시 다른 쪽의 연구와 주장을 완전히 부정하지 않는다는 것이다. 유전결정론자일지라도 환경적 영향을 어느 정도 인정한다. 환경결정론자도 유전적인 요인을 어느 정도 인정하고 있다.

그렇다면 집중력은 어떨까? 집중력은 타고나는 것일까? 선천적으로 집중력이 뛰어난 사람이 있고, 아무리 훈련을 해도 안 되는 산만한 사람이 이미 결정되어 버린 것일까?

집중력은 유전되는 것인가? 아니면 환경적인 영향이 더 강한 것인가? 참으로 궁금한 주제가 아닐 수 없다.

집중력은 유전되는가

집중력에 대한 유전적 연구는 주로 ADHD를 중심으로 이루어져 왔다. 즉, 주의력결핍이 어떤 유전적 인자에 의해 야기되는지 상관관계를 밝히고자 한 것이다. 이에 대해 수많은 연구가 이루어졌으며 ADHD가 일부 유전된다는 학설이 지지를 받고 있다

파라온과 비더만(Faraone & Biederman)은 1998년에 부모나 형제 중에 주의력결핍 문제가 있는 경우, 가족 간에 30% 정도의 ADHD 증상이 나타난다는 연구 결과를 발표했다. ADHD 어린이의 직계가족들 중에는 ADHD 증상을 가지고 있는 가족 구성원이 더 많았던 것이다.

쌍생아 연구에서도 유전 가능성이 확인되었다. 쌍둥이 중 한 명이 ADHD를 가지고 있을 확률은 이란성 쌍둥이보다 일란성 쌍둥이에게서 훨씬 더 높게 나타났다. 이란성 쌍둥이는 유전자의 50%를 공유하는 반면, 일란성 쌍둥이는 유전적으로 동일하기 때문에 ADHD 발생 빈도가 높았다. 이는 ADHD의 유전적 요인을 입증한다.

ADHD의 유전 가능성에 대해서는 다중유전자에 의한 유전 가능성(Morrison, Stewart, 1974)과 단일유전자에 의한 유전 가능성(Maher 등, 1999)

에 관한 연구가 각각 발표되었다. 현재는 단일유전자 가설과 다인자-다중유전자 가설이 동시에 지지를 받고 있다.

그러나 아직까지 ADHD가 구체적으로 어떤 유전적인 인자로 인해 발생된다고 정확히 밝혀지지 않아 향후 충분한 연구가 필요하다.

환경적 요인

다양한 환경적 요인들이 ADHD 증상의 원인으로 가정되어 왔다. 납중독, 출생 전 약물이나 알코올에 대한 영향 등이 주로 거론되었다. 파인골드(Feingold, 1975)는 인공색소, 방부제 등 특정 식품첨가물이 어린이의 과잉행동을 유발할 수 있다고 주장했다.

어머니의 흡연이나 임신 중의 흡연, 저체중 출산 등도 ADHD와 관련되어 있음이 밝혀졌다. 유아기의 영양 부족도 ADHD의 강력한 위험 지표다. 그런 아이들은 나중에 충분한 영양을 공급받았을 경우에도 영양실조로 인한 행동장애와 주의력결핍 장애가 발생할 수 있다.

아연과 필수 지방산의 결핍도 ADHD와 관련이 있는 것으로 연구되었다. 지방산이 부족하면 도파민에 영향을 미치고, 아연이 부족하면 신경전달물질에 문제가 발생한다.

임상학적 연구에서 ADHD와 특정 환경적 요인 간의 관계가 밝혀지고 있으나 아직도 충분치 않다. 다만 이러한 여러 요인들이 집중력 저하를 일으킬 수 있으므로 반드시 주의해야 한다.

양쪽이 다 맞다

이처럼 현대의학과 신경과학은 집중력의 유전과 환경적인 요인에 대해서는 '양쪽이 다 맞다.'로 인정하고 있다. 유전적인 요소도 있고, 환경적 요인도 동시에 존재한다는 것이다.

집중력을 결정하는 요인은 우선 개인의 내재적 요소가 일차적이라 할 수 있다. 그것은 다양한 생물학적 요인이다. 집중력 저하 증상을 가지고 있는 부모는 이런 요인이 아이에게 유전될 가능성이 있다. 현대의학은 가족력을 매우 중시하며, 상당 부분 유전적 요인이 있다는 가설에서 출발한다. 유전적 요인의 가능성을 항상 열어 놓고 있으며 그 비중이 높아지고 있는 추세다.

일반적으로 부모의 체세포에서만 이상이 생길 경우에는 그 질환이 자손에게 유전되지 않는다. 하지만 부모의 생식세포에서 이상이 생기거나 배아 발생 단계에서 이상이 생길 경우 질환이 자손에게 유전된다. 그러므로 부모의 집중력 저하도 어느 요인에 의해 발생된 것인지에 따라 유전 여부가 판가름 난다.

집중력의 유전 가능성은 당뇨, 고혈압, 치질, 대머리 등보다 훨씬 낮다. 문제가 생길 경우 치료가능성도 높다. 유전적 요인이 있다고 판단되는 경우에는 전문의와 상담하여 약물, 신경치료를 받는 것이 효과적이다.

반면, 집중력을 떨어뜨리는 환경적 요인은 도처에 널려 있다. 주변을 둘러보라. 현대인들은 온갖 실시간적인 자극의 홍수에 노출되어 있다. 시시각각 휴대전화가 울려 대고, 스마트폰에서는 종일 트위터라는 종달새가 지저귄다. 보지 않아도 일상생활에 아무런 문제가 없는 과잉정보들이 넘쳐 난다.

일하는 컴퓨터에서도 선정적인 정보가 덤프트럭처럼 쏟아져 나온다. 각 인터넷 사이트들이 목숨을 걸고 워낙 강력하게 유혹을 하는 통에 관심분야가 아닌데도 정보의 늪에 빠질 수밖에 없다. 도대체 헤어 나올 도리가 없다. 엄청난 자극들이 사람을 잠시도 가만히 놔두지 않는다. 고수가 아니고서는 도저히 한 가지 일에 집중할 수 없다.

스마트폰과 인터넷에 풍덩 빠져 있다가 하루를 마치고 뒤돌아보며 "나는 오늘 하루 얼마나 내 일에 집중하였는가?"를 생각해 보면 한심하기 그지없다. 핵심을 방치한 채 그저 주변을 빙빙 맴돌았을 뿐이다.

이처럼 집중력 장애는 환경적 요인이 훨씬 더 크다. 그렇다! 집중력은 유전적 요인이 분명 있다. 그러나 결정적인, 생물학적인 장애가 아니라면 훈련과 습관 변화를 통해 얼마든지 극복할 수 있다.

집중력 장애를 극복한 펠프스

2012년 7월 31일 밤 9시(런던 시간). 올림픽 남자 계영 800m 결승전. 필사의 힘을 다해 헤엄치는 여덟 명의 선수 중 미국의 마이클 펠프스(Michael Phelps)가 가장 먼저 터치패드를 찍었다. 순간 영국 런던 올림픽파크 아쿠아틱센터는 환호성으로 가득 찼다. 미국 선수들의 금메달 획득과 함께 마이클 펠프스가 올림픽 통산 최다 메달리스트가 됐기 때문이다.

런던 올림픽에서 두 개의 은메달(접영 200m, 계영 400m)을 먼저 딴 펠프스는 800m 계영 금메달을 합해 통틀어 19개의 메달(금15, 은2, 동2)을 획득함으로써 종전의 기록을 갈아치웠다. 그전까지 18개의 메달(금9, 은5, 동4)을 목에 걸었던 옛 소련의 전설적인 체조 스타 라리사 라티니나를 넘어선 것이다.

이로써 올림픽의 새로운 역사가 써졌다. 시상대에서 마이클 펠프스가 금메달을 목에 건 순간 관중들은 "올림픽 역사상 가장 위대한 선수

(Greatest Olympian ever)"라고 쓴 팻말을 열광적으로 흔들어 댔다. 펠프스는 최종적으로 런던 올림픽에서 모두 금메달 4개, 은메달 2개를 따 총 22개의 메달(금18, 은2, 동2)을 목에 걸고 은퇴를 선언했다.

그런데 놀라운 것은 마이클 펠프스가 어렸을 때 ADHD 어린이였다는 사실이다.

"이 아이는 절대 한 가지에 집중할 수 없을 것입니다."

두 살 때 치명적인 바이러스에 감염돼 생명을 잃을 뻔한 위기를 넘긴 펠프스는 늘 가만히 있지 못하고 한 가지 일에 집중하지 못해 주변의 걱정을 샀다. 초등학교 6학년 때 펠프스의 어머니는 학교에 불려 가 아이가 ADHD 증후군이고 치료가 필요하다는 말을 들었다.

중학교 교장이었던 어머니 데비는 남편과 이혼하고 세 아이를 혼자 키웠다. 고심하던 어머니는 ADHD 치료를 위해 아들을 수영장으로 데려갔다. 그는 처음에는 소리 지르고 물안경을 집어던질 정도로 물을 싫어했다. 하지만 물에 얼굴을 담그지 않고 헤엄치는 배영을 배우면서 수영을 좋아하게 됐다. 어렵게 물에 적응한 펠프스는 남들보다 큰 손과 발, 타고난 심폐 지구력을 바탕으로 빠르게 성장했다.

가능성을 확인한 어머니는 아들을 최고 선수로 키우기 위해 밥 바우먼 코치에게 데려갔다. 드디어 11세 때 인생의 전기를 맞이하게 된 것이다. 완벽주의자인 바우먼 코치와 산만하기 이를 데 없는 펠프스는 전혀 궁합이 맞지 않았다. 코치는 제자가 자신의 지도를 따르지 않을 때마다 수영장에서 내쫓았다. 그때마다 펠프스는 수영장으로 다시 돌아오기를 반복했다. 그런 과정을 통해 펠프스는 점점 수영에서 자아를 발견해 나갔다.

유능한 코치의 지도 아래 펠프스는 일취월장했다. ADHD의 영향으로 집중력이 떨어지고 성적이 좋지 않아 온갖 짜증을 부릴 때도 어머니는 아들의 투정을 잘 받아 줬다. 올림픽을 목표로 세운 펠프스는 많은 노력 끝에 14세 때 미국 수영 국가대표의 자격을 획득했다.

15세 때 처음으로 2000년 시드니 올림픽에 참가하였으나 결과는 접영 200m 5위. 그러나 그것은 화려한 불꽃놀이의 시작에 불과했다. 노메달을 기록했을 때도 어머니는 아들을 격려했다.

"넌 최고의 선수가 될 수 있어. 지금부터야."

4년 뒤 아테네 올림픽에 출전한 펠프스는 금메달 6개, 동메달 2개를 따며 일약 세계적인 수영 스타로 떠올랐다. 당시 미국의 시사주간지 《TIME》은 펠프스를 표지모델로 내세우며 대서특필했다.

다시 4년 뒤인 2008년 베이징 올림픽 때는 무려 8개의 금메달을 따내 명실상부한 '펠프스 신화'를 만들어 냈다. 게다가 그중 7개는 세계 신기록이었고, 나머지 1개는 올림픽 신기록이었다.

2004년 음주운전과 2009년 베이징 올림픽 후 마리화나 파문으로 명성에 흠집을 내기는 했지만 펠프스가 세계 최고의 수영선수라는 것은 아무도 부인하지 못한다.

이처럼 어렸을 때 ADHD 증후군에 시달렸던 펠프스를 바로잡은 것은 바로 운동을 통한 집중력 훈련이었다. 두말할 필

펠프스를 표지모델로 내세운
2004년 9월 TIME 표지

요 없이 모든 스포츠 종목에서는 고도의 집중력을 필요로 한다. 수영에서는 출발 신호를 듣는 것에서부터 경주를 마칠 때까지 한순간도 집중력이 흐트러져서는 안 된다.

펠프스의 ADHD를 치료하기 위한 어머니의 노력은 적중했다. 운동은 기능이 저하된 뇌를 활성화할 수 있기 때문에 수영은 펠프스의 뇌와 신체기능을 일깨워 주는 데 절대적인 공헌을 했다. 운동으로 전두엽의 기능을 강화시키면 ADHD 등 질환 치료뿐만 아니라 학습능력 향상에 도움을 줄 수 있다. 운동을 하면 새로운 신경세포가 자라게 되는데 이 세포들이 생성되는 부위가 바로 기억력과 학습을 담당하는 해마다. 해마가 활성화되면 학습과 기억, 감정 행동 및 운동력이 향상된다.

수영 등을 통해 좌·우뇌의 밸런스를 맞출 수 있는 운동을 하면 전두엽의 기능도 향상된다. 인지활동이 향상되며 감정 억제력도 높아진다. 몸만 튼튼해지는 것이 아니라 자극의 빈도에 비례하여 ADHD와 같은 질환에서도 벗어날 수 있다. 수영은 펠프스의 천부적인 능력을 일깨우고 ADHD를 극복할 수 있게 해 준 것이다.

ADHD의 극복

역사적으로 콜럼버스, 볼프강 아마데우스 모차르트, 에이브러햄 링컨, 에밀리 브론테, 버지니아 울프, 빈센트 반 고흐, 예이츠, 알버트 아인슈타인, 헨리 포드, 파블로 피카소, 살바도르 달리, 존 F. 케네디, 엘비스 프레슬리, 로빈 윌리엄스, 잭 니콜슨, 윌 스미스, 짐 캐리 등은 모두 ADHD 징후를 가지고 있었다 한다. 하지만 이들은 모두 그런 증상을 극복하고 자신의 분야에서 커다란 성취를 이루어 냈다.

이처럼 집중력은 유전적인 소인이 분명히 작용하고 있지만 도저히 극복할 수 없는 것은 아니다. 전문가의 의학적 처방으로 집중력 강화에 대한 도움을 받을 수 있다. 나아가 꾸준한 훈련과 노력을 통해서도 얼마든지 극복할 수 있다. 문제는 얼마나 집중력 훈련에 몰입하느냐이고, 그것을 얼마나 지속시킬 수 있느냐다.

제2장

집중력 장애의
최대 **원인**은 무엇인가

1. 흰곰을 죽여라

 취업포털 커리어에서 2012년에 직장인 587명을 대상으로 설문조사를 실시했다. 내용은 "직장인이 딴짓을 하고 있는가?"에 대한 것이었다. 조사 결과는 놀라웠다. '직장인 97.4%가 업무 중에 딴짓'을 하고 있는 것으로 밝혀졌기 때문이다.

 그렇다면 직장인이 하고 있는 딴짓의 종류는 무엇일까? 주로 하는 딴짓으로는 인터넷 뉴스 검색이 1위, 인터넷 서핑 2위, 휴대폰 문자 및 통화가 3위를 차지했다. 업무시간에 온라인 쇼핑을 한다는 경우가 무려 28.3%, 개인 블로그와 미니홈피 관리가 15%, 게임 및 영화·드라마 관람도 6%나 되었다. 그밖에 흡연 및 잡담으로 자리를 비우는 경우도 많고, 은행·편의점 방문 등 개인적인 일로 딴짓을 하는 경우도 많았다.

 더욱 놀라운 것은 직장인들이 하루 8시간을 근무하지만 집중하여 일하는 시간은 고작 두 시간 남짓이라는 사실이다. 나머지는 차 마시고, 잡담하고, 사적인 일로 통화하고, 인터넷 검색하고, 졸고, 논다. 마치 개미의 세계와 비슷하다. 개미도 20% 정도만 죽어라 일한다. 일하는 척하지만 실제로는 주변을 맴돌고 있는 '노는 개미'인 것이다.

20%만 일한다

 '파레토법칙(Pareto's Law)'이라는 게 있다. 이탈리아의 경제학자 빌프레도 파레토(Vilfredo Pareto, 1848~1923)는 자원 분배에 대해 깊이 연구했다. 그는 이탈리아 부의 분포를 분석하는 과정에서 인구의 20%가 국가 전체 부의 80%를 차지하고 있다는 사실을 알아내 1987년 이를 발표했다.

이후 파레토법칙은 "전체 결과의 80%가 20%의 원인에 의해서 발생하는 현상"으로 정립되어 다양한 분야에 적용되었다. 예를 들어 20%의 고객이 백화점 전체 매출의 80%를 쇼핑하거나, 20%의 범죄자가 전체 범죄의 80%를 저지르거나, 20%의 운동선수가 전체 상금의 80%를 차지하는 현상 등이다.

일에서도 마찬가지다. 성과의 80%는 근무시간 중 집중력을 발휘한 20%의 시간을 통해 얻어지고 있는 것이다. 물론 하루에 8시간을 일한다고 해서 8시간 동안 죽어라 일해야 한다는 뜻은 아니다. 그렇게 일을 하다간 아무도 배겨나지 못한다. 강철로 만든 줄도 끊어지고 만다. 하지만 낮에 집중력을 발휘하지 않고 이것저것 분산된 행위를 하다가 남들이 퇴근하는 시간이 되어서야 야근을 하겠다고 하는 것은 큰 문제다. 일을 미뤄 놓고 있다가 야근을 하게 되면 쉬어야 할 때 쉬지 못해 당연히 피곤하다. 재충전이 안 된다. 밤중에 일을 함으로써 얼마나 효과가 있는지 미지수다.

필자의 경험으로 보면 야근을 하는 사람들은 저녁을 먹고 와서 조금 일을 하다가 꾸벅꾸벅 존다. 그리고 피곤하다고 퇴근해 버린다. 물론 야근수당은 예쁘게 받아 간다. 혹은 야근을 하는 동료와 뭉쳐서 술을 먹는 경우도 많다. 전날 충분히 쉬지 못했으므로 다음 날 출근해서는 꾸벅꾸벅 존다. 낮에 일하지 못했으므로 다시 야근을 해야 한다. 도저히 능률이 오를 수 없는 구조다. 악순환의 고리에서 벗어날 수 없는 것이다.

실제로 직장인들이 하루 2시간만 집중하면 그날 일의 60% 이상을 처리할 수 있다는 조사통계도 있다. 아마 이 책을 읽는 대부분의 독자들은 내 말에 공감할 것이다. 퇴근하면서 "나는 하루에 과연 무엇을 했는가?"를 떠올려 보면 참으로 한심하다. 미래가 암울하다. 자꾸 뒤처지는 것 같다. 다른 사람들은 많은 일을 하고 성과도 팍팍 올리는데 나는 그저 허우적거리고 있다. 원인이 무엇인가? 바로 집중력을 발휘하고 있지 못하기 때문이다.

우리나라의 대기업들이 1995년부터 '집중근무제'라는 것을 실시한 적이 있다. 당시 현대그룹·삼성카드·태평양 등이 실시했고, 공기업 중에서는 한국석유공사·한국관광공사·한국수자원공사 등도 집중근무제를 도입했다.

집중근무제는 하루 일과 중 집중력이 가장 높은 시간대인 오전 10시 전후와 오후 2시 전후 등 1일 4시간을 집중근무 시간대로 정하고, 최소한 하루 4시간만큼은 자리 옮기는 것을 금지하고 맡은 일에 집중하라는 제도였다.

이 시간대는 가급적 직원회의나 출장을 자제한다. 불필요한 타부서 방문, 업무 외적인 개인적인 전화나 인터넷 사용, 개인용무를 위한 이석 등을 금지한다. 자신이 맡은 고유 업무나 보고서 작성, 결재 처리를 위한 업무에 집중한다. 직원들이 자신의 업무에 집중할 수 있도록 부서장은 구두 보고와 업무 지시를 자제하고 대면결재도 최소화한다. 한마디로 업무가 밀리는 것을 조기에 처리하여 병목(bottleneck)현상을 방지하는 것이다.

이 같은 제도는 수많은 방법에도 불구하고 꿈쩍도 하지 않는 사무직의 생산성과 효율을 높이기 위한 것이었다. 현대자동차의 조사에 의하면 회의 참석자가 영문도 모르고 회의에 참석한 경우가 77%에 이르고, 책임회피용 회의가 10%, 말로만 끝나는 회의가 10%, 그리고 지각회의가 16%나 되었다 한다. 세계의 많은 기업들이 정보화시대 도래 이후 생산성 제고를 위해 정보화 기기 도입 등 많은 투자를 아끼지 않고 있지만 여전히 생산성은 낮은 실정이다. 업무 생산성이 매우 낮고 집중도도 현격하게 떨어지고 있는 것이다.

선진국에서는 대기업의 임원이 방문 앞에 〈사색의 시간(Quiet Time)〉이라는 푯말을 걸어 놓고 일하는 경우도 있다 한다. 중요한 일을 하고 있고, 집중하고 있으므로 방해하지 말라. "Do not disturb!"의 표시다.

흰곰을 죽여라 — 반동효과(Rebound Effect)

1987년 미국 트리니티대학교(Trinity University)의 다니엘 웨그너(Daniel M. Wegner) 교수와 텍사스대학교(University of Texas at San Antonio)의 다비드 슈나이더(David J. Schneider) 교수는 두 그룹의 학생들을 대상으로 심리학 실험을 실시했다.

연구자는 트리니티대학교의 학생 A그룹 10명에게 "5분 동안 자유롭게 아무 생각이나 해도 된다. 다만 흰곰을 생각해선 안 된다."라고 지시했다. 그리고 흰곰에 대한 생각이 나면 종을 치도록 했다. 그 결과 "흰곰을 생각하지 마라."라고 했는데도 전원이 종을 '땡!' 쳤다. 단 한 명도 흰곰에 대한 생각을 떨쳐 내지 못했다.

이어서 실험이 계속됐다. 이번에는 같은 A그룹에게 "흰곰을 생각해도 된다."라고 지시했다. 실험 결과 피실험자들은 흰곰에 완전히 얽매여 자주 종을 쳐 댔다.

별도로 B그룹의 학생 10명에게는 처음부터 "흰곰을 생각해도 된다."라고 지시했다. 물론 이들도 종을 쳐 댔다.

전체 실험 결과, 흰곰에 대한 생각을 억제당한 A그룹은 처음부터 흰곰에 대한 생각을 허용받은 B그룹보다 종을 치는 횟수가 훨씬 더 많았다.

처음부터 '흰곰'을 억제당한 A그룹은 그것을 의도적으로 생각하려 하지 않았기 때문에 비정상적 집착이 발생했다. 비정상적 집착이 일어나고 있음을 알아차리면서 경각심이 생겼다. 이 때문에 더 열심히 억제하려고 했다. 그리하여 억제와 집착의 새로운 주기가 시작되었다. 결국에는 병적인 집착이 발생했다. 처음에 흰곰에 대한 생각을 억누른 것이 나중에 흰곰에 대한 집착으로 나타나게 된 것이다.

두 교수는 이와 같은 심리학적 현상을 '사고 억제의 역설적 효과(paradoxical effects of thought suppression)'라 규정했다. 연구자는 이 현상이 반동작용에 의한 것이라고 생각하고 'Rebound Effect(반동효과; 흰곰이론)'라 명명했다.

흰곰이론은 '프레임이론(frame theory)'에도 적용된다. "코끼리는 생각하지 마!"라고 말하면 상대방은 반드시 코끼리를 생각하게 되는 것과 같다. 미국의 언어학자인 조지 레이코프(George Lakoff)가 발표한 이 연구에 의하면 사람은 짜인 틀(frame) 속에서 사물과 상황을 이해하게 된다. 그래서 "저는 사기꾼이 아닙니다."라고 말하면 상대방의 상당수는 '그를 사기꾼'으로 생각하는 경향이 있다.

흰곰처럼 생각 사이에 끼어드는 다른 생각, 이것이 바로 '잡생각'이다.

잡생각은 어떤 계기로 인해 머릿속에 들어와 도사리고 있다가 불쑥불쑥 뛰쳐나온다. 그것을 생각하지 않으려 하면 할수록 더 많은 흰곰들이 뛰쳐나와 돌아다닌다. 결국은 흰곰에 사로잡혀 엉뚱한 일을 하게 된다. 우리가 집중을 못하는 이유는 머릿속에 흰곰이 너무 많아서다. 흰곰이 꼬리에 꼬리를 물고 나타나기 때문이다.

편안함은 인간의 본성

학생이건 직장인이건 사업가건 연구원이건 집중력이 떨어지는 최대 원인은 '잡생각(雜念)'이 많아서다. '잡(雜)생각'을 국어사전에서 찾아보면 "쓸데없이 하는 여러 가지 생각"이라고 나와 있다. 여기서 말하는 '잡생각'이란 지금 해야 하는 목표 지향적인 일보다는 그것과 관계없거나 도움이 안 되는 부차적이고 분산적인 생각들을 말한다.

잡생각이 많아지면 목표로 설정해 놓은 일은 하지 않고 딴짓을 하면서 주변을 빙빙 돌게 된다. 일을 향해 집중하는 힘을 구심력이라고 한다면 잡생각은 일에 대한 구심력을 분산시켜 버린다. 일의 중심으로부터 벗어나 달아나고 싶은 힘인 원심력이 강하게 작용한다. 일을 안으로 잡아당겨야 하는데 자꾸 밖으로 뛰쳐나가고 싶다. 공부를 해야 하는데 머릿속에는 노는 것만 생각나고 자꾸 밖으로 뛰쳐나가고 싶다. 누군가 자꾸 불러 대는 것 같은데, 사실 불러 대는 사람은 다른 사람이 아닌 자기 자신이다. 이런 상황이 되면 집중력이 생길 리 만무하다.

그렇다면 집중력의 최대 적이라 할 수 있는 잡생각이 자꾸 생기는 이유는 무엇일까? 가장 큰 이유는 지금 '해야 하는 일이 본질적으로 하기 싫은 일이기 때문'이다.

깊이 생각해 보라. 대부분의 사람들은 공부하는 것보다 놀기를 좋아한다. 힘들게 일하는 것보다 노는 게 더 좋다. 밤새워 연구하기보다 두 다리 쭉 뻗고 TV 앞에서 눈동자만 이리저리 굴리다가 고민 없이 잠드는 것이 훨씬 더 좋다. 경기력 향상을 위해 죽어라 반복훈련을 하기보다 편안히 앉아서 남의 경기 장면을 즐기는 게 낫다. 물론 그렇지 않은 사람도 있지만 대부분은 그렇다.

편안함을 추구하는 것은 인간의 본성이다. 반면 집중력은 무엇을 하고자 하는 강제적 의지다. 강제적 의지이기 때문에 편안하고자 하는 본성과 어긋난다. 강제적 의지이기 때문에 힘이 든다. 자기억제와 절제, 몰입이 필요하다. 집중력을 발휘하기 위해서는 긴장감(tension)이 필요하다. 긴장도가 높아지면 스트레스가 발생한다. 스트레스는 뇌 전반에 영향을 미쳐 다른 기능이 저하되도록 만든다. 무기력해지는 것이다. 뇌가 무기력해지면 활성도가 떨어져 활동을 하기 싫어진다. 그래서 '하기 싫다. 하기 싫다.'는 생각이 들고, 이런 생각이 온몸의 신경세포에 전달된다. 그러므로 긴장된 집중력은 본성적으로 인간이 그리 좋아하는 것이 아님에 분명하다.

하지만 집중력은 기쁨을 준다. 자기가 좋아하는 일에 빠져서 성취하는 과정에는 재미와 기쁨이 발생한다. 재미와 기쁨은 쾌락과 연결된다. 인간에게는 쾌락을 추구하는 본성이 내재되어 있다. 쾌락에 빠져 있을 때 뇌에서는 신경대사물질인 도파민이 발생한다. 아미노산의 일종인 도파민은 뇌신경 세포의 흥분 전달 역할을 한다. 동시에 엔도르핀도 증가한다. 이런 대사물질이 지속적으로 분비되면서 흥분 상태가 계속되고 하고 있는 일에 빠져든다.

한번 쾌락을 경험한 뇌는 계속해서 수용체가 늘어나며 신경전달물질을 분비한다. 또한 그 쾌감을 지속시키기 위해 반복적인 행동을 하도록 강력하게 요구한다. 도박이나 마약, 섹스 등이 중독증을 일으키는 이유가 바로 이것 때문이다.

집중력도 마찬가지다. 집중력을 통해 일을 성취하고, 그것을 통해 즐거움·기쁨·재미를 얻게 되면 계속 몰입하게 되는 것이다. 본성적으로는 하기 싫지만 그것을 통해 또 다른 즐거움과 쾌락을 얻을 수 있는 집중력. 이것이 집중력의 아이러니다.

집중력의 아이러니

문제는 우리가 집중력을 발휘해야 하는 일과 좋아하는 일의 종류가 꼭 일치하지 않는다는 것이다. 만약 자기가 좋아하는 일만 할 수 있다면 얼마나 좋겠는가? 좋아하는 일을 하므로 갈등의 소지가 매우 적다. 늘 즐겁게 몰입할 수 있다. 강제적 의지가 작용하지 않아도 된다. 하지 말라고 해도 스스로 한다. 성취도 역시 매우 높다.

그러나 세상에는 자기가 하고 싶은 일을 하는 경우보다, 하기 싫지만 어쩔 수 없이 해야 되는 일이 대부분이다. 더 자고 싶은데 일어나야 하고, 공부하기 싫은데 억지로 해야 한다. 회사 가기 싫은데 가야 하고, 운동하기 싫은데 자꾸 하라 한다. 지금 몸담고 있는 일이 자기 적성에 맞고 성취도도 높은 직업에서 일하는 사람은 매우 적다. 자기가 좋아하는 분야에서 일하고 싶지만 마음대로 안 된다.

"당신은 자기가 좋아하는 일을 하고 있는가?"

한국고용정보원은 2012년 4월 759개 직업 현직 종사자 2만 6,181명을 대상으로 직업만족도 조사를 실시해 발표했다. 조사 결과에 따르면 직장인의 67%는 "지금 하는 일에 대해 만족을 느끼지 못한다."라고 답했다. 한마디로 전체의 3분의 2가량이 자기가 하고 싶지 않은 일을 하고 있는 실정이다. 이처럼 하고 싶은 일과 해야 하는 일이 일치하지 않는 경우가 더 많다. 그러므로 집중력이 떨어지는 것은 자명하다. 비극이고, 아이러니다. 우리는 어느새 비극과 아이러니의 주인공이 되어 있는 것이다.

2. 집중력 장애의 최대 원인은 무엇인가

조선시대에 평안도 전체를 관할하는 평양은 중국으로 오가는 길목이었다. 조공무역이든 밀무역이든 물자가 오가는 곳에는 온갖 진기한 물건이 많았다. 그래서 관리들은 평안감사가 되기를 꿈꿨다. 그 자리에 부임하면 부를 축적할 수 있었기 때문이다. 이처럼 평안감사 자리는 누구나 바라는 자리였기에 "평안감사도 저 하기 싫으면 그만"이라는 속담까지 나왔다.

집중력은 평안감사와 같다. 집중해서 공부하고 일하면 반드시 보상이 주어진다. 자신의 삶을 풍요롭게 하고 가치 있게 만든다. 매우 필요하고 반드시 해야 할 일이다. 그런데도 하기 싫으면 그만이다. 눈앞에 상이 차려져 있는데도 수저를 들지 않는다. 집중력의 필요성은 절감하지만 실천하지 않는다. 대체 무슨 이유일까?

인간의 본성과 제반 연구 등을 종합해 볼 때 사람들이 집중력을 발휘하지 못하는 이유는 크게 다음의 네 가지로 파악할 수 있다.

집중력이 떨어지는 네 가지 이유

첫째는 앞서 이야기한 대로 해야만 하는 일이 자기가 좋아서 하는 일이 아니기 때문이다. 지금 눈앞에 있는 일은 강제적이고 억지로 하는 일이다. 해야 하지만 마지못해서 하는 일이다. 즐겁지 않으니 집중력도 생기지 않고 자꾸 잡생각을 하게 된다.

1980~1990년대 대중의 사랑을 듬뿍 받았던 개성 있는 보컬 가수 윤시내가 있다. 그녀가 부른 '공부합시다'라는 노래가 있다. 잠깐 머리도 식힐 겸 이 노래의 가사를 훑어보자.

♫ 랄랄라 랄라 랄랄라 랄라 랄랄라 랄라 랄라

턱 고이고 앉아(우우우우)

무얼 생각하고 있니

빨간 옷에 청바지 입고 산에 갈 생각하니~~

눈 깜빡이고 앉아(우우우우)

무얼 생각하고 있니

하얀 신발 챙모자 쓰고 바다 갈 생각하니~

안 돼 안 돼 그러면 안 돼 안 돼 그러면

낼 모레면 시험기간이야 그러면 안 돼(안 돼~~)

선생님의 화난 얼굴이 무섭지도 않니

네 눈앞에 노트가 있잖니 열심히 공부하세

랄랄라 랄라 랄랄라 랄라 랄랄라 랄라 랄라 ♫

카리스마 넘치는 개성파 가수 윤시내가 왜 이런 노래를 불렀는지 잘 모르지만 이 노래는 잡생각의 현상을 적나라하게 말해 주고 있다. 자기가 좋아하는 일은 빨간 옷에 청바지 입고 산에 가고 싶고, 하얀 신발 챙모자 쓰고 바다에 가는 것이다. 그런데 하기 싫은 공부를 억지로 하자니 집중력이 생길 리 없다.

그렇다면 하기 싫은 일도 즐겁게 하는 비결은 없을까? 만약 즐겁게 몰두할 수만 있다면 집중력이 높아지고 능률도 향상될 테니까 말이다. 물론 비결은 있다. 그러나 하기 싫은 일을 즐겁게 할 수 있도록 생각을 바꾸는 일은 말처럼 쉽지 않다.

두 번째는 지금 집중력을 발휘하여 해야 할 일이 급하지 않기 때문이다. 한마디로 미뤄도 된다고 생각하기 때문이다.

만약 당신이 회사원이라면, 그리고 직장 상사가 어떤 과업을 내일 아침까지 반드시 해 오라고 했다면, 그 일을 수행하지 않음으로써 엄청난 질책과 불이익이 발생한다면, 당신은 만사 제쳐 놓고 그 과업에 매진할 것이다.

반면에 회사에서 실적이 떨어진다고 심하게 질책한다. 실적을 올려야 한다고 계속 독려한다. 그런데도 직원들은 실적 향상에 집중하지 않는다. 매출도 계속 제자리걸음이다. 이런 경우에는 당사자들이 실적 향상을 급하게 생각하지 않기 때문이다.

'실적 악화는 매년 있어 온 일이다. 그리고 경영진의 질책도 이제 지겹다. 내가 죽어라 뛴다고 해서 실적이 갑자기 좋아질 리 없다. 나만의 잘못도 아니다. 며칠 지나면 다시 조용해질 것이다. 굳이 손발에 땀나도록 일할 필요 없다.'

이런 생각을 하고 있으므로 일하는 형태는 전혀 바뀌지 않는다. 집중력도 발휘되지 않는다.

공부도 마찬가지다. 공부를 열심히 해 성적을 올려야 하는 것은 당위성이다. 공부를 잘해야 인생에서 더 많은 기회를 얻을 수 있고, 더 많은 소득을 올릴 수 있고, 더 좋은 배우자도 만날 수 있다. 더 편안하게 살 수 있다는 말은 귀에 못이 박히도록 들었다. 공부를 잘해야 하는 이유를 책으로 쓰라 하면 몇 권도 쓸 수 있다.

당위성에 대해서는 누구보다 잘 알지만 공부에 집중하지 않는다. 왜냐면 공부에 대한 노력으로 나타나는 결과는 당장이 아닌 나중에 나타나기 때문이다. 눈앞에 닥친 일이 아니고 미지수이며 시간이 오래 걸리기 때문이다.

공부는 내일 해도 된다. 시간은 많다. 하기 싫기 때문에 일단 미룬다. 부모는 눈을 부라리지만 잠시 피하면 된다. 나는 24시간 감시받는 죄수가 아니다. 가끔 '나는 왜 이리 머리가 안 좋을까?' 그런 생각을 한다. 친구는 펑펑 노는 것 같은데 늘 전교 1등이다. 부모의 유전자가 원망스럽다. 공부가 인생의 전부가 아니라는 달콤한 말도 자주 들려온다. 이것저것 핑계는 많고, 공부는 급한 일이 아니다.

집중력이 생길 리 만무하다. 공부에 집중하지 못하는 학생의 대부분은 공부를 미뤄도 되는 일이라 생각한다. 반면에 공부를 잘하는 학생은 자신이 정한 분량을 오늘 하지 않으면 내일 더 많이 해야 하기 때문에 결코 미루지 않는다. 집중해서 빨리 끝내고자 한다.

모르는 문제는 대충 넘어가지 않는다. 나중에 다시 하려면 더 힘이 든다. 지금 알고 넘어가야 다음이 쉽고 실력도 향상된다. 그래서 끝까지 탐구한다. 자신도 모르게 공부에 빠져들고 시간을 잊는다. 정한 분량의 공부를 마치고 나면 성취감이 느껴진다. 공부가 즐겁다. 공부를 해 놓았으니 놀아도 된다. 공부 걱정이 없으니 놀 때는 신나게 논다. 다른 학생들이 볼 때는 '쟤는 맨날 논다.'고 느껴진다. 공부가 선순환되는 것이다.

이것이 공부를 잘하는 학생과 못하는 학생의 차이다.

물개 사냥의 비유가 있다. 에스키모들은 물개 사냥을 할 때 아무것도 챙기지 않는다. 그의 손에는 망치 하나만 달랑 들려 있다. 사냥꾼은 물개들이 몰려 있는 해변으로 간다. 바다에서 돌아온 물개들은 해변에 누워 기분 좋게 햇볕을 쬐고 있다. 사냥꾼은 물개 무리에게 다가간다. 경계심을 느낀 물개들은 꽥꽥거리지만 날쌔게 도망가지는 않는다. 몇 발자국 비켜날 뿐이다.

물개 무리 속으로 들어간 사냥꾼은 자기가 잡고 싶은 물개의 머리를 망치로 내려친다. 놀라운 일은 옆에서 동족 물개가 죽어가는 데도 다른 물개들이 도망가지 않는다는 것이다. 그저 멀뚱멀뚱 바라보거나 여전히 햇볕을 쬐며 그 일에 상관하지 않는다. 자기 일이 아니고, 당장 급한 일이 아니니 반응하지 않는 것이다. 그러다 사냥꾼이 다가오면 그때서야 놀라서 달아나지만 이미 때는 늦었다.

당신은 혹시 물개가 아닐까? 생각해 볼 일이다.

세 번째는 성격적 결함이다. 이것은 정말 골치 아픈 경우다. 원래 집중력이 떨어지고, 산만한 성격인 경우다. ADHD 증상이 있을 수 있다. 질환까지는 아닐지라도 본래 산만한 성격을 가지고 태어난 사람은 매우 많다. 오히려 태생적으로 집중력을 타고난 사람이 훨씬 적다.

이런 사람은 집중력 발휘가 매우 힘들다. 엉덩이가 가벼워 책상 앞에 오래 앉아 있지 못하고, 계속 들락날락한다. 책장을 몇 장 넘기다가 던져 버린다. 난독증도 심하다. 잠시라도 붙잡아 놓으면 안절부절못하고, 혼자 있기보다는 남의 일에 끼어들기를 좋아한다. 계속해서 휴대전화를 들여다보고, 문자보내기나 카톡을 한다. 업무보다는 업무 외적인 것을 더 좋아한다.

산만한 성격의 사람은 자신이 해야 할 일의 성취보다는 관계성을 중요시한다. 정치인의 특성과 같다. 사실 정치인은 생산적인 일을 전혀 하지 않는다. 쌀 한 톨, 나사못 하나 생산하지 않는다. 근사하고 번지레한 말로 때울 뿐이다. 그리고 남들이 하도록 만든다.

정치인은 스스로는 아무 일도 하지 않고 남들이 하게끔 만들어야 하기 때문에 '관계성'을 가장 중요하게 생각한다. 내 편이 누구인지 알아야 하고, 어떻게든 그런 사람을 많이 모아야 한다. 반대파와 싸워야 하기 때문에 관계성에 몰두한다. 그 중심에 자신이 있어야 하기 때문에, 또한 그것이 자신의 생존이기 때문에 최대한 많은 우호적인 관계를 만들기 위해 주력한다. 그 관계성 속에서 자신의 존재감을 느낀다. 어떤 자리를 차지했을 때, 관계성의 정점에 섰을 때 뻐기고 으스댄다.

산만한 성격의 사람은 집중력이 떨어져 책상 앞에 앉아 있어 보았자 성과가 나지 않는다. 상대적으로 생산성이 낮기 때문에 자꾸 밖으로 뛰쳐나가고 싶어 한다. 밖에 나가면 자기가 좋아하는 관계성이 도처에 널려 있다. 남들과 어울려 놀고, 작당하고, 그들을 통해 자신의 존재감을 확인한다. 존재가 확인되기 때문에 본질적으로 집중해야 할 일은 쉽사리 잊어버린다. 애써 생각하고 싶지 않다. 한번 달콤한 유희를 맛본 사람은 좀처럼 그것을 잊어버리기 어렵다. 그러므로 날이 갈수록 집중력은 멀어지고 관계성에만 몰두한다.

태생적으로 산만한 성격인 사람이 집중력을 발휘하기 위해서는, 그리고 익숙해지기 위해서는 엄청난 노력이 필요하다. 일단 스스로 집중력을 키워야겠다고 굳게 마음을 먹어야 하고, 전문가의 도움을 받아야 한다. 전문적인 훈련도 당연히 필요하다. 필요할 때 잠깐이 아니라 지속적인 트레이닝을 받아야 한다. 그렇게 노력을 해도 잠깐 방심하면 수영 황제 펠프스처럼 일탈을 하게 된다. 그러므로 자신이 산만한 성격이라고 판단되는 사람은 반드시 전문가의 도움을 받아 집중력 훈련을 받아야 한다.

마지막은 좀 충격적인 이야기다. 넷째, 집중력이 떨어지는 사람은 사실은 실력이 없는 경우가 많다. 실력이 없으므로 진도가 잘 나가지 않고 성취감도 적다. 실력이 없으므로 주어진 과업이 어렵고 힘들다.

집중력과 실력은 비례한다. 운동선수를 보면 우수한 성적을 거두는 사람은 집중력이 매우 뛰어나다. 목표를 집요하게 추구하고 엄청난 훈련을 한다. 경기에 임할 때는 고도의 집중력을 발휘한다. 한번 삐끗 실수하면 끝장이다. 그러므로 온몸의 신경세포와 감각기관과 근육을 동원하여 경기를 펼친다. 스포츠 경기 중계방송을 들어보면 해설자들이 계속해서 "경기에 더 집중해야 합니다. 집중해야 합니다."를 외치는 것을 들을 수 있다. 실력은 집중력과 동의어이기 때문이다.

만약 이 책을 읽고 있는 당신이 집중력이 떨어진다고 판단되면 "내가 실력이 없는 것은 아닐까?" 하고 점검해 볼 필요가 있다. 인정하고 싶지 않겠지만 인정할 것은 인정해야 한다.

실력이 없기 때문에 집중력이 떨어지고, 집중력이 떨어지기 때문에 실력은 더욱 향상되지 않는다. 악순환의 수레바퀴가 계속된다. 나중에는 밑바닥까지 떨어질 수 있다. 집중력을 높이기 위해서는 기초를 단단히 해야 한다. 기초가 허약한데 도약을 꿈꿀 수 없다. 먼저 기초를 다지면서 집중력을 높여 가야 한다. 그래야 실력도 향상된다.

당신이 집중력이 떨어진다고 생각되면 반드시 다음 네 가지를 점검해보라.

① 내가 해야만 하는 일이 좋아서 하는 일인가?

② 지금 집중력을 발휘해야 할 일은 급한 일인가?

③ 태생적으로 집중력이 떨어지고, 산만한 성격인가?

④ 나는 실력이 있는가?

지금까지 집중력 장애의 최대 원인 네 가지를 이야기했다. 그렇다면 해결책은 없는가? 집중력을 높이기 위해서는 부단한 노력을 통해 상호 상승작용을 일으켜야 한다. 악순환의 고리를 끊고, 선순환 체계로 반드시 전환해야 한다. 무엇보다 굳은 의지와 훈련이 필요하다.

3. 귀차니즘과 게으름은 집중력의 최대 적이다

옛날 옛날 어느 마을에 게으름뱅이가 살았다. 게으름뱅이는 하루 종일 일도 하지 않고 뒹굴거리기만 했다. 어떻게 하면 일하지 않고 편하게 살 수 있을까? 늘 그런 궁리만 했다.

"맨날 그렇게 놀지만 말고 일 좀 거들어라."

보다 못한 어머니가 꾸중을 하자 게으름뱅이는 결국 집을 나가고 말았다.

게으름뱅이는 여우고개에서 어떤 노인이 소머리탈을 만드는 걸 보았다.

"어디에 쓰는 물건인가요?"

"일하기 싫은 사람이 쓰면 일하지 않고 편하게 살 수 있다네."

노인이 말했다. 게으름뱅이는 옳구나 싶어 얼른 탈을 뒤집어썼다. 그런데 이걸 어쩌나? 게으름뱅이는 소로 변해 버렸다.

"아이고 이게 무슨 일이죠? 어서 벗겨 주세요."

하지만 말을 하려고 해도 "음매~ 음매~" 하는 소 울음소리만 나올 뿐이었다.

노인은 소가 된 게으름뱅이를 농부에게 팔아 버렸다.

"이 소는 무를 먹으면 죽어 버리니 조심하시오!"

노인은 농부에게 주의를 주었다. 게으름뱅이는 온종일 죽어라 일만 했다. 새벽부터 밤까지 쉴 새 없이 일했다. 게으름뱅이는 너무 힘들어서 차라리 죽는 게 낫겠다는 생각이 들었다.

어느 날 밭을 갈던 게으름뱅이는 무밭이 보이자 "무를 먹으면 죽는다." 라고 말했던 노인의 말이 생각났다. 게으름뱅이는 죽어 버리겠다는 생각으로 무밭으로 달려가 우걱우걱 무를 뽑아 먹었다. 그런데 갑자기 소의 탈과 가죽이 벗겨지며 다시 사람으로 변하는 게 아닌가? 게으름뱅이는 지난날을 후회했다. 집으로 돌아온 게으름뱅이는 부지런한 사람이 되어 가족과 행복하게 잘 살았다.

어렸을 때 읽었던 전래동화 「소가 된 게으름뱅이」의 줄거리다. 이 동화는 교훈적인 이야기의 전형적인 서사 구조를 보여 준다. 또한 게으른 사람의 특징도 잘 나타나 있다.

우선 게으른 사람은 매우 의존적이라는 사실이다. 게으름뱅이는 '어머니'라는 해결사가 있기에 계속해서 게으름을 피울 수 있었다. 누군가 생계를 해결해 주는 사람이 있기에 게으름이 가능하다. 그런 조건이 아니라면 거지가 되고 만다.

또한 게으른 사람은 '관성-습관적'으로 자신의 상태를 계속 유지하고 싶어 한다. 그 상황이 여의치 않자 심지어 집을 나가 버리기까지 한다. 나아가 계속 일하기 싫어서 여우고개 노인의 소머리탈을 뒤집어쓰기까지 한다. 막판에는 일하기 싫어서 죽어 버리겠다는 극단적인 생각까지 하게된다. 이처럼 게으름은 끊임없이 연결고리를 가지며 지속-습관적인 특성을 가지고 있다. 한번 길들여진 습관을 바꾸는 것은 매우 힘들다.

금기사항을 매개로 마지막 반전이 일어나 게으름뱅이가 부지런한 사람으로 탈바꿈하긴 했지만 게으름뱅이가 부지런한 사람으로 변하는 것은 현실적으로 쉬운 일이 아니다.

게으름이란 무엇인가

일상생활에서 귀찮음, 빈둥거리기, 미루기, 무관심, 무책임 등의 양태로 나타나는 게으름은 집중력의 최대 적이다. 매사를 귀찮게 생각하는 사람이 무슨 일에 집중할 수 있겠는가?

집중력은 어떤 목표를 달성하기 위하여 몰입과 노력, 인내, 효율적인 시간관리, 자기관리 등을 필수적으로 수반하게 되는데 게으른 사람은 이를 수행해 내기 어렵다. 성취를 하기 위해서는 많은 노력과 시간이 필요하고 이를 지속시키는 힘이 필요하다. 힘든 일을 해야 하고, 고통을 감내해야 하며, 하기 싫은 일도 기꺼이 해야 한다. 그러나 게으른 사람은 이런 조건들을 이겨내지 못하고 쉽게 포기해 버린다. 그러므로 게으름과 집중력은 최대 대척점에 서 있다.

'게으름(laziness)'은 사전적인 의미로는 "행동이나 일 처리가 느리고 일하기 싫어하는 버릇이나 성미"라고 나와 있다. 사전적 정의가 맞다고 생각되지만 필자는 게으름과 '느림'은 구분되어야 한다고 생각한다. '느리다'는 것은 속도의 문제이지 게으름의 동의어는 아니기 때문이다.

현대 정신의학에서는 게으름을 '심리적 무기력증'의 하나로 본다. 무기력증은 대개 전신의 피로감과 함께 흥미나 의욕이 없고, 내내 기분이 가라앉은 증세로 나타난다. 매사가 귀찮고 모든 일에 의지가 없다. 당연히 집중력이 크게 떨어진다. 습관적으로 컴퓨터 앞에 앉아 무의미하게 시간을 보내거나 텔레비전만 본다. 게임에 몰두하기도 한다. 멍하게 있거나 주로 누워 있다.

'귀찮다'는 말을 습관적으로 하며, 자신이 하고 있는 일이 즐겁지 않고 보람을 느끼지 못한다. 감정 통제가 어렵다. 삶의 방향을 상실하고 좌절에 대한 두려움으로 무엇인가 하려는 의지가 사라진다. 계획을 세우는 일 자체가 무의미하다고 생각하고 움직이기를 싫어한다.

의존적인 성격을 가진 사람은 무기력증에 빠질 확률이 상대적으로 높다. 완벽주의나 강박적 성격도 무기력증에 취약하다. 평소에는 일에 집착하다가 실패와 좌절에 빠지면 급속도로 무기력해지는 경향이 있다.

『몰입(Flow)』이라는 책을 출간하여 세계적인 명성을 얻은 심리학자 미하이 칙센트미하이(Mihály Csíkszentmihályi, 1934~)는 자신의 책에서 게으름이란 천성이 아니라 "목표와 관계성을 잃을 때 나타나는 현상이다."라고 말했다. 즉, 게으름은 목표를 상실했을 때 나타나는 행동이라는 것이다.

『굿바이 게으름』이라는 책을 출간하여 큰 반향을 일으킨 정신과 전문의 문요한 박사는 게으름을 "삶의 에너지가 저하되거나 흩어진 상태"라고 정의한다. 삶의 중심 영역에서 에너지가 저하되어 삶의 지향성을 상실한 나태한 상태라는 것이다.

이와 달리 필자는 게으름을 "목표를 상실하거나 중요하게 생각하지 않는, 현실도피적 나태한 상태"라고 정의하고 싶다. 왜냐하면 두 연구자와 달리 필자는 게으름에서 가장 눈여겨봐야 할 점은 목표와 책임의식의 부재, 현실도피적 행위라고 생각하기 때문이다.

게으름은 천성일까

그렇다면 게으름은 천성일까? "저 사람은 천성이 게을러!" "천성이 게을러서 어쩔 수가 없어!" 주변에서 이런 말을 가끔 듣게 된다. 천성이란 타고난 성격을 말하는데 유전적으로 게으른 유전자가 있다는 연구 결과가 아직 입증된 적은 없다. 신경학적으로 게으름과 유사하게 보이는 우울증·무기력증·대인기피증 등의 각종 증상이 있지만 그것은 질병이므로 구분되어야 한다.

다만 태생적으로 느리거나 느긋한 성격을 타고날 수 있다. "아이고 답답해! 저 사람은 느려 터졌어!" 심지어 "여우와는 살아도 곰과는 못 산다."라는 말도 있다. 일반적으로 느린 성격이 답답하고 게을러 보일 수 있다. 그러나 자세히 관찰해 보면 느린 사람이 게으른 것은 아니다. 느린 사람은 일처리를 꼼꼼하고 정확하게 하는 경우가 많다. 우보천리(牛步千里, 우직한 소걸음이 천리를 간다.)라는 말도 있지 않은가. 상대방이 느리다고 느낄 때는 자신의 성격이 상대적으로 급하거나 시급한 일이 발생하여 빠른 일처리가 필요한 경우가 대부분이다.

발달심리학에서는 게으름을 '타고난 천성'으로 규정하여 '바꿀 수 없는 것'으로 보지 않는다. "원래 집안 내력이 그래. 노력한다고 바뀌겠어?"라는 말은 포기와 변명으로 볼 수밖에 없는 것이다. 그러므로 게으름은 천성일 수 없다. 절박한 상황에서 몇 개월만 노력해 보면 스스로 달라져 있는 자신을 발견할 수 있을 것이다.

'백수'라는 단어가 있다. 백수건달(白手乾達)의 준말인데 본래 '백수'라는 말은 조선시대에 아직 관직이 없는 무과시험 응시 준비생을 지칭하는 말이었다 한다. 그 단어가 현대에서는 직업도 없이 빈둥거리며 놀고 있는 사람을 뜻하는 말이 되었다. 게으른 사람은 백수가 될 확률이 매우 높다. 취업 환경이 매우 어려워 원하지 않는 백수가 많아지고 있지만 자칫 게으른 습관에 빠져들지 않도록 더 많은 노력을 기울여야 한다. 도전을 즐기지 않는 건어물녀, 초식남들도 게으름에 빠지기 쉬우므로 자기 관리를 철저히 해야 한다.

게으른 사람은 끊임없이 현실로부터 도망치려 한다

게으름은 어떤 양상을 띠게 될까? 게으름은 중요한 일을 하지 않는 것, 의무와 책임을 이행하지 않는 것, 남에게 미루는 것, 시간 약속을 지키지 않는 것, 뭉그적거리는 것 등 여러 가지 형태로 나타난다. 한 가지 양태로 나타나지 않고 복합적인 양상을 보인다.

게으른 사람은 대개 다음과 같은 특징을 나타낸다. 당신도 한번 체크해 보라.

체크 결과, 만약 100점 이하의 점수를 받았다면 '내가 게으른 것이 아닐까?' 하고 깊이 고민해 봐야 한다.

주변에서 게으른 사람의 특징은 얼마든지 발견할 수 있다. 사람이 게으르고자 하면 끝이 없다. 또한 일을 찾아 부지런히 하고자 하면 할 일은 엄청나게 많다. 이것이 일의 법칙이다.

게으른 사람의 가장 큰 특징은 '현실도피적인 성격'을 가지고 있다는 점이다. 게으른 사람은 자기 앞에 닥쳐온 현실과 정면대결하려 하지 않는다. 게으른 사람은 일을 함으로써 주어지는 보상에 대해 기쁨과 성취의 보람을 느끼지 못한다. "그래 봤자 얼마나 되겠어? 차라리 안 받고 안 하고 말지!" 그렇게 말하며 일하는 기쁨에 대해 고개를 돌려버린다. 그런 것을 하찮게 여기며 게으르게 살고 있는 자신의 생활이 더 여유롭다고 착각한다.

구분	질 문	매우 그렇다 (1점)	그렇다 (2점)	보통 이다 (3점)	아니다 (4점)	전혀 아니다 (5점)
1	몸이 늘 피곤하다고 생각한다.					
2	심리적 무기력감이 들 때가 많다.					
3	목표의식이 없다.					
4	시간관리를 할 생각을 하지 않는다.					
5	시간관념이 희박하고 약속을 잘 지키지 않는다.					
6	자신의 나쁜 습관을 개선할 생각이 없다.					
7	"내가 왜 이 일을 해야 하지? 네가 해!"라고 자주 말한다.					
8	자기가 해야 할 일을 '다음에, 나중에'로 미루고 남이 해 주길 바란다.					
9	스스로의 주관이 없고 남의 눈치를 많이 본다.					
10	도전을 싫어하여 어려운 일은 아예 할 생각을 하지 않는다.					
11	마음으로 바라기만 할 뿐 행동은 하지 않는다.					
12	누군가에게 의존할 생각만 하고, 직접 일을 처리하지 않는다.					
13	일을 어떻게 효율적으로 처리할지 연구하기보다는 변명과 핑계를 더 많이 생각한다.					
14	음주가 잦고, 흡연량이 많은 편이다.					
15	수면 패턴이 일정치 않고, 이불 속에 있는 시간이 많다.					
16	아침에 늦게 일어난다.					
17	생활이 매우 불규칙적이다.					
18	운동을 잘 하지 않으며, 등산이나 자전거타기 등 야외활동도 싫어한다.					
19	몸을 움직이는 것을 귀찮아하며, 누워 있기를 좋아한다.					

구분	질 문	매우 그렇다 (1점)	그렇다 (2점)	보통 이다 (3점)	아니다 (4점)	전혀 아니다 (5점)
20	잠자는 것을 좋아한다.					
21	주변정리를 잘 하지 않는다.					
22	집 안이 난장판이다.					
23	쓰레기통의 쓰레기를 잘 비우지 않는다.					
24	밥 먹는 것도, 화장실 가는 것도 귀찮다.					
25	"귀찮아." "아, 몰라!" "어떻게 되겠지." "누군가 하겠지." 등의 말버릇을 가지고 있다.					
26	독서를 싫어하고, TV 시청을 좋아한다.					
27	음식을 스스로 만들어 먹는 경우보다 시켜서 먹는 경우가 많다.					
28	조리를 해서 먹기보다 빵과 인스턴트식품을 더 자주 먹는다.					
29	설거지를 잘 하지 않고 식사 후에 그릇을 처박아 둔다.					
30	냉장고 안에 먹다 남은 음식물이 곰팡이가 핀 채로 남아 있다.					
31	세탁을 잘 하지 않고 입던 옷만 계속 입는다.					
32	외출을 좋아하지 않는다.					
33	모임에 참석하는 것을 좋아하지 않는다.					
34	어떤 일을 할 때의 보상에 대해 하찮게 생각한다. "차라리 안 받고 안 하겠다."라고 생각하는 경우가 많다.					
35	가족의 생계를 책임지는 결혼은 하고 싶지 않다.					
	계					
	총 계					

게으른 사람이 현실도피적인 성향을 보이는 것에 대해서는 어떤 일에 대한 좌절, 실패, 두려움이 내재되어 있기 때문이다. 그래서 새로운 도전에 대해 겁을 내고 자기만의 공간으로 도피하는 것이다.

게으름의 원인은 무엇일까

연구자들은 게으름의 원인을 환경적 요인에서 많이 찾고자 한다. 우선 게으름의 원인으로는 의존적이고 수동적인 성격을 길러 낸 부모의 양육 방법과 가정환경, 독립성의 부족을 꼽는다.

게으른 사람들 중에는 어린 시절 지나치게 과잉보호를 받은 사람들이 많다. 그 결과 주체적인 삶을 살지 않고 가족에게 기대어 살다 보니 타율적인 삶이 습관으로 굳어진 것이다. 부모의 과잉보호는 자녀의 정상적인 성장을 막는다. 경험과 실패를 통해 발전하는 것을 저해하며 독립성을 해친다. 부모가 많은 부분을 해결해 주다 보니 자기 문제를 스스로 책임지지 않고 부모의 품으로 도피한다. 그 품이 편안하다 보니 게으름에 빠지게 된다.

반대로 성장기에 지나친 통제를 받은 경우도 게으름에 빠질 수 있다. 게으름 속에는 수동적 공격성이 포함되어 있다. 게으름은 무엇인가에 반항하는 것이다. 부모에 대해서, 사회에 대해서, 자신의 능력을 알아주지 못하는 집단에 대해서, 마지막에는 스스로에 대하여 반항하고 있는 것이다.

"내가 반항한다고? 아니야. 나는 단지 가만히 있을 뿐이야."

그렇게 이야기하지만 그 속에는 분노가 숨어 있다. 부모의 지나친 통제나 간섭에 대해 분노가 있는 경우에도 부모에 반항하며 게으름에 빠질 수 있다.

실패와 좌절의 경험도 게으름의 커다란 원인이 된다. 무엇인가를 나름대로 열심히 했는데 성취하지 못하고 좌절하게 될 경우, 자신의 동굴로 도피하며 그 속에서 나오지 않는다.

"난 안 돼. 기를 쓰고 애써 봤자 별 게 있겠어. 그냥 편하게 지낼래."

현실과의 괴리감이 게으름의 형태로 표출된다. 심리적 무력감, 피동적인 인간관계, 관계성의 실패 등은 사람의 활동성을 떨어뜨리고 소극적이게 만든다. 이런 경험들이 게으른 행동을 유발할 수 있다.

실패의 경험은 노력의 보상에 대한 부정적 인식을 심어 준다. 노력해도 실패할 것이라는 두려움이 부정적 인식을 생성시키고 어려운 현실로부터 도피하게 만든다. 그래서 목표를 상실하고 심리적 무력감에 빠지게 된다.

지나친 음주도 게으름의 원인이 된다. 술을 마시면 나른해지면서 무력감에 빠진다. 현실로부터 도피하고 힘들게 살아가는 자신에 대한 자괴감에 빠진다. 술의 몽롱한 세계로 도피하면 힘든 현실을 잊게 된다. 일이나 학습이 하기 싫고 잠이나 자고 싶다. 만사가 귀찮다. 술이 덜 깨어 출근을 하지 못하는 날도 생겨난다. 이것이 반복되면 게으름이 습관이 되고, 자칫 알코올 중독으로 이어질 수 있다. 그러므로 지나친 음주는 반드시 경계하고 삼가야 한다.

불규칙한 생활도 게으름의 원인이다. 주변에서 살펴보면 부지런한 사람은 대부분 규칙적인 생활을 한다. 아침에 일찍 일어나고 시간관리를 잘하며 계획대로 움직인다. 반면 게으른 사람은 시간관념이 매우 약하다. 아침에 늦게 일어나고, 약속시간도 상습적으로 늦고, 규칙성이 없다.

불규칙하게 생활하다 보면 어느 순간 게으름의 늪에 빠져 있는 자신을 발견하게 될 것이다.

어떤 원인이든 게으름은 삶의 목표와 이에 대한 미래 계획이 상실된 행동이며 습관으로 고착될 우려가 있으므로 극히 주의해야 한다.

오블로모프병

제정 러시아시대 말, 대지주의 아들 오블로모프(Oblomov)는 상트페테르부르크에서 대학까지 나온 부잣집 아들이다. 그는 부유한 집안에 좋은 대학을 나왔고, 잘생긴 외모까지 갖추었으므로 부러울 것 없는 인간이다.

하지만 그는 만사가 귀찮다. 집에서 무능력, 무관심, 무취미, 무기력 상태로 하루 종일 누워서 지낸다. 옷도 하녀에게 입혀 달라 하고, 식사도 식당 가기가 귀찮아 방에서 먹여 달라고 한다. 세수하며 양말 신는 것까지 하녀에게 시킨다. 올가라는 순박한 아가씨와 사랑에 빠지지만 남들 앞에 나갈 때 손을 들어 주고 키스할 때 안아 주어야 하는 일이 귀찮아 그만둔다. 연애의 과정들이 귀찮아 모든 것을 어린애처럼 뒷바라지해 주는 연상의 미망인에게 도망친다. 마지막에는 자신의 모든 재산을 잃고 궁핍하게 살다가 삶을 마감한다.

러시아의 소설가 이반 곤차로프(Ivan Goncharov)가 1859년에 발표한 「오블로모프」라는 소설의 줄거리다. 구한말 조선에도 방문한 적이 있는 곤차로프는 19세기 러시아 사회가 직면한 문제를 소설을 통해 날카롭게 파헤쳤다.

소설의 주인공인 오블로모프처럼 매사를 귀찮아하고 하기 싫은 일은 하지 않고 편한 것만 찾는 것을 오블로모프주의(oblomovism)라 한다. 학자들은 이런 풍조가 볼셰비키혁명을 유발하기까지 했다고 한다.

오블로모프병은 요즘말로 귀차니즘과 같은 것인데 심지어 연애할 기력마저 없다. 요즘은 이런 부류를 니트(NEET, Not in Education, Employment or Training)족이라 부르는데, 15~34세 사이의 연령으로 미혼이고 학교에 다니지 않으면서 가사일도 하지 않는 사람을 가리킨다. '무업자(無業者)'라고도 한다. 취업에 대한 의욕이 전혀 없다. 일할 의지는 있지만 일자리를 구하지 못하는 실업자나 아르바이트로 생활하는 프리터족과 다르다. 1990년대 경제 상황이 나빴던 영국 등 유럽에서 처음 나타났으며 일본으로 빠르게 확산되었다. 구직활동도 하지 않고 놀고먹는 니트족이 증가하면서 사회불안을 유발하는 사회병리현상이 되고 있다.

국제노동기구(ILO)의 「2013년 세계청년고용동향」 보고서에 따르면 우리나라 니트족 비율은 19.2%에 이른다. 경제협력개발기구(OECD) 회원국 중 7위를 기록했으며 OECD 평균인 15.8%보다 높은 것으로 조사됐다. 역시 급증하는 '알바족' 때문에 골머리를 앓는 일본(9.9%)에 비해서도 두 배나 높다.

니트족의 가장 큰 문제는 그들이 일할 의지가 없다는 것, 아예 그 어떤 것도 시작할 마음이 없는 오블로모프병의 상태라는 것이다. 오블로모프병의 근원적인 문제는 힘든 현실로부터 끊임없이 도망가고자 하는 현실도피 습관이다. 그런 상태이니 스스로 해야 할 목표를 세우고, 자신의 일에 집중할 마음이나 있겠는가?

게으름은 로마제국을 망치게 한 로마병이다. 영국 철학자 프란시스 베이컨은 "게으름은 모든 악의 근원이요, 근본이다."라고 했다. "부지런한 사람은 방법을 찾고, 게으른 사람은 핑계를 찾는다."라는 유명한 격언이 있다. 내가 잘 아는 코스피 상장기업인 (주)국동의 창업주 변효주 회장은 이 격언을 사시(社是)로 삼아 직원들의 행동지침으로 정해 놓았다. 게으름의 끝은 궁핍과 파멸이다. 삶을 살아가면서 게으름이 가져올 참혹한 결과를 두려워하고 부지런히 보람차게 사는 습관을 들여야 한다.

4. 게으름에서 탈출하기

유명한 작가들은 한결같이 뛰어난 집중력을 발휘한다. 그중에서도 소설가 이외수 씨의 집중력은 매우 돋보인다.

26세 때인 1972년 강원일보 신춘문예에 당선한 이외수는 더 좋은 소설을 쓰기 위해 이듬해에 강원도 인제 남국민학교 객골분교 소사를 자청했다. 그곳에서 그는 무섭게 문장 공부에 몰두했다.

추운 겨울, 밥을 지어 바깥에 내놓으면 꽝꽝 얼었다. 그는 얼음밥을 도저히 수저로 떠먹을 수 없어 망치와 못으로 깨뜨려 으적으적 씹어 먹었다. 그렇게 정신을 깨우치며 문장쓰기에 몰입했다. 그는 2년여의 혹독한 글쓰기 끝에 당시 유명한 시사월간지인 《世代》지에 중편 「훈장」을 투고하여 신인문학상을 수상했다.

먹고 살기 위해 신문사 편집부원, 학원강사 등을 했던 그는 1979년 모든 일을 끊고 글만 쓰기로 결심했다. 오직 작품에만 집중했다. 1980년대 초반 「칼」이라는 장편소설을 잡지에 연재할 때는 하루에 세 시간밖에 자지 않았다. 어떤 때는 무박 5일 동안 한잠도 자지 않고 신들린 듯 원고지를 써 내려갔다. 식사도 하루에 한 끼만 먹었다. 배가 부르면 정신이 맑지 않아서였다.

1990년대 「벽오금학도」와 「황금비늘」 등의 장편을 쓰는 8년 동안, 그는 집필실의 방문을 뜯어내고 특별 제작한 교도소 철문을 달았다. 밖에서 문을 걸어 잠근 후 그 안에서 글을 썼다. 스스로 '글 감옥'을 만들어 갇힌 것이다. 속칭 '식구통'이라 불리는 구멍으로 밥을 받아먹고 용변도 그 안에서 해결했다. 기인의 행태라 할 수 있지만 그의 집중력은 대단하다고 본다.

그는 문장에 대해 광적으로 집착했다. 모든 문장을 수없이 검토하고 '은, 는, 이, 가' 등의 조사 하나 선택에도 온 힘을 기울였다. 어찌나 공력을 들였는지 한 편의 소설이 끝나면 조사까지 전부 외울 정도였다 한다. 그의 소설은 현실감이 없고, 때로 무협지처럼 황당하고, 일상 행동이 어긋나 필자는 좋아하지 않지만 이외수 씨의 집중력은 높이 평가해 주고 싶다.

부지런함은 최고의 생존전략이다

우리의 몸과 마음은 끊임없이 편한 것을 추구하려는 경향이 있다. 또한 새로운 도전보다는 현재의 상태에 안주하려는 경향도 있다. 그것은 생태학적인 것이다. 그것을 탓할 수는 없다. 그런 점에서 게으름은 생태학적인 것이다. 일하지 않고 놀고먹는다는 데 싫어할 사람이 있을까? 물론 빈둥빈둥 노는 것보다는 열심히 일하고 보람을 찾는 사람이 많지만 편안함의 추구는 생태학적인 본성이라는 뜻이다.

심지어 인간의 언어활동 중에는 듣거나 말하기 불편한 말소리를 편하게 바꾸어 말하는 유포니(euphony, 활음조) 현상이라는 것도 있다. 언어생활도 이럴진대 몸과 마음은 더하지 않겠는가?

하지만 인간은 그렇게 편한 것만 추구하다가는 망가진다는 것을 경험적으로 알고 있다. 게으름은 적자생존의 사회에서 생존을 보장해 주지 못한다. 남들보다 더 빨리 더 많이 먹이를 확보해야 하는 정글의 사회에서 게으름은 최악의 전략이다. 부지런하게 움직여야 살아남을 수 있으며 장기적 생존을 유지할 수 있다. 그러므로 부지런함은 경험적인 것이다. 왜냐하면 놀면서 지내고 싶지만 그렇게 살다가는 생존이 어렵다는 것을 경험적으로 잘 알고 있기에 스스로를 부지런함으로 내모는 것이다.

역사적으로 수많은 현자들이 부지런함을 강조했다. 성경·불경·코란·공자·맹자·탈무드의 서책 중 어떤 책도 "게으르게 살아라."라고 적혀 있지 않다. "게으른 자는 먹지도 말라."라는 말도 있다. 먹지 않으면 죽는다. 그러면 게으른 자는 죽으라는 이야기인가? 너무한다는 생각까지 들지만 현자들의 말이 틀렸으면 아직까지 남아 있지 않았을 것이다.

영국의 철학자 버트란트 러셀(Bertrand Russell, 1872~1970)은 『게으름에 대한 찬양』이라는 책을 썼다. 이 책을 읽고 러셀이 게으름을 권장했다고 생각하면 오산이다. 15편의 에세이를 모은 이 책에서 러셀은 산업사회가 발생시킨 인간의 노동으로부터의 소외를 통렬히 비판하고 인간의 진정한 자유와 주체성 확립을 위해서는 오히려 여가가 필요하다고 주장했을 뿐이다.

98세까지 살았던 러셀은 실제로 40권 이상의 책을 쉬지 않고 출간할 정도로 엄청나게 창의적이고 부지런한 사람이었다. 1950년에는 노벨문학상까지 받았다. 자유연애주의자였던 러셀은 결혼도 여러 번 했다. 오블로모프 같은 게으름뱅이라면 어떻게 그 귀찮은 연애를 여러 번 반복했을까? 러셀은 진정한 '부지런이'이다.

진시황, 나폴레옹처럼 힘든 정복전쟁을 계속한 인물도 있다. 웬만큼 권력을 쥐었으면 대충 편하게 놀고먹지 무엇 때문에 그 힘든 정복전쟁을 계속했을까? 여름의 진창과 더위, 가혹한 질병, 한겨울의 살을 에는 듯한 추위 속에서 도대체 왜 험준한 산맥을 넘고 들판을 헤맸을까? 전쟁에 패배하면 생명까지 잃을 수 있는데 왜 위험을 자초했을까? 그것은 안락한 삶이 싫어서가 아니라 지배가 가져다주는 혜택과 만족이 훨씬 더 컸기 때문이다. 보상의 법칙에 충실했던 것이다.

이처럼 부지런함은 인간의 오랜 경험과 역사 속에서 철저하게 검증된 생존전략이다. 부지런함은 최고의 생존전략이고 게으름은 실패를 자초하는 최악의 전략이다.

왜 이리 해가 안 뜨냐

게으름은 자기 파괴다. 스스로에 대한 존엄성과 인격을 스스로 해치는 명백한 자기 파괴다. 하지만 게으른 사람들은 항변한다. "내가 뭐 그렇게 잘못됐나?" "이렇게 사는 것도 한 방법이다. 그러니까 건드리지 말고 놔둬라."

그러나 게으름은 자기 파괴일 뿐 아니라 사회적 부도덕이다. 왜냐하면 게으름은 노동의 짐을 타인에게 전가하기 때문이다. 그래서 마하트마 간디는 게으름을 사회적 죄악이라고 말하기까지 했다.

게으른 사람은 일을 아주 적게 하거나 안 한다. 중간에 그만두는 경우도 허다하다. 그리고 불평한다. 남들은 왜 나를 몰라주는가? 왜 비난하는가? 나는 왜 가난한가? 그리고 불평을 넘어서 타인을 비난하기까지 한다. 게으른 사람은 불평불만에 가득 찬 경우가 많고 남의 노력에 무임승차하려 한다.

특히 게으름이 만성적인 습관이 되어 있으면 고치기 힘들다. 편안함만을 추구하려 하기 때문에 개선의 의지가 생기지 않는다. 습관으로 몸과 마음에 배어 있기 때문에 게으름은 중독이다.

게으름의 결과는 궁핍과 사회적 약자의 위치를 초래한다. 게으름은 음식에서 곰팡이가 피어 먹지 못하게 하고, 녹이 쇠를 부식시키듯 몸과 마음을 녹슬게 한다. 곰팡이가 핀 음식을 먹게 되면 병에 걸린다. 녹슨 쇠는 더는 쓸 수 없게 된다. 반면에 부지런함은 삶을 반짝반짝 윤나게 한다.

법구경은 "부지런함은 생명의 길이요, 게으름은 죽음의 길이다."라고 했다. 성경에는 게으름에 관한 구절이 아주 많다. 이스라엘인들의 지혜와 교훈을 모은 잠언에는 "게으른 자여, 네가 어느 때까지 누워 있겠느냐? 네가 어느 때에 잠이 깨어 일어나겠느냐? 좀 더 자자, 좀 더 졸자, 손을 모으고 좀 더 누워 있자 하면 네 빈궁이 강도같이 오며 네 궁핍이 군사같이 이르리라.(잠언 6장)"라고 쓰여 있다.

탈무드는 "아침 늦게 일어나고, 낮에는 술을 마시며, 저녁에 쓸데없는 이야기를 하고 있으면 일생을 간단히 헛되게 만들 수 있다."라고 경고한다.

부조리한 인간의 내면을 다룬 소설 『이방인』으로 노벨문학상을 수상한 알베르 까뮈는 "노력은 항상 이익을 가져다준다. 성공하지 못한 사람들에게는 항상 게으름의 문제가 있다. 노력은 결코 무심하지 않다. 그만큼의 대가를 반드시 지급해 준다. 성공을 보너스로 가져다준다. 비록 성공하지 못했을지라도 깨달음을 준다. 성공하지 못한 사람의 공통점은 게으름에 있다. 게으름은 인간을 패배하게 만드는 주범이다. 성공하려거든 먼저 게으름을 극복해야 한다."라고 했다.

현대그룹 창업주였던 정주영 씨는 이렇게 말했다. "나는 게으름 피우는 것을 선천적으로 혐오한다. 시간은 지나가 버리면 그만이다. 사람은 보통 적당히 게으르고 싶고, 적당히 재미있고 싶고, 적당히 편하고 싶어한다. 그러나 그 '적당히'의 그물 사이로 귀중한 시간이 헛되이 빠져나가게 하는 것처럼 우매한 것은 없다."라고 했다.

정 회장은 새벽 3~4시면 어김없이 일어나 "왜 이리 해가 안 뜨냐?"라고 푸념하곤 했다 한다. 새벽 5시마다 동생, 자녀들과 함께 식사하면서 그날의 할 일들을 지시하고 6시쯤 청운동에서 계동 현대사옥까지 도보로 출근했다. 새벽 출근에 대해서는 "그날 할 일이 즐거워서 기대와 흥분으로 마음이 설렌다. 아침에 일어날 때의 기분은 소풍가는 날 아침, 가슴이 설레는 것과 꼭 같다."라고 했다. 그가 이룬 업적은 모두 부지런함에서 나온 것이다.

결국 가난한 것도, 학업이 부진한 것도, 명예를 얻지 못하는 것도 게으름 때문이다. 심지어 몸에 병이 드는 것도 게으름이 원인이다. 게으름은 시간 도둑이며 모든 실패의 원인이다. 게으른 사람은 자신의 할 일 대신 남의 탓만 한다. 게으른 사람은 목표의식도 자발성도 없다. 게으르면서 성공을 바라는 것은 도둑놈 심보다.

게으름에서 탈출하기

하지만 게으름에서 벗어나는 것은 쉽지 않다. 한번 몸에 배인 습관은 바꾸기 어렵다. 이를 극복하고 게으름에서 탈출하는 11가지 방법을 제시한다.

1) 나는 왜 게으른가? 게으름의 원인을 생각하라

당신은 게으른가? 혹시 그런 생각이 든다면 당신은 게으른 사람이 아니다. 개선의 가능성이 충분히 있다. 진짜 게으른 사람은 그런 생각조차 하지 않는다. 그것이 문제다.

만약 당신 스스로 게으르다는 생각이 들고 주변에서 게으르다는 평을 들은 적이 있다면 게으름의 원인이 무엇인가를 깊이 생각해 봐야 한다. 원인을 찾는 것이 그것을 해결할 수 있는 유일한 방법이다.

게으름의 원인은 앞서 말한 대로 여러 가지가 될 수 있다. 만약 당신이 피곤해서 꼼짝달싹 하기 싫다면 당신에게는 휴식이 필요하다. 휴식을 통해 몸과 마음을 재충전해야 한다.

무기력증의 원인이 실패와 좌절의 경험이라면 좀 더 작은 목표부터 다시 시작하는 것이 좋다. 생활을 단순화하고 기대수준을 낮춰 소소한 일상으로 다시 돌아가야 한다. 당신이 두려워하고 근심하는 것으로부터 벗어나 작은 일부터 꼬박꼬박 시작하는 것이다.

만약 깊은 상처 때문에 아무런 일도 하고 싶지 않을 때는 그 유일한 해답이 시간일지도 모른다. 만약 시간이 필요하다면 시간을 가져라. 모든 상처는 치유하는 데 시간이 필요하다. 여행을 간다든가, 동네 문화센터에 나가서 공예학습에 참여한다든가, 독서를 한다든가 그렇게 조용한 시간을 갖는 것이 중요하다.

자기 자신을 살펴보고 부정적인 자괴감을 제거한다. 그럼으로써 "오! 하느님, 나는 너무 게으르고 쓸모없는 사람입니다."라는 생각을 버려야 한다.

2) 목표를 세워라. 그리고 기록하라

게으른 사람의 가장 큰 문제는 목표의식이 없다는 것이다. 명확한 목표가 부재하므로 부지런해야 할 이유가 없는 것이다. 반복적인 일상은 게으름을 유발할 수 있다. 늘 하던 대로 그럭저럭해도 현 상태가 유지된다면 게으름이 표시나지 않고 가려진다. 그러나 발전은 없다.

게으름에서 벗어나기 위해서는 새로운 목표를 세워야 한다. 1년에 3천만 원을 모으겠다. 토익 점수를 900점대로 올리겠다. 3개월 내에 체중을 5kg 줄이겠다. 한 달에 한 권씩 책을 읽겠다. 주말에는 꼭 자전거타기를 하겠다 등 뭐든 좋다. 목표를 세우고 실천하기 위해 노력한다.

목표를 통해 성과를 내기 위해서는 한 단계 높은 도전과제를 부여하는 것이 좋다. 이를 통해 몇 달 후에 달라져 있을 자신의 모습을 상상해보라. 통장에 돈이 쌓일 거야, 난 멋있어질 거야, 난 실력이 향상돼 있을 거야 등 긍정적인 결과를 생각하라.

목표를 세웠다면 이를 달성하기 위한 과정의 우선순위를 정하고 목록을 작성하는 것이 반드시 필요하다. 체크리스트를 만들어 매일 기록해야 한다. 일간 목표, 월간 목표, 심지어 연간 목표까지 만들어 성과를 기록한다. 침실 문에, 욕실 거울에, 당신의 컴퓨터 앞에, 냉장고에도 하나, 일상 어디에나 당신의 목표를 적은 종이를 붙이는 것이 좋다. 그래서 스스로 확인하고 진도를 체크한다.

3) 이불에서 멀어져라. 침대에서 벗어나라

게으름과 이불, 침대는 동의어다. 게으른 사람은 서 있기보다 누워 있기를 즐기고 이불에서 뒹구는 것을 좋아한다. 그리고 잠을 많이 잔다.

이불과 멀어지고 잠만 잘 조절해도 부지런한 사람이 될 수 있다.

사람의 하루 수면시간은 7시간이 적당하다고 한다. 영국 케임브리지 대학 연구팀의 연구 결과, 수면시간이 하루 8시간 이상인 사람은 6~8시간인 사람에 비해 뇌졸중 위험이 46%나 높은 것으로 나타났다. 더 많이 자는 사람 중 7~8% 정도에게서는 기억력과 인지능력 저하 현상이 나타났다. 너무 많이 자면 수면피로가 나타나고 조기 사망률이 높다. 반면 6시간 이하인 경우에도 뇌졸중 위험이 18%나 높았다. 적정한 수면이 건강의 지름길이라는 이야기다.

게으름을 고치기 위해서는 일찍 일어나는 습관을 들여야 한다. 게으른 사람은 대부분 늦게 일어나고 시간관리를 잘 하지 않는다. 성공한 사람들은 대부분 일찍 일어난다. 예술가를 제외하고, 내가 지금까지 만난 기업 CEO나 고위직 중 어느 누구도 늦게 일어나는 사람은 단연코 없었다. 그들은 모두 '아침새(Early bird)'다.

게으름에서 탈출하려면 이불에서 멀어져라. 눈을 뜨면 뭉그적거리지 말고 바로 용수철처럼 일어나라. 이불을 개어 장롱에 넣어 버려라. 그리고 뭐든 하라. 운동을 하든 청소를 하든 식사를 하든 곧바로 다음 일을 시작하라.

4) 환경을 바꿔라

게으른 사람은 움직이는 것을 별로 좋아하지 않는다. 대부분 붙박이다. 한 곳에 오래 머무르며 하던 일을 계속하려 한다. 변화를 싫어하며 도전정신이 없다.

혹시 너무 판에 박힌, 변화가 없는, 무료하게 반복되는 일상 때문에 게으름이 생겼다면 변화의 촉매제를 투입해야 한다. 집 안도 바꿔 보고, 책상 배치도 바꿔 보고, 새로운 음식, 만나는 사람, 취미생활, 즐겨 듣는 음악 등 뭐든지 변화를 시도해 보라. 스스로에게 자극을 줘라. 그러다 보면 어느 사이 새로운 무엇인가에 빠져 있는 자신을 발견할 수 있을 것이다.

환경을 바꾼다는 것은 단순한 미화 활동이 아니다. 주변 환경을 바꾸는 행위를 통해 점차 마음과 습관을 변화시키는 자기 개조의 과정이다.

5) 운동하라

운동의 장점은 정말 셀 수 없이 많다. 운동은 몸과 마음을 건강하게 한다. 하루에 30분씩만 운동해도 새로운 활기를 찾을 수 있다. 운동은 신체의 각 기능을 활성화시키고, 뇌에게 더 많은 산소를 공급해 뇌기능을 향상한다.

기분(氣分)이란 기(氣)의 분할(分割)을 말한다. 기분이 좋지 않다는 것은 몸의 기(氣) 분할이 좋지 않다는 뜻이다. 반대로 신진대사가 원활하고 균형 잡히면 기의 분할이 원활해 기분이 좋게 된다. 운동은 기의 분할을 순조롭게 한다. 운동을 하면 엔도르핀(endorphin)이 증가하며 쾌감이 생긴다. 엔도르핀은 모르핀보다 1백 배 강력한 작용을 한다. 통증, 불안 등을 경감시키고 즐거움과 진통 효과를 준다. 그래서 더 행복하고 상쾌한 느낌을 준다.

당연하게 운동은 몸을 건강하게 만든다. 일상생활에서 부족한 신체활동을 보충해 주고 정신적 스트레스를 줄여 준다. 심장병·고혈압·당뇨·비만 등 성인병도 예방할 수 있다.

운동은 게으름에서 벗어날 수 있는 아주 좋은 방법이다. 조깅·헬스·요가·스쿼시·탁구·농구·축구·수영·등산 뭐든 하라. 운동은 삶에 활력을 주고 성기능까지 향상한다.

운동을 한 후에는 샤워나 목욕을 하는 것이 좋다. 노폐물을 씻어 내고 청결해지면 혈액순환이 잘되어 역시 기분이 좋아진다. 몸을 자주 씻는 것도 게으름에서 탈피하는 방법이다. 게으른 사람은 잘 씻지도 않는다. 화장도 부지런해야 잘한다. 아침에 붐비는 지하철 안에서 화장을 하는 여성을 보면 고개를 돌리고 싶다. 미모도 부지런해야 가꾼다.

6) 과음, 과식하지 마라

술은 게으름과 깊은 연관이 있다. 술을 먹으면 나른하고 취하고 졸린다. 정신이 풀려 일을 할 수 없다. 다음 날은 알코올 기운이 몸에 남아 있어 일의 성과가 오르지 않는다. 몸이 찌뿌둥하고 무거워 빨리 집에 돌아가 자고 싶다. 이런 일이 반복되면 게을러진다.

과식 역시 게으름의 원인이 된다. 배가 부르면 아무 일도 하기 싫다. 인체는 음식물 소화를 위해 다량의 혈액을 소화기관으로 보내고 뇌는 뒷전으로 밀려난다. 뇌에 혈액과 산소가 감소하면 자연히 졸음이 온다. 특히 탄수화물을 많이 섭취하면 혈중 인슐린 수치가 높아져 졸음이 온다. 많이 먹으면 반드시 졸리고 게을러진다. 과식은 게으름을 부른다. 에너지 과잉은 몸을 나태하게 한다.

과음, 과식은 시간의 적이기도 하다. 이런 행동은 소중한 시간을 많이 잡아먹으므로 부지런함을 갉아먹는다. 게으름에서 탈피하려면 과음, 과식을 피해야 한다.

7) 즉시 시작하라. Just Do it!

　게으름의 원인 중 하나는 미루는 습관이다. 해야 할 일을 제쳐 두고 딴짓을 하기 때문에 자꾸 주변을 맴돌게 되는 것이다. 일이나 공부를 미루다 보면 점점 과제가 더 쌓이게 된다. 그렇게 방치하다 보면 나중에는 해결할 수 없는 산이 되고 만다. 결국은 과제를 해결하지 못하고 포기하게 된다.

　해야 할 과제가 있다면 머뭇거리지 말고, 미루지 말고 즉시 시작해야 한다. 눈앞에 보이는 물건도 즉시 치워 버려라. 부수적인 일은 나중에 하고, 가장 중요한 과제를 먼저 시작해서 해치워 버려라. 그래야 스트레스도 덜 쌓인다.

　목표와 과제를 너무 거창하게 생각하지 말고 소소하게 그냥 시작하는 것도 방법이다. 천천히 걷는 것이다. 작은 단위로 과제를 분할하여 한 걸음 한 걸음씩 해 나간다. 그러면 언젠가는 목표에 도달한다. 멀티태스킹과 같은 비효율적인 방법에서 벗어나 한 가지씩 하는 것이다.

　주변에서 일 잘하는 사람들을 볼 기회가 많다. 그들은 야근을 별로 하지 않는다. 대신 미루지 않고 집중하여 즉시즉시 해치운다. Just Do it! 그러면 절대 게으름에 빠지지 않는다.

8) 성취의 이익을 평가하라. 스스로를 응원하라

　세상에는 공짜가 없다. 게으름에는 보상이 없다. 부지런하게 살면 언젠가는 보상이 주어진다. 천재도 99%의 땀과 1%의 재능으로 이루어진다고 한다. 천재 음악가도 엄청난 연습을 한다.

　게으른 사람은 일과 공부를 통해서 얻어지는 보상을 하찮게 생각한다. 하지만 그것은 비정상이고 자기변명이다. 사실은 하기 싫어서 핑계를 대고 있는 것이다.

세상에 쉬운 일은 없다. 모든 성공은 엄청난 노력과 실패 속에서 탄생한 것이다. 실패는 도처에 있다. 당신의 행동을 긍정으로 삼아라. "나는 이 일을 잘할 수 있다."라고 되뇌어라. 성취의 기쁨을 상상하고 힘을 내라.

힘들 때는 스스로를 응원하라. 자신에게 '잘했다!'고 말하고 단계마다 달성을 축하한다. 작은 것 하나라도 직접 도전해서 성취감을 경험하라. 그리고 성취를 통해 달라졌을 자신의 모습을 상상하며 힘을 내야 한다.

돈을 벌고, 경제활동을 하라. 경제활동을 등한시하게 되면 게으름에 빠지게 될 확률이 높다. 돈을 번다는 것은 풍요를 가져다주기도 하지만 땀과 노동을 통한 성취감을 주기도 한다.

9) 궤도에서 이탈하지 마라. 한번 이탈하면 끝이다

포기하지 말아야 한다. 목표로 가는 길은 가시밭길이다. 수많은 장애물 때문에 결코 쉽지 않다. 어려움에 직면하게 되면 포기하고 싶은 생각이 든다. 그러나 한번 포기하면 끝장이다. 포기는 많은 손실을 초래한다.

게으름에서 탈출하려 했다가 난관에 부닥쳐 다시 자신의 동굴로 돌아가려 한다면 다시는 앞으로 나아갈 수 없게 된다. 힘들면 천천히 하면 된다. 좌절을 통한 포기는 자칫 습관으로 이어질 수 있다. 무엇이든 끝까지 추진하지 않고 중도 포기를 하는 습성에 젖어 들 수 있다. 한번 이탈하면 되돌아올 수 없다.

10) 주위의 도움을 받아라

만약 목표와 과제가 버겁다면 주위의 도움을 받는 것이 좋다. 인간은 사회적 존재이며, 인간의 장점은 과제를 공유하고 서로를 돕는 것이다. 도움을 요청하는 것은 부끄러운 일이 아니다. 모두 그렇게 성장해 왔다.

게으름에서 탈출하려는 노력이 힘들 때는 가족이나 친구, 전문가의 도움을 받는 것이 좋다. 아침에 일찍 일어나는 것이 힘들다면 부모에게 깨워 달라고 한다. 친구에게 매일 아침 전화해 달라고 부탁해도 된다. 그런 행위를 통해서 더욱 친해질 수 있다. 체중 감량에 어려움을 겪고 있다면 전문가의 코치를 받으면 된다.

도움을 요청하는 것은 사회적 행위다. 그들도 도움을 주는 행위를 통해서 보상을 받는다. 경쟁이 치열한 직장이나 숨 막힐 듯한 교육환경, 생존의 정글에서 서로 돕는 것은 공존의 법칙이다. 게으름에서 탈출하고자 한다면 주위의 도움을 받도록 한다.

11) 규칙적인 생활을 하라

마지막으로 게으름에서 탈출하는 방법으로는 규칙적인 생활을 권하고 싶다. 규칙적인 생활은 육체적 건강과 심리적 안정감을 준다. 불규칙한 생활을 하다 보면 활력이 떨어지면서 게으름에 빠질 확률이 높다.

불규칙적인 생활은 신체 리듬을 깨고 면역력을 떨어뜨린다. 일찍 자고 일찍 일어나는 습관을 들이는 것이 좋다. 밤 동안 충분한 수면을 취해야 피로가 풀리고 새로운 에너지를 충전할 수 있다. 규칙적인 식사는 장을 편하게 하고 뇌에 적정한 양분을 공급한다.

장수하는 사람들은 공통적으로 규칙적인 생활을 한다. 규칙적인 생활을 하다 보면 자연스레 부지런해지고 게으름에 빠질 우려가 없다. 규칙적인 생활은 스트레스도 감소시킨다. 규칙적인 생활은 목표에 도달하는 지름길이다.

  지금까지 집중력의 최대 적인 게으름에서 탈출하는 방법에 대해 이야기했다. 하지만 게으르지 않다고 해서 집중력을 발휘하는 것은 아니다. 그것은 바닥을 다지는 기초공사일 뿐이다.

5. 당장 일과 공부를 시작하는 사람,
   주변을 맴돌기만 하는 사람

　필자는 기업의 리포트 쓰는 일을 한동안 직업적으로 했다. 짧은 보고서가 아니라 대개 300쪽 이상의 두꺼운 보고서이기 때문에 여러 명이 팀을 이루어 공동작업을 하는 경우가 가끔 있었다. 몇 년 전에 모 대기업의 두꺼운 리포트 작성을 후배들과 함께하게 되었다. 작업량이 많기 때문에 써야 할 내용과 분량을 나누어 작업하기로 정했다.

　TF팀이 결성되어 있는 사무실로 거의 매일 출근하여 회의하고 작업했다. 물론 간간히 진도 체크도 하였다. 몇 달이 흐르고 어느덧 1차 마감일이 다가오고 있었다. 어느 날 후배에게 물었다.

　"작업 많이 했나요? 작업한 내용을 나에게 보여 주세요."

　"예? 아직 마무리를 못 했는데요?"

　"아니, 마무리까지는 아니고 지금까지 작업한 내용을 나에게 보여 주세요. 그래야 작업의 방향성을 검토하고 수정사항도 체크해서 고칠 것은 고쳐 나가야지요?"

　그런데 후배는 멈칫멈칫하며 곤혹스러운 표정을 지었다. 나는 후배의 표정을 보며 사태를 직감했다.

　"작업을 많이 못 했단 말인가요? 사실대로 보여 주세요."

　몇 차례의 채근 끝에 결국 후배는 이실직고했다. '작업을 거의 못 했다.'

는 것이었다.

"무슨 소리를 하는 것입니까? 아니? 매일 출근해서 일을 했는데 작업을 못 했다니? 그러면 대체 무엇을 했다는 말인가요?"

나는 어이가 없어서 되물었다. 나름대로 성실한 성격을 가지고 있어서 믿고 있었는데 망치로 한 대 얻어맞은 느낌이었다. 그날 후배가 털어놓은 이야기는 이랬다.

그는 아침에 출근하면 작업을 바로 시작할 수 없다는 것이었다. 일단 출근해서 차를 한잔 마시고, 이메일을 보고 답장도 하고, 지인들에게 문자도 보내고, 전화도 하고, 자기가 좋아하는 사이트나 블로그에 들어가 글도 올리고 댓글도 달고, 그러다가 인터넷에 핫뉴스가 뜨면 열심히 검색하고, 웹서핑도 하고, 필요한 물품이 있으면 주문도 하고, 옥상에 올라가 담배도 한 대 피고…, 그러다 보면 점심시간이 다가온다. 점심을 먹고 좀 쉬다가 자료조사를 하러 다니고, 또 인터넷을 보고 하다 보면 오후 시간도 가고 퇴근시간이 다가온다. 퇴근 후에는 개인적인 약속이 있다.

"아니? 그러면 일은 언제 합니까? 나는 늘 책상에 앉아 무언가 열심히 들여다보고 또드락거려서 작업을 하는 줄 알았습니다."

나는 정말 황당했다. 그는 결국 "나는 일에 바로 집중할 수 없다. 이것저것 하다가 마음이 잡혀야 일을 할 수 있다. 나 자신의 문제점을 알지만 고쳐지지 않는다. 밤에 집에 가서 조용히 작업을 해야겠다고 생각하지만 집중이 잘 안 되고 피곤해서 시간만 허비하는 경우가 많다. 정말 나 자신을 모르겠다."라며 얼굴이 흙빛이 되어 털어놓았다. 결국 그가 못다 한 작업량을 분담하는 등 조처를 취하여 프로젝트를 마무리하기는 했지만 그 후배 때문에 많이 고생했다.

회피할 궁리

　당신은 어떤 일을 할 때 곧바로 일에 집중하는 사람인가? 아니면 일을 하기 위해 사전 준비 작업이 많이 필요한 사람인가? 해야 할 일을 놓아두고 주변만 빙빙 돌면서 시간을 낭비하는 사람인가?

　만약 당신이 공부하는 학생이라면 당장 책을 펼쳐서 오늘 해야 할 공부에 바로 돌입하는가? 아니면 책 펼치는 데 몇십 분, 냉장고 열었다 닫았다 하는 데 몇십 분, 드라마 한 편만 보고 공부해야지 그러는가? 집안일 상관하고, 어? 친구에게서 카톡이 왔네, 스마트폰 좀 봐야겠다, 화장실 들락거리면서 거울보고, 게임 조금만 하고 공부해야지, 아! 너무 피곤하다, 시간도 늦었다, 내일 공부해야겠다! 이렇게 시간을 허비하는가? 그러면서 공부는 언제 하겠는가?

　만약 당신이 해야 할 일에 당장 집중하지 못한다면 당신은 주변을 맴도는 사람이다. 그런 사람은 뚜렷한 목표가 없다. 하기 싫은 일을 어쩔 수 없이 끌려가면서 해야 한다는 짜증이 가득 차 있다. 남이 해 주기를 바라고, 일의 본질보다는 관계성에 더 관심이 많다. 대부분 말로 때우고 행동은 하지 않는다. 수다만 떨고 실적은 저조하다.

　일의 주변을 맴도는 사람은 대체적으로 소심한 성격이 많다. 과감하게 일에 뛰어들지 못하고 이리저리 잔머리만 굴린다. 심지어 연애를 하더라도 상대방에 집중하지 못하고 주변만 맴돈다. "당신이 좋다! 사귀자! 사랑한다!"는 말을 하지 못하고 우물쭈물한다. 그러다 그 사람이 다른 사람에게 가 버리면 "그럴 줄 알았어! 너는 그런 사람이야!"라고 비난한다.

　냉정하게 말하면 주변을 빙빙 맴도는 사람은 실력이 부족한 사람인 경우가 많다. 실력도 없고 자신감이 없으므로 일의 핵심에 진입하지 못하고 회피할 궁리만 하고 있다. 놀기를 좋아하고 일하는 것을 싫어한다. 무사 안일한 타성에 젖어 있는 좀비족이나 강 건너 불구경하듯 구경이나 하고 있는 갤러리족인 것이다.

문안에 발 들여놓기, Just Do it!

심리학에 '문안에 발 들여놓기 현상(Foot in the door phenomenon)'이라는 것이 있다. '단계적 설득이론'이라고 불리는 이 연구는 1966년 프리드맨과 프레이저(J. I. Freedman & S. C. Fraser)에 의해 이루어졌다.

교외의 개인주택 소유자들에게 창문에 7.5cm 크기의 교통안전 표지를 붙여 달라고 요청하였다. 해로울 것이 없는 부탁이므로 동의한 사람이 상당수 있었다. 2주일 후, 작은 표지를 붙이는 데 동의한 집주인과 동의하지 않은 사람들을 다른 실험자가 방문하였다. 이번에는 그 집의 대부분을 가릴 만큼 큼지막한 글씨로 쓴 '운전주의'라는 입간판을 집 앞 잔디밭에 세우게 해 달라는 엄청난 요청을 하였다. 결과는 어땠을까?

실험 결과 처음의 작은 요청에 동의한 사람들은 나중의 큰 요청에도 동의하는 경향을 보였다. 처음의 요청에 동의한 집주인들은 자신을 공공문제에 적극적으로 관여하는 시민이라고 생각하였던 것이다. 즉, 자신의 처음 행동에 의해 자기 지각이 변화했기 때문이다. 어떤 학생이 반장에 임명되면 반장답게 행동하려 하는 경향을 보인다.

이 실험은 세일즈에 흔히 동원되는 기법이다. 가격이 낮은 작은 물건을 사도록 유도해 놓고 나중에는 비싸고 큰 물건을 슬그머니 내민다. 그러면 큰 물건을 구매할 확률이 높아진다. 처음에는 여자 친구에게 밥한 끼 사 달라고 했다가 갑자기 필요하게 됐다며 10만 원 빌려서 며칠 후에 갚더니 카드 좀 빌려 달라 한다. 나중에는 '우리 사이에 돈 이야기는 하지 말자.'고 하면서 점점 마각을 드러내는 남자친구와 같은 경우다. 그 여자는 작은 요청을 별 생각 없이 들어주다 보니 어느새 남자의 지갑이 되어 버린 것이다.

이 기법은 사기꾼들이 나쁜 짓을 할 때도 많이 사용한다. 처음에는 10만 원만 투자하면 높은 이자를 준다고 유혹한다. 돌려막기로 높은 이자를 줘 가면서 점점 많은 투자를 유도한다. 나중에는 많은 투자액을 챙겨서 순식간에 도주해 버리는 것이다. 1920년대 미국 사기꾼 찰스 폰지의 이름을 딴 '폰지 사기(Ponzi Scheme)'의 사례이다.

사람들의 태도는 그들이 현재 하고 있는 행동과 앞으로 할 것이라고 기대되는 행동의 영향을 받는다. 이것이 자기 지각을 바꾸고 다음 행동을 만들어 간다. 한번 문안에 발을 들여놓으면 그 일을 지속하게 된다. 반면에 문안에 들어서지 못하면 계속 밖에서 맴돈다.

그러므로 첫 행동이 중요하다. 집중력도 마찬가지다. 목표를 세우고, 해야 할 일이나 공부가 있다면 곧바로 문안에 들어가 시작해야 한다. 한번 주변을 맴돌게 되면 계속 딴짓을 하게 되고, 나중에는 해야 할 일의 본질마저 망각하게 된다.

당장 일에 집중하라! Just Do it! 쓸데없는 일, 허드렛일은 나중에 하고 목표를 세운 일, 본질적인 일을 먼저 하라. 당장 책을 펴고 공부를 시작하라. 주변의 모든 방해물들을 차단하고 핵심으로 진입하라. 이것이 집중력의 문턱을 넘는 방법이다.

제3장

집중력의 비밀

1. 집중력의 첫걸음은 강력한 목표 설정이다

"호랑이와 사자가 싸우면 누가 이길까?"

어린이나 어른들이 궁금해하는 동물 관련 질문 1위이다. 투기를 즐겼던 로마인들도 이 점이 무척 궁금했나 보다. 로마의 원형경기장 콜로세움에서는 굶주린 호랑이와 사자에게 먹이를 던져 주고 싸우게 했다. 그러나 어느 쪽이 우세했다는 기록은 없다.

동물 전문가들은 사자가 이긴다고 한다. 사자가 호랑이보다 더 강해서가 아니다. 사자들은 원래 무리지어 살기 때문에 단독으로 행동하는 호랑이를 제압할 수 있다는 것이다. 하지만 야생에서는 호랑이와 사자가 사는 곳이 다르기 때문에 둘이 싸울 일은 없다. 호랑이는 산악에서, 사자는 초원에서 산다. 그러나 1:1로 싸운다면 승패는 장담할 수 없다. 그렇다면 정답은 무엇일까?

"더 배고픈 놈이 이긴다."

호랑이나 사자는 배가 부르면 사냥을 하지 않는다. 먹이를 저장하지 않기 때문에 눈앞에 사냥감이 지나가도 본체만체한다. 주로 잠을 잔다. 그러다 배가 고파지면 어슬렁거리며 나와 사냥을 시작한다. 만약 한동안 먹이를 먹지 못해 몹시 굶주렸다면 눈에 쌍불을 켜고 사냥을 한다. 먹이사슬의 최강자라는 체면이고 뭐고 없다. 쥐도 잡아먹는다. 그러므로 호랑이와 사자를 싸움 붙이면 더 배고픈 놈이 이기는 것이다.

절박해야 한다

뛰는 놈, 나는 놈 위에 절박한 놈이 있다. 절박하다는 것은 그만큼 목표 설정이 뚜렷하다는 것이다. 목표가 절박하면 집중력은 당연히 높아진다. 신문기자나 작가들은 마감 때 원고를 더 잘 쓴다. 이른바 '마감 정신'이다. 원고 마감시간이 다가오면 책임을 다해야겠다는 생각으로 원고에 몰입하여 언어를 폭발적으로 쏟아 낸다. 공사현장에서도 "이것만 마치고 집에 가자."라고 하면 마감에 주력한다.

많은 사람들은 집중력이 뛰어난 사람을 두고 원래 그런 사람이라고 여긴다. 태어날 때부터 뛰어난 집중력을 가지고 있었다고 생각한다. 그러나 그들도 보통 사람들과 똑같다. 놀기 좋아하고 딴짓을 하고 여가를 즐긴다. 하지만 어떤 일에 매진할 때는 무섭게 파고든다. 그 이유가 뭘까? 그 비밀은 바로 '목표 설정'에 있다. 목표 설정은 바로 집중력의 첫걸음이다.

진(秦)나라 목공(B.C. 660~B.C. 621)은 춘추시대 5인의 패자(春秋五霸) 중 한 사람이다. 그는 기원전 624년 진(晉)나라를 쳐들어갔다. 이때 황하를 건넌 후 타고 간 배를 모두 불태워 버렸다. 퇴로를 스스로 차단한 채 필사의 각오로 전투를 치러 왕관(王官) 땅을 빼앗고 진나라 도읍까지 육박했다. 이 전투에서 승리하여 마침내 서융의 패자가 되었다. '제하분주(濟河焚舟)'란 여기서 유래한 말로 죽을힘을 다하는 각오로 전투에 집중했다는 뜻이다.

같은 춘추시대에 송(宋)나라의 양공(襄公: 미상~B.C. 637)은 제환공(齊桓公)이 죽은 뒤 패자가 되려고 초(楚)나라와 다투었다. 패자를 꿈꾸던 양공은 기원전 638년 정(鄭)나라를 치기 위해 군대를 일으켰다. 그러자 정나라는 맹약국인 초나라에 구원병을 요청했다. 양측은 홍수(泓水, 하남성)라는 강을 사이에 두고 대치했다. 정나라와 늦게 도착한 초나라 연합군은 어수선한 가운데 진지 구축을 시작했다.

이런 상황에서도 양공은 공격할 생각을 하지 않았다. 이를 안타깝게 생각한 이복형 목이가 적들이 전열을 가다듬기 전에 공격할 것을 주장했다. 그러나 양공은 고개를 저었다. 그는 "상대가 미처 진용을 갖추기 전에 기습하는 것은 인(仁)의 군대가 할 일이 아니다."라며 공격을 반대했다.

이어서 초나라 군대가 강을 건너기 시작하자 다시 목이가 공격을 주장했다. 그러나 양공은 이때도 같은 이유로 공격 명령을 내리지 않았다. 그러다가 초나라 군대가 전열을 갖추자 그때서야 공격 명령을 하달했다.

결과는 병력이 약한 송나라의 대패였다. 양공은 절박한 순간에도 터무니없이 여유를 부린 결과 재기불능의 참패를 당했다. 그는 이 전투에서 다리에 큰 상처를 입고 후유증으로 이듬해 죽고 말았다. 세상 사람들은 쓸데없는 여유를 부리다 패한 그의 어리석음을 비웃으며 '송양지인(宋襄之仁, 송나라 양공의 어짊)'이라는 말을 만들어 냈다. 그래서 어리석음의 대표주자로 송양공을 꼽는다. 송양공은 전쟁에서 가장 중요한 목표인 '승리'보다는 오히려 해가 되는 '어짊(仁)'을 내세우다 죽음을 자초한 것이다. 무엇에 집중해야 하는지 잘못 판단한 것이다.

목표와 집중력은 동의어다

집중력을 발휘하기 위해서는 뚜렷하고 강력한 목표가 설정되어야 한다. 아울러 목표를 달성하기 위해서는 집중력이 필수적이다. 따라서 목표와 집중력은 동의어다. 그렇다면 목표 설정은 어떻게 해야 하는가?

목표 설정에 관해서는 전문가들의 많은 학문적·실증적 연구가 축적되어 있다. 그중에 대표적인 것은 미국 메릴랜드대학의 에드윈 A. 로크(Edwin A. Locke, 1938~) 교수가 발표한 목표설정이론 (Goal Setting Theory)이다.

Edwin A. Locke

로크 교수는 1968년 특정 작업환경에서 인간의 행동을 설명하기 위해 두 집단을 대상으로 실험을 했다. 한 집단에게는 "돈을 더 많이 벌어라."라고 강조했고, 다른 한 집단에게는 "한 달에 500달러를 더 벌어라."라고 계속 주지시켰다.

그 결과 일정 기간이 지나자 "500달러를 더 벌어라."라고 강조한 집단이 훨씬 더 높은 성과를 이룩했다. 결과적으로 두루뭉술하고 모호한 목표보다는 구체적이고 어려운 목표가 더 나은 성과를 도출한다는 '목표 효과(goal effects)'를 발견한 것이다.

로크 교수는 이런 연구들을 바탕으로 목표 설정과 동기유발, 업무 성과 등을 분석해 냈다. 로크의 목표설정이론은 전문연구답게 매우 복잡한 체계를 가지는데, 이를 간단하게 설명하면 다음과 같다.

① **목표의 구체성**: 막연한 목표보다는 구체적인 목표가 성과를 높일 수 있는 행동을 불러일으킨다. 구체적인 목표는 목표의 모호성을 감소시켜 주고 행동방향을 명확하게 제시해 주기 때문이다.

② **목표의 난이도**: 쉬운 목표보다는 다소 어려운 목표가 동기를 유발한다. 도전의식이 문제해결에 많은 노력을 집중하도록 자극하기 때문이다.

③ **참여도**: 구성원들이 목표 설정 과정에 참여함으로써 성과가 향상될 수 있다.

④ **수용성**: 일방적으로 강요된 목표보다는 구성원이 자발적으로 수용한 목표가 더 큰 동기를 유발한다.

⑤ **경쟁**: 동료들 간의 경쟁이 성과를 높일 수 있다. 그러나 지나친 경쟁은 오히려 해가 될 수 있다.

⑥ **피드백(보상)**: 노력에 대하여 피드백이 주어질 때 성과가 올라간다.

캐나다 토론토대학의 교수인 게리 라담(Gary Latham)은 이를 더 발전시키고 실증적인 연구를 실시했다. 1975년 라담과 발데스(Latham & Baldes)는 벌목 현장에서 제재소로 통나무를 운반하는 트럭 운전사들을 대상으로 연구를 진행했다.

트럭 운전사들은 대개 최대 법적 하중 이하로 통나무를 실었는데, 최대치에 맞추지 않고 적당히 실었다. 짐을 많이 신

Gary Latham

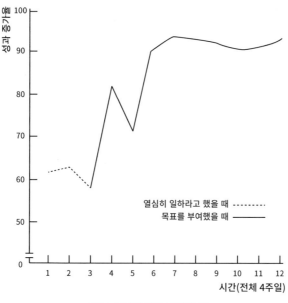

성과 증가율

100

90

80

70

60

50

0

열심히 일하라고 했을 때 ┄┄┄┄┄
목표를 부여했을 때 ━━━━

1 2 3 4 5 6 7 8 9 10 11 12

시간(전체 4주일)

〈목표 설정의 실험 진행 결과〉

지 않으면 자주 왕복해야 되기 때문에 운송비가 증가했다.

연구자들은 이에 대해 실험을 진행했다. 연구자들은 트럭 운전사들에게 처음 8주간에는 "최선을 다해 일하라."라고 지시했다. 이후에는 최대 법적 하중의 94%에 해당하는 짐을 싣도록 구체적인 목표를 제시했다. 이 실험에서 운전사들은 성과 개선에 따른 어떠한 금전적 보상이나 칭찬 등을 받지 않았다. 마찬가지로 성과 감소에 따른 어떠한 보복 조치도 받지 않았다. 하지만 '94% 적재'라는 구체적인 목표를 설정해 주자 운송 실적은 크게 개선되었다.

이 실험을 통해 라담과 발데스는 '애매한 목표 설정'에 비해 '구체적인 목표'를 설정해 줄 때 더 높은 성과를 거둘 수 있다고 결론을 도출해 냈다. 말하자면 '최선을 다하라' '열심히 하라' '매진하라' 등의 추상적인 용어보다는 '95%' '1억 원 달성' '100일 목표' 등 구체적인 숫자를 제시할 때 실적이 높아진다는 것이다. 숫자에 대한 인간의 강박증이 작용한 결과로 여겨진다.

목표 설정의 SMART 5원칙

목표를 설정하기 위해서는 방법이 필요하다. 그냥 두루뭉술하게 목표를 정하기보다는 구체적이고 실현 가능하게끔 구조화해야 한다. 효과적인 목표 설정의 방법에 대해서는 다수의 방법론들이 제시되어 있는데, 그중에서도 밀코비치(Milkovich George T.)와 부드로(Boudreau John W.) 교수가 제시한 'SMART' 목표 설정 5원칙이 돋보인다.

미국 코넬대학교(Cornell University) 교수인 밀코비치와 USC 마샬 스쿨(USC Marshall School of Business)의 부드로는 '인간관리'를 연구하면서 효과적인 목표 설정 5원칙을 도출해 냈다. 이니셜을 따서 'SMART'라 이름 붙여진 목표 설정 방법은 다음과 같다.

> **S** - Specific, 구체적으로
> **M** - Measurable, 측정 가능하게끔
> **A** - Action-oriented, 행동지향적으로
> **R** - Realistic, 현실성 있게, 실현 가능하게
> **T** - Timely, 시간 계획을 명확하게

S(Specific): 목표 설정은 명확해야 한다. 목표가 포괄적이고 두루뭉술하면 실천방법도 포괄적이고 두루뭉술하게 된다. 예를 들어 "나는 돈을

많이 벌어 집을 사야겠다."라는 목표를 세우는 것은 기약 없는 일이다. "나는 3억 원을 모아서 30평 아파트를 사야겠다."라고 해야 구체적인 목표가 머리에 들어온다. 목표를 구체적으로 설정하면 자신이 해야 할 실천방법도 명확해지는 효과가 있다.

M(Measurable): 3억 원을 모아서 아파트를 사겠다는 목표를 설정했다. 그리고 실행에 돌입하기로 했다. 지금 가지고 있는 자산은 1억 원이다. 2억 원이 부족하다. 2억 원을 어떻게 마련할 것인가? 그냥 '돈을 많이 벌어서'라고 생각하는 것은 계획이 아니다. "매월 3백만 원씩 저축을 하겠다."고 구체적인 계획을 세워야 한다.

아울러 매월 저축액을 측정해야 한다. 20%, 30% 등 목표를 몇 퍼센트 달성했는지 파악해야 한다. 그래야 자신이 목표 달성에 접근하고 있는지, 멀어지고 있는지 파악할 수 있게 된다. 만약 목표에 훨씬 못 미친다면 그 원인이 무엇인지 분석하고, 적절하게 대처해야 한다. 측정가능하지 않은 목표는 관리를 할 수 없다. 반드시 측정 가능한 목표가 수립되어야 한다. 측정치는 반드시 숫자로 표현되어야 한다.

A(Action-oriented): '말로만?'이라는 말이 있다. 행동하지 않고 말로만 때우는 사람에게 되묻는 경우다. 목표 설정은 '개념'이나 '생각'이 아니다. 행동으로 옮기지 않고 구체적인 결과가 도출되지 않는 목표는 '개념'일 뿐이다. 그냥 '돈을 많이 벌겠다'는 개념에서 나아가 '매월 3백만 원씩 저축을 하겠다'는 목표를 세웠으면 '어떻게 해서 매월 3백만 원씩 저축하겠다는 것인지'에 대한 구체적인 방법론을 강구해야 한다.

월급을 받아서? 맞벌이 부부라면 두 사람의 월급을 알뜰하게 모아서 매월 3백만 원씩 저축을 한다. 월급쟁이가 아니라 자영업자라면 수익 중에서 매월 3백만 원을 따로 떼어 은행에 적금을 가입한다는 등의 구체적인 방법론을 수립해야 한다. 그래야 목표를 향해 매진하게 된다. 비즈니스에서 성공한 대부분의 사람은 '사유형'이 아니라 '행동형'이다. 그것도 삼돌이 같은 저돌적인 행동형 인간이다.

R(Realistic): 목표와 현실의 거리는 언제나 멀다. 만약 목표와 현실의 거리가 가깝다면 굳이 어려운 계획을 세워야 할 필요가 없을 것이다. 목표가 어렵고 멀기 때문에 구체적이고 조밀한 계획을 세워서 실천해야 한다. 그런데 너무 이상적이거나 현실과 매우 동떨어진 목표를 세우는 것은 그것을 하지 않겠다는 것과 동의어가 된다.

평범한 월급쟁이가 "나는 3년 동안 10억 원을 모으겠다."라고 목표를 설정하는 것은 그냥 희망사항일 뿐이다. 물론 로또 1등에 당첨될 수 있다. 그러나 그런 요행은 목표 설정의 범주에서 한참 빗나가 있다. 월 소득이 3백만 원인데 매월 3백만 원씩 저축을 하겠다는 것 역시 말이 되지 않는다. 생존하기 위한 생활비를 전혀 쓰지 않고 식물처럼 광합성이라도 하겠다는 말인가? 목표 설정과 계획은 현실적으로 가능해야 한다. 그래야 달성할 수 있다. 무리한 목표 설정으로 실패하기보다는 현실적인 목표를 세워 달성하고 성취하는 것이 훨씬 더 효과적이다.

T(Timely): 시간과 물결은 사람을 기다리지 않는다(Time and tide wait for no man.). 그렇다. 인간은 언제나 시간 앞에서 유한한 존재다. 이처럼

유한한 환경 속에서 시간 계획이 없는 목표 설정은 무망하다. 3억 원을 언제까지 모을 것인가? 평생의 목표인가? 아니면 10년이 걸릴 것인가? 시간계획이 명확해야 한다.

만약 현재 1억 원이 있고, 추가 2억 원을 더 모아야 하고, 매월 3백만 원씩 저축한다고 하면 67개월이 소요된다. 5년 7개월이면 목표를 달성할 수 있다는 얘기다. 물론 세상일에는 변수가 너무 많다. 마음먹은 대로 되지 않는 게 세상살이다. 하지만 명확한 시간계획을 세우지 않으면 긴장감이 떨어지고 목표 달성에 대한 의지와 자신감이 약해지게 된다. "금년 12월 말까지 토익 900점을 따겠다." "6개월 동안 몸무게를 5kg 줄여야겠다." "한 달에 한 권의 책을 읽고 독후감을 쓰겠다." 등 확실한 시간계획을 세워야 목표에 도달할 수 있다.

이와 같은 'SMART 5원칙'에 입각하여 목표를 설정해 보면 "열심히 벌고 절약해서 매월 3백만 원씩 67개월 동안 저축하여 3억 원을 모아, 30평짜리 아파트를 산다."라고 정리할 수 있다. 이처럼 구체적으로 정리해 보면 머릿속에 쏙 들어온다.

그런데 머릿속으로만 정리하는 것이 능사는 아니다. 효과적으로 목표를 달성하기 위해서는 목표 달성의 진행과정을 종이에 적어 시각화하는 것도 좋은 방법이다. 자신이 도달해야 할 목표를 노트에 쓰고, 목표 달성에 이르는 과정과 성취도를 매일 일기처럼 적는 것이다.

만약 목표를 달성하는 데 장애요소가 발견되면 이를 극복하기 위해서 어떤 방법론이 필요한지, 누구의 협력과 도움이 필요한지에 대해 궁리한다. 목표를 달성하기 위한 지식과 기술이 무엇인지 연구한다. 미리

짜 둔 계획에 따라 행동하고, 목표를 향해 계속 매진할 수 있도록 의지를 다지고 스스로에게 동기를 부여한다. 그리고 이것들을 빼곡하게 기록한다. 기록은 목표 달성에 관한 최고의 방법론이 될 수 있다.

이처럼 뚜렷한 목표를 설정하고 이를 달성하기 위해 계획을 세우는 것은 집중력을 발휘하기 위한 가장 중요한 요소라 할 수 있다. 집중력은 목표다. 강력하고 명확한 목표가 설정되어야 집중력이 발휘될 수 있다. 이 둘은 결국 하나라는 사실을 잊지 말아야 한다.

2. 재미와 집중력

"그 영화 재미있었어?" "어제 만난 남자 재미있고 매력적이더라." "아! 공부는 재미없어. 하기 싫어."

일상생활에서 '재미'라는 단어를 자주 쓴다. 곰곰이 생각해 보면 재미를 위해 쓰는 시간과 비용도 만만치 않다. 우리나라 문화체육관광부가 2016년 12월에 발표한 「2016년 국민여가활동조사」에 따르면 한국인의 하루 평균 여가시간은 평일 3.1시간, 휴일 5.0시간이었다. 여가 활동의 내용은 TV 시청(46.4%), 인터넷·소셜네트워크서비스(SNS; 14.4%), 게임(4.9%), 산책(4.3%) 등이었다.

TV 시청과 인터넷 검색이 정보 취득의 목적이 있긴 하지만 재미와 오락적인 기능이 강한 것을 고려하면 하루에 3시간가량을 '재미'에 쓰고 있다는 이야기다. 실로 어마어마한 시간을 재미를 찾기 위해 쏟고 있는 것이다. 게다가 부모들은 재미를 느끼기 위해 아이들이 빠져 있는 게임 때문에 골머리를 썩고 있다.

우리는 이처럼 재미를 느끼기 위해 기꺼이 시간과 돈을 투입한다. 도대체 재미가 무엇이길래 인간은 거기에 빠져 있는 것일까? 그리고 재미는 집중력과 어떤 관계가 있는가?

재미란 무엇일까

　세상의 모든 콘텐츠는 재미를 추구한다. 아무리 돈을 많이 들였거나 화려하게 치장해도 재미가 없으면 세상으로부터 외면받는다. 그러므로 재미는 모든 콘텐츠의 절대군주다.

　사전적 의미의 재미는 "아기자기하게 즐거운 기분이나 느낌"이라고 나와 있다. '아기자기하게'라는 단어가 새삼스럽다. 분류상 재미는 아주 거창한 것은 아닌 것이다.

　재미를 뜻하는 영어 'interest'의 어원인 라틴어 'interesse'는 inter(내부) + esse(존재)가 합쳐진 말로 '존재의 내부'라는 뜻이다. 그러나 어려운 어원보다는 inter(내부) + rest(휴식)의 합성어로 해석하는 것도 나쁘지 않을 듯싶다. 재미는 휴식과 여가를 통해 얻어지는 감정이기 때문이다. 어쨌든 영어의 'interest'는 심리적 만족을 의미한다.

　영어의 'enjoyment'와 'fun'도 '재미'라 할 수 있는데, 이 단어는 즐거움에 초점을 맞추고 있다.

　심리학에서는 '재미'를 "새로운 패턴(pattern)을 학습할 때 느끼는 감정"으로 정의하고 있다. 재미에 관한 연구는 국내외적으로 그리 많지 않다. 경성대학교 김선진 교수는 재미를 보다 다각도로 연구했다. 그는 『재미의 본질』이라는 책에서 재미를 "재미 주체와 재미 객체(대상) 간의 지속적인 신체적, 인지적, 정서적 상호작용의 결과로 주어지는 긍정적 심리 반응이자 유쾌한 정서적 변화로서, 재미 주체가 목적 의식 없이 자유로운 의식 상태에서 자발적으로 재미 활동 자체와 재미 객체가 제공하는 다양한 재미 요소를 즐기는 것"이라고 다소 길게 정의하고 있다.

　이를 토대로 "A. 재미 주체와 객체의 지속적 상호작용, B. 재미의 목적성, C. 자유로운 의식 상태, D. 자발적 즐김, E. 긍정적 심리 반응과 유쾌한 정서 변화"를 재미의 속성으로 들고 있다.

〈울티마 온라인〉, 〈스타워즈 갤럭시〉 등을 개발한 게임 개발자 라프 코스터(Raph Koster)는 『재미이론』(A Theory of Fun for Game Design)에서 재미는 '반복된 패턴의 학습행동'을 통해 생성되며 이것이 인간에게 즐거움을 준다고 하였다.

재미는 관심·흥미·자극·즐거움·만족·중독 등의 단어와 혼재되며 때로 구분이 명확하지 않다. 재미라는 단어 속에는 '적당히 즐긴다.'는 의미도 깃들어 있다. 그러나 '적당히'라는 단어의 경계가 모호하기 때문에 단순한 즐거움과 장기적 중독의 구분이 애매하다.

게임의 예를 들어 보면, 가끔 게임을 하는 것은 재미와 오락이라 할 수 있다. 그러나 지나치게 게임에 몰두하여 정작 수행해야 할 공부나 업무를 등한시한다면 중독이라 할 수 있다. TV 시청이나 SNS 활동도 적정하게 즐기면 재미의 영역이다. 하지만 틈만 나면 TV나 스마트폰에 매달린다면 재미의 범위를 벗어난다.

이를 종합할 때 필자는 재미란 "어떤 일에 관심을 가지고, 그 일을 자발적으로 수행함으로써 얻어지는 심리적 만족감"이라고 정의하고 싶다. 이와 같은 개념의 재미는 다음과 같은 특징을 가지고 있다.

재미는 좋아해서 몰입하는 것
1) 재미란 무엇인가에 대한 대상을 가지고 있다

인간의 "의식은 언제나 어떤 것에 관한 의식"(Edmund Husserl, 현상학)이다. 인간의 의식은 언제나 지향성(intentionalitat)을 가지고 있다. 무엇인가에 대해 관심을 가지고 인식하려고 애쓰고 감각과 정보를 획득한다.

재미도 항상 구체적인 대상을 가지고 있다. 그 대상은 주체자가 어떤 동기로 인해 관심을 갖게 된 분야이다. 예를 들어 자전거 타는 재미에 빠져 있다면 자전거라는 대상이 있다. 독서·영화·공예·악기 연주 등 무엇이든 재미를 느끼는 대상이 있고, 주체자는 그 대상에 대한 깊은 지향성을 가지고 있다. 한마디로 재미는 어떤 '대상'에 대한 깊은 관심이다.

2) 재미는 자발성과 능동성을 가지고 있다

재미는 주체자가 좋아하는 분야에서 발생한다. 재미는 인지적·감각적·심리적 반응을 수반하게 되는데, 좋아하지 않는 일을 통해서는 만족감을 느끼지 못한다. 하기 싫은데 누군가 억지로 시켜서 하는 것은 재미가 아니다. 하기 싫은데 필요성, 의무, 책임감 때문에 어쩔 수 없이 하는 행위도 재미의 범주에 들지 않는다. 재미는 스스로 좋아서 자발적이고 능동적으로 하는 것이어야 한다.

책이 유익하다는 것은 사람들이 모두 알고 있다. 그래서 독서를 권장한다. 책을 좋아하고 책읽기를 통해 재미를 느끼는 사람은 자발적으로 책을 집어 든다. 그러나 책이라면 질겁하고 죽어라 도망가는 사람에게는 책읽기가 고통이다. 책이 아무리 유익하다고 해도 소용없다. 재미는 좋아하는 분야여야 한다.

3) 재미는 즐거움·만족감·흥분·긴장·놀라움 등을 제공한다

자기가 좋아하는 어떤 일을 할 때 우리의 뇌는 가벼운 흥분 상태가 된다. 인간의 뇌에는 엔도르핀이라는 내인성 신경전달물질이 있다. 이

물질은 모르핀 작용을 하는데 내인성 모르핀(endogenous morphine)을 줄여서 엔도르핀(endorphine)이라 부른다.

엔도르핀은 뇌의 모르핀 수용체에 특이적으로 결합하여 통증을 없애 주고 기분 좋은 쾌감을 느끼게 하는 모르핀 작용을 한다. 엔도르핀은 인간의 뇌에서 분비되는 쾌감 호르몬의 대표 주자로 기분을 좋게 할 뿐 아니라 집중력을 높여 준다. 면역력과 기억력도 향상된다. 재미있는 일에 빠져 있을 때 기분이 좋아지는 것은 바로 엔도르핀이 분비되기 때문이다.

재미있는 일은 뇌에 계속해서 새로운 자극을 주고 긴장 상태를 유지하게 한다. 재미는 지속됨으로써 흥분 상태를 유지하고자 하는 속성을 가지게 된다. 게임을 하다 보면 잠시도 화면에서 눈을 뗄 수 없다. 잠깐 한눈을 팔다 보면 자신이 이룩한 성과가 한순간에 무너질 수 있다. 만약 'game over'가 돼 버리면 끝장이다. 그래서 점점 더 열중하게 되고 시간 가는 줄 모르고 빠져든다.

재미는 엔도르핀과 함께 도파민도 분비시킨다. 재미가 주는 감각적 흥분과 쾌락이 지나치면 도파민이 과도하게 분비된다. 도파민은 의존성이 강해 한번 강렬하게 경험하면 다시 찾게 되는 경향을 띤다. 이를 도파민 중독이라고 부른다. 도파민의 분비량이 많아져 도파민 중독에 걸리면 이를 극복하기 힘들다. 재미가 일상의 즐거움을 넘어 중독으로 이어지는 것은 바로 이것 때문이다.

4) 재미는 몰입 상태를 만든다

바둑을 두는 사람을 살펴보자. 프로의 세계에서 바둑을 두는 사람은 제한시간에 얽매인다. 한국의 기전은 제한시간이 가장 긴 국수전이 3시간이다. 속기기전의 경우에는 제한시간 없이 40초 3회로 두는 대국이 많다. 프로기사는 초(秒)를 다투는 제한시간 때문에 모든 신경을 바둑판에 집중한다.

조용히 앉아 있지만 무섭도록 집중하기 때문에 바둑대회를 한 번 치르고 나면 체중이 2kg나 빠진다는 기사가 있을 정도다. 프로기사들이 간혹 바둑에 너무 몰입하다가 패(霸) 두기를 실수해 반칙패를 당하는 경우도 있다. 비단 프로기사가 아니고 제한시간 없이 동네에서 바둑을 두는 사람도 몰입 상태에 빠진다. 요컨대 바둑은 최고의 집중력을 요하는 게임이다.

왜 그럴까? 바둑은 생존과 죽음이 갈리는 전쟁의 축소판이기 때문이다. 매순간 대국자를 대신한 바둑돌이 죽느냐 사느냐의 갈림길에 처해 있다. 한 수를 잘못 둠으로써 대국 전체를 망칠 수 있으므로 엄청난 집중력을 발휘하는 것이다. 그 근원은 바로 재미다. 죽고 사는 시뮬레이션 게임을 반복함으로써 흥분과 쾌감을 느낀다. 영화든 게임이든 재미를 느끼는 대상은 반드시 몰입을 수반한다.

5) 재미는 반복학습의 성격을 띤다

학습이론(learning theory)에 따르면 우리가 무엇을 배우고 익힌다는 것은 그 일의 일정한 패턴을 파악하는 것이다. 뇌가 학습을 통해 어떤 일의 패턴을 파악하게 되면 성취감을 느끼면서 엔도르핀을 만들어 낸다.

어린이들은 약간 높은 곳에서 뛰어내리거나 외나무다리 같은 것을 건너기를 좋아한다. 어른들은 아이들의 그런 행동에 질겁하며 위험하다고 말리지만 아이들은 아랑곳하지 않는다. 왜냐면 아이들은 생존연습을 하고 있기 때문이다. 원시시대부터 유전자에 각인된 오랜 습성을 통해 예기치 않은 위험으로부터 벗어나기 위한 학습을 하고 있는 것이다. 그런 행동을 통해 뛰어내리기, 건너기, 도망가기 등의 패턴을 파악하게 되면 뇌는 엔도르핀을 분비하며 재미를 느끼게 된다.

그러나 재미는 한순간에 획득되지 않는다. 무수한 시행착오와 수정행위, 반복 등을 통해 간신히 얻을 수 있다. 자전거 타기든 바둑이든 게임이든 무수한 실패와 시행착오를 통해서 작은 성공을 얻게 되고 성공의 패턴을 익히게 된다.

만약 반복학습을 너무 많이 하여 지루함을 느끼게 되면 다른 패턴으로 이동한다. 지루함은 "이제 충분히 익혔으니 다른 패턴을 배워 보자."라는 신호다. 다른 재미를 찾아보자는 뜻이다. 이처럼 재미는 반복되는 것이다. 바람을 피우는 사람이 그것을 그만두지 못하는 이유는 새로운 대상을 찾아 반복되는 재미가 뇌에 학습되어 있기 때문이다.

6) 재미는 예측 불가능의 성격을 띤다

두 사람이 영화를 보고 있다. 한 사람은 몰입하여 영화를 보고 있는데 다른 사람은 심드렁하다. "왜 재미없어?" 몰입해서 보는 사람이 묻는다. "응, 너무 뻔한 스토리잖아."

영화를 보면서 재미를 느끼지 못하는 사람은 스토리 전개가 예측 가능하여 새로운 감흥이 일어나지 않고 있는 것이다. 어쩌면 스포일러(spoiler)를 통해 스토리를 미리 알고 있거나 다른 유사한 경험을 통해 전개 과정을 예측하고 있기 때문이다. 그래서 스포일링은 영화의 재미를 망치는 주범이다.

재미는 예측 불가능한 상황에서 생겨난다. 행위자의 기대와 불일치할 때 재미가 발생한다. 영화의 스토리에 반전이 일어날 때 관객의 눈동자는 더욱 커지고 재미를 느낀다. 계곡의 물결이 거세지고 굽이굽이마다 새로운 상황이 펼쳐질 때 래프팅의 스릴은 커진다. 예기치 않은 순간에 찌가 쑥 올라올 때 낚시가 재미있어진다. 그래서 긴장하고 기다린다. 만약 고기가 전혀 안 잡히거나 너무 많이 잡혀도 낚시는 재미없다.

연애하는 사람들은 늘 새로움을 추구한다. 항상 똑같은 행동을 하는 파트너는 재미없다. 가끔 깜짝 이벤트도 하고, 새로운 곳에 가서 다른 체험도 하고, 색다른 음식의 맛을 봐야 연애가 재미있다. 그 강도가 높아질수록 연애의 재미는 배가된다.

"어부들이 가장 싫어하는 가수는?" "배철수." 배가 철수하는 것이 싫다는 뜻이다. 재미는 자신의 예측을 벗어났을 때 발생한다. 우리가 코미디의 멘트에 재미를 느끼는 것은 미리 짐작한 예상을 벗어났기 때문이다. 이처럼 재미는 기대 불일치, 새로움, 다양성의 성격을 띠고 있다.

7) 재미는 더 높은 자극 강도를 요구한다

재미를 느끼고자 하는 사람들은 점점 더 높은 강도를 추구한다. 처음에는 초보적인 패턴에서도 즐거움을 느끼지만 그것이 익숙해지면 이내 싫증을 낸다. 패턴 자극이 익숙해지면 엔도르핀의 분비량이 줄어든다. 자극 강도를 인지하지 못하는 것이다.

베버의 법칙(Weber's law)이 있다. 독일의 생리학자인 E. H. 베버(Ernst Heinrich Weber, 1795~1878)는 추의 무게를 달리하면서 사람들이 무게의 차이를 느끼는 감각의 상관관계를 연구했다. 예를 들어 처음에 손바닥에 100g의 추를 올려놓은 사람은 110g을 올려놓았을 때 더 무거워졌다고 느꼈다. 그런데 200g의 추로 시작한 사람은 210g이 아니라 220g이 되어서야 더 무거워졌음을 느꼈다고 한다.

처음에 약한 자극을 주면 자극의 변화가 적어도 그 변화를 쉽게 감지할 수 있지만, 처음에 강한 자극을 주면 더 큰 자극을 줘야만 변화를 느낄 수 있다는 법칙이다. 환한 낮에는 네온사인이 밝게 느껴지지 않지만 밤에는 휘황찬란하게 느껴지는 것 등이 그 예이다.

이와 같이 자극은 더 높은 강도를 추구하는 경향이 있기 때문에 재미도 상승욕구를 가지고 있다. 점점 더 빠르게, 점점 더 강하게, 점점 더 복잡한 패턴을, 더 높은 점수를 추구하면서 그 분야의 고수가 되고 싶어 한다. 나아가 더 높은 자극 강도를 편집적으로 집요하게 추구하게 되면 중독에 빠진다. 만약 더 이상 강한 자극이 주어지지 않으면 재미를 상실하여 그만둘 수 있다. 이처럼 재미는 더 높은 곳을 오르고자 하는 욕망의 에스컬레이터다.

재미의 딜레마

누구에게나 하고 싶은 일이 있고, 하기 싫은 일이 있다. 하고 싶은 일을 할 때는 재미를 느끼고, 그렇지 않을 때는 재미가 없다. 그런데 문제는 하고 싶은 일과 해야 할 일이 꼭 일치하지 않는다는 것이다. 현실과 재미는 일치하지 않는 경우가 많다.

사람들마다 회사를 다니는 이유가 다르다. 갈수록 취업이 어려워지는 상황에서 많은 사람들은 생계를 유지하기 위해 회사를 다닌다. 경제적 수익이 보장되는 집단에 소속되어 자신의 경제적 이익을 확보하기 위한 것이다. 이때 경쟁력이 우월하거나 장기계약이 가능하거나 경제적 수익 (월급)이 많은 기업은 입사의 우선순위가 된다. 흔히 말하는 '좋은 회사'에 취직이 된 것이다. 망하지 않는 회사도 좋은 회사다. 국가가 망할 일은 거의 없으므로 공무원은 최고의 유망 직업이 되어 버렸다.

하지만 '좋은 회사'라 해도 만족스러운가? 정말 회사에 다니고 싶어서 다니는가? "난 돈만 많으면 회사 안 다닌다." "회사원은 영혼이 없다." "회사원이란 결국 소모품이다." 이런 자조 섞인 말들이 난무한다. 생존을 위해서, 먹고 살기 위해서 억지로 다니는 것이다. 한마디로 회사에 다니기는 하지만 재미는 없다.

반면에 회사에 다니는 것이 재미있다는 사람도 있다. 오너(owner)도 아니고 주주도 아니지만 회사에 다니는 게 즐겁고 회사 일이 재미있다. 그런 사람은 갈등이 적다. 맡은 일을 효과적으로 빨리빨리 처리하고, 솔선수범하여 시키지 않은 일도 한다. 어떻게 하면 잘할 수 있을까 궁리하고 성과를 높인다. 재미있으므로 발전 속도도 빠르다. 당연히 남들보다 빨리 진급하고 가속도가 붙는다. 이유는 단 하나! 재미있기 때문이다.

공부가 재미있다는 학생이 있다. "학교 다녀오겠습니다!" 힘차게 인사를 하고 쏜살같이 뛰어간다. 수업시간에 집중하고 발표도 잘하고 칭찬을 독차지한다. 집에서는 집중력을 발휘하여 숙제를 순식간에 해치우고 틈만 나면 책을 본다. "얘야! 나가서 좀 놀아라!" "예, 이것만 하고요." 부모가 놀아라 해도 공부를 파고든다. 당연히 성적도 좋다. 자신의 학업성적이 좋으므로 학생의 만족도도 높다. 흔히 말하는 '부모의 로망'이다.

그러나 현실은 그렇지 않다. 공부가 재미없다는 학생이 더 많다. "학교 갔다 올게요!" 출발부터 목소리에 힘이 없다. "오늘이 왜 월요일이냐? 주말은 언제 오냐?" "어제는 재미있게 놀았는데 오늘은 학교에 가야 하는구나. 에구!" 학교에 가기 싫다. 수업시간에는 졸린다. 선생님 말소리도 잘 들리지 않는다. 점심시간이 기다려지고 빨리 집에 가고 싶다. 어제 하다만 게임 화면이 자꾸 눈앞에 어른거린다. 방과 후에는 억지로 학원에 간다. 지쳐서 집에 돌아오면 가방을 팽개치고 다른 일에 몰두한다. 부모의 눈초리를 피하기 위해 문을 꽁꽁 걸어 잠근다. 물론 성적도 좋지 않다. 미래에 대한 계획도 불투명하다.

부모는 자녀의 성적 때문에 골치를 앓는다. "쟤는 누구 닮아서 저렇게 공부를 안 하냐?" 서로 상대방 탓을 하며 부부싸움을 한다. 남의 자식이 아니라면 사실은 자기를 닮은 것이다. 아이가 공부를 싫어한다면 잘못된 습관이 고착되었거나 환경적 요인이 크거나 지적 학습능력이 부족한 것이다. 여러 이유가 혼재하므로 부부싸움을 할 이유가 없다. 다투기보다는 해결책을 찾고, 오히려 아이가 좋아하는 것이 무엇인지를 찾아 그것을 개발해 주는 것이 좋다.

이처럼 해야 할 일과 하고 싶은 일이 일치하면 좋겠는데 그렇지 않은 경우가 너무 많다. 이것이 '재미의 딜레마'다. 그렇다면 하기 싫은 일은 안 해도 되는가? 그렇지 않다. 인생이라는 긴 항해를 하기 위해서는 하기 싫고 재미없는 일이라도 반드시 해야 할 일이 있다.

행복한 삶, 가치 있는 삶을 영위하기 위해서는 재미없는 일도 해야 하고, 수행해야 할 의무와 책임이 있다. 그것을 수행하기 위해서는 '재미없음'을 '재미있게'로 바꾸어야 한다. 어떤 일에 집중하기 위해서는 반드시 재미가 따라 붙어야 한다. '집중=재미'라는 등식이 성립하므로 재미없는 일을 재미있게 전환시키는 요령이 필요하다.

재미없는 일을 재미있게 만들어 집중하는 법

그렇다면 재미없는 일을 어떻게 재미있게 만들 수 있을까? 그게 가능할까? 많은 사람들이 의문을 표시할 것이다. 그러나 필자는 단언한다. 그것은 가능하다. 생각해 보라. 당신이 지금 재미있어 하는 일을 언제부터 하기 시작했는가? 태어날 때부터 그랬는가? 태어난 것은 기억하지 못하므로 어렸을 때부터 그랬는가? 아니면 커 나가면서? 아니면 최근에? 아니면 우연한 기회에?

당신은 바윗돌이 아니다. 당신은 말랑말랑한 스펀지이며 얼마든지 다른 것을 받아들일 수 있다. 그리고 끊임없이 변화하는 생명체다. 어떤 계기로 인해 호기심이 생긴 일을 발견하게 되었고, 그 일을 지속적으로 하다 보니 재미를 붙이게 된 것이다. 그래서 재미없는 일을 재미있게 만드는 것도 얼마든지 가능하다. 단, 요령과 노력이 필요하다. 그 방법은 다음과 같다.

1) 보상을 자주 생각하라

"오늘 수학 한 단원 끝내렴. 10만 원 줄게." 수학을 싫어하는 아이에게 엄마가 말했다. 10만 원? 큰돈이다. 10만 원이면 아이가 좋아하는 물건을 살 수 있다. 아이에게 욕심이 생긴다. 수학은 재미없지만 10만 원을 받을 욕심으로 열심히 공부한다. 엄마가 '단원 테스트를 해서 80점이 넘어야 한다.'는 단서를 붙였기 때문에 성적을 올리기 위해 반복학습도 한다. 물론 엄마는 높은 목표를 제시하지 않았기 때문에 아이는 단원학습을 끝내고, 80점도 넘긴다. 그래서 10만 원을 받고 좋아라 한다.

이른바 보상이론(compensation theory)이다. 단순한 재미는 보상과 연결되지 않는다. 오히려 시간과 비용의 손실을 가져다주는 경우가 많다. 내가 영화를 재미있어 하는 것은 나에게 어떤 보상을 가져다주는가? 오히려 영화를 자주 볼수록 시간과 비용의 손실이 커진다. 감독이나 극장 등 영화산업 관계자들만 이익을 볼 뿐이다. 단순한 재미는 자신에게 심리적 만족감만 줄 뿐이다.

그러나 재미없어 하는 일을 보상과 결부시키면 양상이 달라진다. 어떤 일을 하면 보상이 따른다. 잘하면 더 많이 준다. 보상은 항상 미래의 이익을 포함하고 있다. 보상의 크기가 클수록 더욱 열중하게 된다.

골프대회가 열리고 있다. 상금의 총합은 10만 달러다. 두 가지 배분 방식이 있다. A방식은 1등에게는 절반인 5만 달러를 주고, 상위 세 명에게만 상금을 준다. 한편, B방식은 1등에게 2만 달러를 주고, 상위의 열 명에게도 거의 비슷한 금액을 나눠준다.

두 방식 중 전자의 경우에 대회 참가자들의 성적이 더 좋았다. 미국 PGA에서 1등에게 상금을 몰아주는 방식으로 치렀더니 선수들의 성적이 72홀을 기준으로 1.1타나 타수가 줄어들었다 한다. 상금의 차이가 크게 날수록 선수들의 성적이 좋아진 것이다.

이는 미국 스탠퍼드대학교 경영대학원의 에드워드 레이지어(Edward Lazear) 교수가 발표한 토너먼트이론(Tournament theory)의 한 예다. 투입 대비 얼마나 더 많이 생산하느냐를 뜻하는 한계 생산성(marginal productivity)에 따라 임금 차이를 결정하는 것이 아니라, 경쟁에서 이긴 승자에게 더 많은 보상을 줄 때 성과가 높아진다는 이론이다.

토너먼트이론에 따르면 상사와의 임금 차이가 클수록 구성원들이 더 열심히 일한다. 높은 직급으로 올라갈수록 승진의 기회가 줄어들기 때문에 기업에서는 승진할 때마다 거액의 연봉을 인센티브로 제시한다. 레이지어 교수는 "사장의 높은 임금은 사장에게 열심히 일하라는 동기를 부여하기보다는 부사장에게 높은 연봉을 받는 사장으로 승진하기 위해 더 열심히 일하라는 동기를 부여한다."라고 말한다. 이처럼 보상은 일에 대한 동기를 부여하고 승자가 되기 위해 노력하는 원동력이 된다. 일에 재미를 붙이려면 보상을 자주 더 올리는 것이 좋다.

보상체계에 관한 더 전문적인 내용은 밀코비치(Milkovich George T.)와 뉴먼(Jerry Newman)의 책 『Compensation(보상)』을 참고해 보기 바란다.

반대로 "재미없다. 하기 싫다. 하기 싫다."라고 반복적으로 중얼거리는 경우가 있다. 인간의 마음은 자기암시와 감정통제에 많은 영향을 받는다. 흔히 마인드 컨트롤(Mind Control)이라고 부르는 감정통제는 행동의 동기유발과 결과에 지대한 영향을 미친다. 만약 '재미없다, 하기 싫다'를 반복적으로 외치면 정말 죽어도 하기 싫게 된다.

일상적으로 평소에 사용하는 말은 자신의 행동과 미래를 바꾼다. 성공하는 사람들은 일상적으로 열심·희망·도전·용기·감사 등의 긍정적인 단어를 사용한다. 반대로 실패하는 사람들은 안 된다·포기·부족·비난 등의 부정적인 단어를 사용한다. 타인에 대한 험담이나 부정적인 말을 반복적으로 사용한다. 이럴 경우 결과도 자연히 나빠진다.

이와 관련된 보상감소이론(Reward reduction theory)이 있다. 다른 사람의 위로와 관심, 격려를 받기 위해 부정적이나 자기비하의 행동을 자주

할 경우, 점차 다른 사람을 짜증나게 하고 그로 인해 보상이 오히려 감소된다는 내용이다. "나 너무 힘들어." "나는 너무 슬퍼. 그러니까 위로해 줘." 이렇게 힘들고 슬픈 모습을 드러내면 초기에는 상대방의 관심을 끌지만 그것이 반복되면 오히려 주위 사람들까지 힘들고 지치게 만들어 떠나가게 만든다. 부정적인 바이러스가 전파되어 오히려 역작용을 일으키는 것이다.

이처럼 '재미없다, 하기 싫다'를 반복하면 절대 집중할 수 없다. 자기가 해야 할 일과 공부에 집중하기 위해서는 그것을 수행함으로써 주어지는 보상에 대해 자주 생각해야 한다.

"공부를 열심히 하면 좋은 대학에 갈 수 있다."

"회사 일을 열심히 하면 다음 해에는 꼭 진급할 수 있다."

"장사를 열심히 하면 삼 년 후에는 집을 살 수 있다."

이처럼 일에 대한 보상을 자주 생각하고 힘을 내야 한다. 그 일을 잘 마쳤을 때의 자신의 모습을 상상하고 흐뭇한 미소를 지어야 한다. 주문을 외듯 반복적으로 되풀이해야 한다. 눈에 잘 띄는 곳에 써 붙이고 머리에 각인시켜야 한다.

"이왕 할 바에야 재미있게 하자."

"나는 이 일을 재미있게 할 수 있다."

계속 다짐을 하며 스스로 마인드 컨트롤을 해야 한다. 그렇게 하다 보면 어느덧 재미를 붙이게 된다.

미국의 심리학자인 에드워드 L. 손다이크(Edward L. Thorndike)는 '효과 법칙(Law of effect)'을 통해 "보상이 따르는 행동은 반복되는 경향이 있고, 보상이 따르지 않는 행동은 회피하는 경향이 있다."라고 밝힌 바 있다.

보상은 집중력과 재미를 강화하는 촉진제다.

2) 패턴을 찾아내 익숙해져라

패턴(pattern)이란 어떤 조건이나 동작이 반복되거나 규칙을 형성함으로써 일정한 구조를 이루는 것을 말한다. 인간은 소리·동작·문자·도형 등의 음성·영상·행동 정보를 눈과 귀로 접하게 되면 그러한 정보가 무엇을 의미하는지에 대해 지금까지 기억되고 축적된 정보를 토대로 판단한다. 이때 그것이 일정한 규칙을 이루는지 판별하여 정확성을 기하고자 한다.

예를 들어 방안에 앉아 있으면 비가 내리는 것을 보지는 못하지만 비가 똑똑똑 떨어지는 소리를 듣고 '아, 비가 오는구나.' 하고 인식할 수 있다. 비가 적게 올 때는 소리가 작고 가늘지만, 많이 올 때는 소리가 크고 요란하게 들린다. 이는 오랜 경험을 통해 빗소리의 패턴을 인식하고 있기 때문이다.

다음과 같은 수의 배열을 살펴보자.

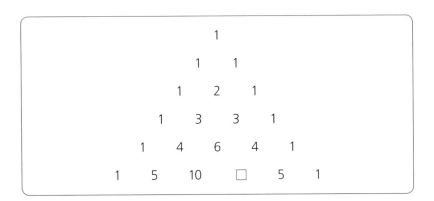

□에 들어갈 숫자는 얼마일까? 쉬운 문제이므로 금방 답을 알 수 있다. 바로 윗칸 대각선 숫자의 합이므로 '10'임을 알 수 있다.

그러면 다음 문제를 풀어 보자. 왼쪽의 도형 변화를 살펴보고 4번째에 배치될 도형을 고르는 문제다. 정답을 고르는 데 조금 시간이 걸린다. 규칙, 즉 패턴을 찾아야 하기 때문이다.

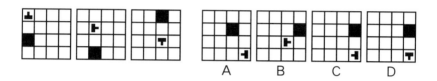

정답은 'C'이다. ┻이 우측 방향으로 한 칸씩 내려오면서 방향이 시계 방향으로 돌고 있고, ■는 모서리를 중심으로 한 칸 떨어져 있으면서 ┻이 배치된 칸에 위치해 있기 때문이다. 정답을 바로 찾을 수 있다면 패턴 인식을 잘하는 사람이다. 이런 패턴 찾기는 'IQ 테스트'에 흔히 사용된다.

그리스의 수학자 피타고라스(B.C. 580~B.C. 500)는 대장간 옆을 지나다 모루를 내리치는 망치 소리를 들었다. 그는 크기와 무게가 다른 망치들이 서로 다른 높이의 음을 낸다는 사실을 깨닫고 연구를 시작했다. 집으로 돌아와 현과 물 잔을 가지고 음높이 비율의 공식을 세웠다. 그것이 우리에게 너무나 익숙한 화음인 8음계 도레미파솔라시도이다.

이와 같이 패턴 인식은 무질서하게 보이는 지각 정보에 대해 새로운 규칙이나 독특한 구조를 발견하는 과정이다. 패턴 인식은 인식 대상에 따라 감각적 인식(sensory recognition)과 개념적 인식(conceptual recognition)으로 나눌 수 있다. 감각적 인식은 눈·귀·냄새·접촉 등 감각기관을 통해 인식하는 것이다. 개념적 인식은 텍스트, 개념, 논리, 문제해결, 추론 등에 관한 것이다.

패턴 인식은 복잡한 데이터로부터 중요한 특징이나 속성을 추출하고 분류하여 데이터를 식별할 수 있도록 해 준다. 그러다 보면 새로운 인식의 지도가 그려진다. 패턴 인식 능력이 뛰어난 사람은 규칙을 빨리 찾아낸다. 수학이란 무질서 속에서 법칙을 찾아내고 질서를 발견해 내는 학문이다.

패턴 인식은 수학·과학·사회적 현상·음악·미술 등 거의 모든 분야에 적용된다. 심지어 문학이나 소설에서도 사용된다. 현대의 바코드는 대표적인 패턴 인식 기술을 활용한 것이다. 게임은 단순한 패턴을 제한된 시간 내에 반복할 수 있도록 구조화한 것이다. 반복과 긴장관계를 유지함으로써 중독성을 강하게 만든다. 혼돈 속에서 질서를 찾고자 하는 프랙탈(fractal) 기하학도 고도화된 패턴 인식을 기반으로 하고 있다.

공장에서 제품을 생산해 낼 때도 패턴 인식이 적용된다. 생산자들이 패턴 인식 훈련이 잘 되어 있으면 불량률이 낮아진다. 기업의 업무 수행 프로세스도 패턴이다. 일 잘하는 직원은 패턴을 빨리 파악하고 정확하게 적용하여 성과를 높인다. 반면 패턴을 빨리 인식하지 못한 직원은 계속 시행착오를 일으켜 야단을 맞는다. '도요타 시스템'의 놀라운 성과는 생산과정의 패턴을 효과적으로 잘 배열한 결과이다.

단순한 패턴들이 모여 복잡한 패턴을 이루고, 패턴과 패턴 사이의 연관성이 발생하면 메타패턴으로 발전한다. 메타패턴은 복잡한 체계를 이루면서 변화하고 새로운 패턴을 만들어 낸다. 그것은 창의력으로 연결될 수 있다. 메타패턴은 예측과 기대형성 능력의 기초가 된다.

우리가 재미를 느끼지 못하는 것은 하고 있는 일이나 공부 속에서 패턴을 발견하지 못하고 있기 때문이다. 패턴 인식은 무질서하게 보이는 것에서 질서를 찾아내 구조화하는 것이다. 학습이란 패턴에 익숙해진다는 것을 뜻하는데, 패턴과 부조화가 발생하면 재미를 잃게 된다. 일을 잘하는 사람은 복잡한 상황 속에서 패턴을 빨리 발견하고 단순화시킨다. 패턴을 반복하면서 다음 단계로 넘어간다. 진도가 빠르고 성과가 높아지면 어느덧 재미를 느끼게 된다. 재미를 느끼면 집중력이 높아지는 것은 당연하다.

그러므로 재미를 느끼려면 패턴 찾기에 몰두해야 한다. 물론 재미없어하는 일에서 패턴 찾기를 하려면 쉽지 않다. 하지만 반드시 해야 하는 일이므로 인내력을 가지고 꾸준히 해야 한다. 처음부터 잘되는 경우는 없다. 운동선수는 한 가지 동작을 수만 번 연습한다. 그렇게 엄청난 연습을 통해 패턴에 익숙하게 되면 어느덧 재미를 느끼고 있는 자신을 발견하게 된다. 낮은 단계부터 더 높은 단계로, 단순한 일로부터 고도화된 일로 한 단계씩 올라서면서 메타패턴으로 발전시켜야 한다.

3) 자발적으로 하라

억지로 하는 일은 재미가 없다. 하기 싫다는 생각이 머릿속에서 떠나지 않으므로 집중력도 발휘되지 않는다. 반면 재미있다고 생각되는 일은 하지 말라고 해도 스스로 한다. 어떤 일에 재미를 붙이려면 자발성(spontaneity)을 키워야 한다. 재미와 자발성은 동의어와 마찬가지이기 때문에 함께 움직인다.

그렇다면 업무, 공부 등 꼭 해야 할 일에 대한 자발성을 높이기 위해서는 어떻게 해야 할까? 가장 먼저 필요한 일은 업무와 공부를 자기주도 방식으로 구조를 바꾸는 일이다. 사례를 들어본다.

경기도 시흥시 장곡중학교는 수업시간에 엎드려 자는 학생이 없다. 학생들은 '학교 가는 것이 재미있다'고 말한다. 이 학교가 처음부터 그랬던 것은 아니다. 이 학교는 서울 위성도시에 위치한 평범한 공립중학교다. 변화는 2010년에 일어났다. 새로운 학습개념의 '혁신학교'로 지정됐기 때문이다. 한마디로 교사 위주의 주입식 교육에서 벗어나기로 한 것이다.

학교의 비전을 '즐겁고 행복한 배움의 공동체'로 정하고 학생과 교사가 수업에 집중하는 환경을 만드는 것을 첫째 과제로 삼았다. 가장 중요한 방법은 스스로 하는 자발성을 키우는 것이다. 교사가 일방적으로 가르치는 것이 아니라 학생 스스로 공부한다. 모든 학생이 칠판을 바라보는 방식을 바꿔 책상 배열을 'ㄷ'자 모양으로 만들었다. 교사는 일방적으로 강의하지 않는다. 학생들이 공부할 내용을 정해 주고 도움을 주는 역할을 한다. 학생들은 스스로 공부하면서 4명씩 모여서 과제를 해결한다. 수업시간마다 고민하면서 해결방법을 찾아가는 능동적인 자세를 기른다.

장곡중학교에서 가장 중요시하는 것은 '구성원의 자발적 참여'다. 교사도 학생도 자발성을 가지고 맡은 책임과 공부에 임한다. 규제와 통제를 최소화하고 스스로 하게 한다. 그 결과, 이 학교는 학습과 학교생활 면에서 높은 성과를 이뤄 냈다. 서울대 연구팀은 장곡중학교 사례를 연구하여 새로운 학습모델을 국제학술대회에 출품했다.

장곡중학교의 사례는 일방적인 규제와 통제를 스스로 하는 자기주도 방식으로 바꿈으로써 자발성을 높일 수 있음을 깨닫게 해 준다. 남이 시켜서 하는 것이 아니라 스스로 하는 것, 그것이 재미와 집중력의 지름길이다.

자발성은 스스로 해답을 찾아가는 과정이다. 남이 가르쳐 주는 것은 깊이 각인되지 않는다. 스스로 해결방안을 모색하는 것이 자신만의 노하우로 남는다. 다음 문제를 푸는 데도 커다란 디딤돌이 된다. 재미와 자발성, 집중력은 항상 비례적 함수관계를 가지고 있으므로 자발성을 높이기 위해 노력해야 한다. 자발성이 뛰어난 사람은 빠른 시간 내에 집중하고, 맡은 바 책임을 다하려는 의지가 강하다. 그렇게 하다 보면 재미는 자연스레 따라붙고 능동적인 성격이 된다.

3. 공부집중력

공부란 무엇일까? 대체 공부가 무엇이기에 사람들은 그토록 공부에 매달릴까? 왜 공부를 잘하면 칭찬이 자자하고, 반대로 공부를 못하면 엄청난 질책을 받는 것일까? 왜 국가나 기업은 공부의 기준으로 사람을 뽑고 채용하는 것일까? 일을 시켜 보지도 않고 능력을 검증하지도 않았는데 왜 공부만 앞세우는 것일까? 정말 공부는 절대가치일까? 공부집중력을 이야기하기 전에 먼저 공부의 구조부터 파악해 보고 들어가자.

공부는 정글에서 살아남는 최상의 방법

자연생태계에서 학습 기간은 생존에 지대한 영향을 미친다. 동물들은 거의 무방비 상태인 야생에서 학습 기간을 짧게 하여 생존 확률을 높인다. 물고기는 부화되자마자 독자적으로 생존한다. 곤충도 부화되면 곧바로 야생에 내던져진다. 어미에게 별다른 학습도 받지 않는다. 얼룩말이나 가젤은 태어나자마자 걷고 달릴 수 있다.

개체수가 비교적 적은 종(種)은 보다 긴 학습 기간을 거쳐 독립한다. 독수리는 부화한 후 어미가 가져다주는 먹이를 먹다가 약 15주 후부터 첫 비행 연습을 한다. 어미는 새끼에게 상당 기간 비행과 사냥 연습을 시키다 대략 1년 정도 되면 독립시킨다. 아기 사자는 어미로부터 독립하는 데 2~3년 정도 걸린다.

다른 동물과 달리 인간은 가장 긴 학습 기간을 가지고 있다. 인간은 대략 20년 정도에 걸쳐 신체가 성장하며, 그동안 긴 학습과정을 병행한다. 문명이 발달할수록 인간의 학습량도 대폭 늘어나면서 학습 기간이 길어지고 있다. 현대에 들어서는 각종 교육제도로 인해 20대 후반이 되어서야 학습을 마치고 사회에 진출한다. 사회에 진출해서도 다시 학습을 해야 한다. 궁극적으로는 평생에 걸쳐 학습한다.

공부하는 것은 재미도 없고 힘든데 인간은 왜 이렇게 긴 학습 기간을 거치는 것일까? 그것의 비밀은 인간의 생존능력 유지와 깊은 관계가 있다. 인간의 학습 기간이 점점 길어진 것은 개인과 집단의 생존력을 높이기 위한 것이다. 앞선 세대는 뒷세대가 생존을 위한 정보와 기술을 더 많이 습득할 수 있도록 오랫동안 학습을 시킨다. 뒷세대 역시 보다 나은 생존 조건을 확보하기 위해 학습에 주력한다. 이와 같은 장기간의 학습을 통해 인간은 생존 정보를 공유하며 대대로 전승시킨다. 세대 간의 전승이 잘 이루어져야 오래도록 지배력을 유지할 수 있다.

학습 기간이 끝나 갈 무렵부터 인간 사회는 신체적 조건이 우월하거나 학습 능력과 문제해결 능력이 뛰어난 개체들에게 우선적으로 자원을 배분한다. 우리 속담에 "미운 놈 떡 하나 더 준다."라는 말이 있다. 하지만 실제로는 '예쁜 놈'에게 더 많은 떡을 주는 것이 사실이다. '예쁜 놈'이란 공부를 잘하거나 신체 조건이 우월한 사람이다.

사회나 국가가 신체 혹은 학습 능력이 우월한 개체들에게 더 많은 자원을 배분하는 이유는 명확하다. 그들이 자신이 속한 집단의 생존력을 더 높일 수 있기 때문이다. 우월한 능력을 가진 개체들에게 더 많은 혜택을 줌으로써 집단경쟁력을 강화하고 생존 조건을 유리하게 만드는 것이다. 이 과정에서 인간 집단은 여러 가지 복잡한 제도를 만들어 열등한 개체들을 자꾸 탈락시킨다. 자원 배분에서 소외시키고 심지어 활동 영역까지 제한한다. 이런 과정을 통해 보이지 않는 도태를 진행시킨다. 나중에는 우월한 개체들에게 권력까지 맡겨 지배력을 행사하게 한다.

이러다 보니 인간 개체는 힘이 세거나 머리가 좋아야 더 많은 자원과 권력을 확보할 수 있다. 얼굴이 월등하게 예쁘거나 특별한 재능을 가진 사람에게도 우선권을 부여한다. 자원을 많이 가지고 있으면 우월한 유전자의 배우자를 선택하는 데도 매우 유리하다. 우월한 유전자의 선택은 다음 세대의 경쟁력을 먼저 확보하고자 하는 중요한 장치이기 때문에 치열한 경쟁이 벌어진다. 우월한 배우자를 사이에 두고 목숨을 건 투쟁이 벌어지기도 한다.

슬프다. 슬픈 일이다. 하지만 이것이 인간 사회의 법칙이다. 이러한 인간 사회의 경쟁적인 구조는 어느 날 몇 사람이 뚝딱 만든 것이 아니다. 수십만 년 동안 적자생존을 거치면서 자연스럽게 형성된 것이다. 하늘이 인간에게 평등을 부여했다고 하지만 인간 세상은 여전히 불평등한 정글이다. 그러므로 공부는 정글에서 살아남는 최상의 방책이 되는 것이다.

시험의 탄생

생존경쟁이 치열해지면서 인간은 출생 후 학습에 모든 것을 건다. 현재 지구상의 모든 국가는 예외 없이 교육제도를 도입하고 있고 있다. 교육제도는 명백히 국가 경쟁력을 높이기 위한 것이다. 하지만 그 이면에는 한정된 자원의 배분 방법과 서열척도를 만들기 위한 목적도 동시에 숨어 있다.

왜냐하면 모든 국민이 평등을 내세워 예외 없는 동등한 분배와 지위를 강력하게 요구하면 대책이 없기 때문이다. 모든 사람이 놀고먹겠다고 하고, 힘든 노동은 하지 않겠다고 하고, 지시와 명령만 하겠다고 하면 생산은 누가 하느냐라는 문제가 대두될 수밖에 없다. 그래서 이런 불평 불만을 애시 당초 제기하지 못하게 '학습 성과'를 전면에 내세워 서열을 만들어 나간다. 이른바 '시험의 탄생'이다.

공부를 잘하는 사람과 못하는 사람, 달리기를 잘하는 사람과 못하는 사람, 악기를 잘 다루는 사람과 못 다루는 사람, 물건을 잘 만드는 사람과 못 만드는 사람, 남에게 즐거움을 주는 일을 잘하는 사람과 그렇지 못한 사람, 이야기를 잘하는 사람과 듣기만 하는 사람 등 모든 영역에서 서열 척도를 만들어 줄을 세우고 순서를 정한다.

일단 우리나라만 해도 사람은 태어나서 죽을 때까지 얼마나 많은 시험을 치르는가? 초등학교 때부터 대학, 대학원, 박사과정까지 학교과정을 이수하기 위한 시험들. 각종 자격시험, 취업시험, 면허·인증시험, 승진시험까지. 그리고 시험에서 좋은 성적을 내기 위해 치르는 모의고사까지. 웬 시험이 그렇게 많은가? 제도화되지 않은 시험 종류는 또 왜 이리 많은가? 대략 현대인들은 평생 200회에 이르는 시험을 치르는 것으로 추산된다. 더 높은 지위, 더 나은 연봉을 차지하기 위해서는 난이도와 경쟁률이 치열한 시험을 더 많이 치러야 한다. 정말 인간 세상은 시험 지옥이다.

나아가 시험 통과자와 탈락자의 지위가 달라진다. 복잡하게 이야기할 것도 없이 공무원 시험에 합격한 사람은 국가가 파산하지 않는 이상 정년퇴직할 때까지 안정된 월급을 받으며 생활할 수 있다. 그러나 공무원

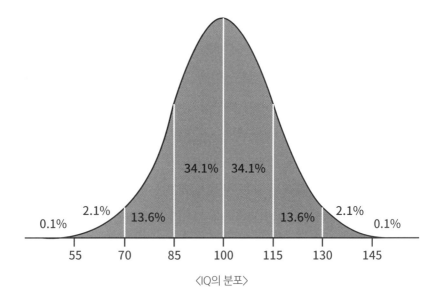

0.1%　　2.1%　　13.6%　　34.1%　34.1%　　13.6%　　2.1%　　0.1%

〈IQ의 분포〉

시험에 도전했다가 탈락한 사람은 평생 국가와 공무원을 위해서 열심히 세금을 내야 한다.

물론 이 과정에서 자본을 많이 가지고 있는 사람은 종종 시험에서 제외된다. 시험제도가 싫어서 아예 처음부터 도전을 하지 않는 사람도 제외된다. 하지만 피할 수 없는 시험은 도처에 널려 있다.

인간의 생존 조건이 이러다 보니 어느 국가나 사회를 막론하고 시험에서 우수한 성과를 나타내는 것은 미덕과 절대선(絶對善)이 되어 버렸다. 시험에서 좋은 성적을 내는 사람은 우월한 사람으로 인정한다. 성적우수자가 일을 잘한다는 근거는 어디에도 없지만 성적순으로 커트라인을 정해서 합격자와 불합격자를 가른다. 반대로 성적 미달자가 일을 잘할 수 있다는 것은 더더욱 근거가 없기 때문에 불합격처리자가 탈락에 항의해도 받아들여지지 않는다. 왜냐하면 성적 우수자를 선발하는 것은 경쟁사회의 오랜 관행으로 정착되었기 때문이다. 그러므로 일단 시험은 잘 치러야 한다.

IQ와 학업성적

공부의 결과는 결국 시험으로 귀결된다. 공부를 아무리 열심히 해도 시험을 망치면 소용없다. 안타깝게도 공부와 시험은 동의어로 인식된다. 그러므로 시험을 잘 보기 위해서는 효율적으로 공부하는 방법을 잘 익혀서 노력을 기울여야 한다.

우리는 공부를 잘하기 위해서는 일단 '머리가 좋아야 한다'는 이야기를 자주 듣는다. 여기서 '머리'는 IQ(Intelligence Quotient)라 불리는 지능지수를 뜻하는데, 이것과 학습능력의 상관관계에 대해서는 논란이 분분하다. 과연 머리가 좋은 사람이 공부를 잘하느냐는 것이다. 이에 대한 연구자들의 견해는 'Yes and No!'이다. '그렇기도 하고, 아니기도 하다.'는 애매한 답이다. 차라리 'Both!(둘 다)'라고 말하는 게 맞을 것이다.

뇌의 구조로 볼 때 공부를 잘한다고 하는 것은 전두엽 기능이 좋다는 것을 뜻한다. 성적우수자를 자기공명영상(fMRI)으로 촬영해 보면 전전두엽이 두꺼운 경향을 보이는 것으로 나타났다.

네덜란드 라이덴대학교 마르셀 베엔만 교수의 연구에 따르면 IQ가 성적에 영향을 미치는 비율은 대략 25% 정도로 나타났다. 반면 자신을 성찰하는 능력인 '메타인지(metacognitive)'의 비율은 40% 정도로 높게 나타났다. 전문가들은 IQ 수준에 따라 학업성적이 나올 확률을 25~36%로 추정한다. 그래서 IQ가 공부에 영향이 있기도 없기도 하다고 말하는 것이다. 그러나 경쟁이 치열한 사회에서 30%의 영향력은 매우 큰 변수라 하지 않을 수 없다.

지능지수(IQ)의 평균은 정확히 100이다. 각종 연구를 종합해 보면 IQ 125(웩슬러 방식 지수 기준)까지는 지능과 성적이 대체로 비례한다. 그러나 IQ 125가 넘어가면 상황이 달라진다. 그 이상의 사람들은 공부를 아주 잘할 수 있고, 반대로 학업 부진에 빠질 수 있다.

지능지수가 높을수록 학업 부진에 빠지는 비율도 증가한다. 지능지수가 높을수록 전에 없던 새로운 것이나 남들과 다른 엉뚱한 생각을 하는 비율이 높기 때문이다. 이를 확산적 사고(Divergent Thinking)라 한다 (J. P. Guillford, 1897~1988). 확산적 사고가 발달하면 창의력은 뛰어나지만 학업은 부진할 수 있다.

지능지수가 높으면서 성적도 월등한 사람들이 있는데, 이는 수렴적 사고(convergent thinking) 능력이 동시에 발달했기 때문이다. 수렴적 사고는 주어진 문제를 해결하기 위하여 다양한 요소들을 분석, 추론, 계산하고 평가하여 최종적으로 가장 적합한 해결책을 적용하는 사고방식이다. 대부분의 시험은 여러 가지 경우를 예시해 놓고 하나의 정답을 맞히라고 요구한다. 이런 경우에는 수렴적 사고가 절대적으로 필요하다. 수렴적 사고는 학교나 시험에서 가장 흔하게 요구되는 사고방식이다. 결국 지능지수와 학업성적의 상관관계에서는 수렴적 사고와 확산적 사고능력이 동시에 뛰어난 사람이 높은 성적을 올릴 수 있다.

공부의 기술

조선시대 천재 중 하나인 율곡 이이(李珥, 1536~1584)는 '구도장원공(九度壯元公)'이라 불렸다. 그는 별시(別試), 생원시(生員試), 진사시(進士試), 대과

(大科)의 초시·복시·전시 등 아홉 차례의 과거에 응시해 모두 장원으로 합격했다. 한 번 장원하기도 힘든데 아홉 번이나 1등을 하다니 정말 입이 다물어지지 않는다. 이는 우리 역사상 전무후무한 기록으로 불세출의 천재 이이가 얼마나 공부를 잘했는지 알 수 있다. 만약 그가 '과거시험 합격 비법' 같은 책을 썼더라면 조선 최고의 베스트셀러가 됐을 것이다.

율곡처럼 될 수는 없지만 공부를 잘하는 방법이 따로 있을까? 이에 대한 학습전문가들의 견해는 '그렇다.'이다. 그들의 견해를 살펴보면 공부는 무작정 열심히 한다고 성적이 오르는 것이 아니다. 전략적 학습방법론을 익혀서 공부를 해야 성과를 낼 수 있다. 효율적인 공부방법에 대해서는 수많은 방법론이 거론되고 있는데, 여기서는 평생 활용할 수 있는 세 가지만 제시하고자 한다.

1) 공부는 습관이다

본래 공부는 이해력·통찰력·기억력·문제해결 능력·응용력·창의력 등의 집합체이다. 공부는 종합적인 사고를 하는 뇌 활동으로 평생에 걸쳐 수행해야 할 필수요소다. 숙련된 행동을 습득해야 한다는 점에서 공부는 하나의 습관이며 이는 어렸을 때 형성될수록 유리하다. 이른바 뇌의 가소성이다.

뇌의 가소성이란 기억과 학습에 있어서 짧은 기간에 가해진 자극에 의해 장기적인 변화가 일어나 자극이 제거된 후에도 그 변화가 지속되는 것을 말한다. 어린 시절은 뇌의 가소성이 매우 높은 시기다.

대체적으로 뇌의 용량은 6세가 되면 성인의 90%에 이른다. 아이의 뇌가 단단해지기 전까지의 시기를 '임계기'라 한다. 이 시기에 평생을 좌우

하는 뇌의 기초가 만들어진다. 흔히 "세 살 버릇이 여든까지 간다."라고 하는데, 6세까지의 임계기에 획득한 학습환경과 행동은 뇌 발달에 결정적인 영향을 미친다. 평생 뇌력은 6세 이내에 결정되므로 공부 습관도 어렸을 때 형성되어야 유리하다.

그러나 뇌는 성인이 되어서도 말랑말랑하다. 뇌는 노화가 심각하게 진행되기 전까지 유연성을 가진다. 머리는 쓸수록 좋아진다는 말이 있는데 이는 맞는 말이다. 우리가 활동을 하면 세포 속에서 활성산소가 발생하고 이에 의해 생성된 과산화지질이 '리포푸스친'이라는 노화물질로 변화되어 세포에 쌓이거나 말초혈관을 막게 된다. 뇌세포도 마찬가지다. 머리를 계속 써서 활성화하지 않으면 노화물질이 쌓여 뇌의 기능이 원활하지 않게 된다. 공부를 계속하면 노화가 지연되고 시냅스의 활동도 활성화된다.

공부는 대학입시와 취업할 때까지만 하는 것이 아니다. 운동선수가 운동을 며칠만 안 해도 몸이 삐걱거리듯이 공부도 팽팽 놀다가 갑자기 하려면 성과가 나타나지 않는다. 항상 공부하는 습관을 들여야 내공이 축적되고 좋은 성적을 올릴 수 있다. 이것저것 상황을 따지고 핑계대고 변명하면 절대 공부할 수 없다. 공부의 방법론은 아주 단순하고 시쳇말로 아주 '무식한' 것이다. 그냥 단순하게 아무 생각 없이 책을 펴고 열심히 공부하는 것이다. 그것이 최상의 방법이다.

2) 공부는 분류와 구조화다

요즘 세상에는 공부할 분량이 방대하다. 폭도 넓을 뿐 아니라 깊이 있게 공부해야 한다. "어휴! 이 많은 양을 언제 다 공부하나?" 한숨이 나올 만하다. 그래도 해야 한다. 다가오는 시험에서 합격해야 하고, 좋은 성적을 거둬야 한다. 그렇다면 효과적인 방법이 없을까?

이에 대해 공부의 고수들은 한결같이 "체계를 잡아라."라고 이야기한다. 체계를 잡는다는 것은 공부하는 단원을 구조적으로 인식하여 하나의 도표처럼 구조화하는 것이다. 즉, 전체를 파악한 다음 점차 세부적인 내용으로 파고들어 간다.

'전체(해당 단원의 위계 파악) → 중간 분류(해당 단원 중 탐구 분야 파악) → 세부 내용(탐구 분야의 세부 내용 파악) → 비교와 연계 파악(탐구 내용에 대한 비교와 다른 지식과의 연계 내용 파악)'

이런 형식으로 공부를 진행하는 것이다. 예를 들어 한국사 공부에서 〈세종의 국방정책〉에 대해 공부한다고 가정해 보자. 이 단원을 간단하게 정리하면 다음과 같이 도식할 수 있다.

〈세종의 국방정책〉

단원	중간 분류	세부 내용	성과
세종의 치적 - 국방 분야	내부 국방력 강화	군사훈련 강화, 화약·화포 개발, 봉수대 완비, 병선 개량, 병서 간행	국방력 증강 위기대응능력 강화 국방 체계 확립
	여진족 교린(交隣) 정책	4군 6진 설치-최윤덕과 김종서 국경선 확립 사민정책(徙民政策) 실시	여진족과 확실한 관계 설정 북방 이주민 안정
	대마도 정벌	이종무 대마도 정벌 계해조약(癸亥條約) 체결	왜구의 본거지 소탕 왜구 회유

이처럼 공부하고자 하는 단원을 구조화하면 일목요연하게 파악할 수 있다. 보다 더 깊이 있게 공부하고자 할 때는 세부 내용 중에서 '사민정

책'이나 '계해조약' 등을 심도 깊게 공부하면 된다. 이런 내용을 책에 쓰여 있는 대로 줄줄이 글줄로만 읽으면 머릿속에 잘 들어오지 않는다.

공부는 구조화다. 전체적인 구조를 먼저 파악하고 세부적인 사항을 이해하는 방식으로 진행해야 한다. 이를 통해 체계적으로 잘 정리하고 패턴화하면 이해, 장기저장, 판별, 응용, 문제해결 능력이 향상된다. 구조화만 잘해도 성적을 쑥쑥 올릴 수 있다.

3) 메타인지를 높여라

"너 자신을 알라!(Nosce te ipsum!)" 소크라테스는 이렇게 말했다. 정말 어려운 말이다. 자신을 안다는 것은 얼마나 어려운 일인가? 나 자신의 무지, 나 자신의 잘못과 어리석음, 스스로의 게으름, 이 모든 것을 스스로 안다는 것은 정말 지난한 일이다. 그렇기 때문에 소크라테스의 말은 인류에게 지침이 되는 명언으로 오늘날까지 회자되고 있다.

공부에서도 이와 유사한 용어가 있다. 바로 '메타인지(metacognition)'다. 메타인지는 1979년 미국의 심리학자 존 플라벨(John Flavell)이 처음으로 정의하였다. 메타인지란 "자신이 아는 것과 모르는 것을 인지하는 능력(ability of knowing about knowing)"을 뜻한다.

스스로 아는 것과 모르는 것을 구분한다는 것은 공부를 장악하고 있다는 뜻이다. 자신이 무엇을 공부하고 있는지 알고 있으며, 어느 부분이 부족하고 미달되는지 정확하게 파악하고 있는 것이다. 메타인지력이 높은 사람은 모르는 부분을 완벽하게 이해할 때까지 끈질기게 매달린다. 끝까지 악착같이 파고들어 숙지한다.

공부는 내가 아는 것과 모르는 것을 구분하는 능력에 따라 성공과 실패의 길이 갈린다. 잘 알지도 못하면서 진도만 나가면 헛공부다. 공부를 하긴 했으나 아는 게 별로 없다. 반면 메타인지력이 높으면 모르는 부분을 인지하고 있기 때문에 이를 보완하기 위한 실행에 돌입할 수 있다.

메타인지력이 높은 최상위 학생들은 습관처럼 오답 노트를 작성한다. 공부를 잘하는 학생은 자신이 알고 있는 내용을 남에게 효과적으로 설명할 수 있다. 남들에게 설명할 수 있는 지식이 진짜 지식이다. 비단 공부뿐만 아니라 이 능력이 뛰어난 사람은 업무에서도 자신의 위상을 정확히 파악하고 효과적인 전략을 수립하여 실행할 수 있다.

메타인지력을 높이기 위해서는 항상 '왜?'라는 질문을 달고 다녀야 한다. 오답노트 작성을 생활화하고 학습계획서와 성과표를 작성하는 것도 효과적인 방법이다.

공부의 최대 비결은 '집중력×시간'이다

필자는 어떤 계기로 공부 잘하는 학생에게 생생한 수험수기에 관한 특강을 의뢰한 적이 있다.

그는 지방의 작은 도시에 살았고, 중학교 1학년까지는 전혀 두각을 나타내지 못한 평범한 학생이었다. 학원을 좋아하지 않아 과외수업도 하지 않았다. 그러다 공부에 대한 자각을 하여 스스로 공부를 하게 되었다. 처음에는 공부 습관이 들지 않아 고생했다. 차츰 습관이 생기고 무엇보다 스스로 공부를 해야겠다는 의지가 강했으므로 점차 성적이 향상되기 시작했다.

가정 형편 때문에 시골의 일반고에 진학한 그는 "이왕 공부를 할 바에야 서울대 법대에 들어가자!"라는 목표를 세우고 맹렬하게 공부하기 시작했다. 스스로 계획을 세우고 자기관리, 시간관리에 매진한 결과 고등학교 내내 전교 1등을 놓치지 않았다. 수능시험에서도 최상위의 성적을 올릴 수 있었다.

결국 그 학생은 자신의 목표인 서울대 법대에 당당하게 입학할 수 있었다. 그 시골학교 개교 50년 만에 서울대 법대 합격은 최초였다. 대학에 들어가서도 공부를 열심히 하여 재학 3학년 때 사법고시에 합격했다.

합격수기 특강 맨 마지막에 그 학생이 말한 공부 비결은 '집중력'이었다. 그는 "성적은 항상 집중력×시간에 비례한다."라면서 성적은 얼마나 집중하느냐, 얼마나 많은 시간을 투입하느냐에 달려 있다고 강조했다.

평소 '성적=집중력×시간'의 법칙을 설파하고 다녔던 필자는 깜짝 놀라서 특강이 끝난 후, 그 학생에게 "그런 비결을 어디에서 익혔나?"라고 물었다. 그랬더니 그는 "스스로 깨달았다."라고 얘기했다. 나는 그 학생의 실제 경험과 학습법을 많이 칭찬했다. 이 사례는 공부에 있어서 집중력이 얼마나 중요한가를 여실히 보여 준다.

전국 상위 0.1%의 공부 비법을 널리 알리면서 유명해진 〈공신닷컴(www.gongsin.com)〉을 보면 역시 같은 결론이 도출된다. 공신들에게 "자신의 공부 습관 중 좋은 것과 나쁜 것을 꼽아 달라."라고 했다. 이에 공신들은 좋은 습관으로 '집중을 잘하는 것'(29.4%)을 가장 많이 꼽았다. 나쁜 습관으로도 '집중을 못 하는 것'(20.7%)을 꼽았다. 집중력이 공신들의 최대 관심사이며 이에 따라 성적이 달라지는 것을 알 수 있다.

또한 공신들에게 "하루 평균 몇 시간 동안 공부를 하는가?"라고 물었더니 "10시간 이상"(27.9%)이라고 답한 사람이 가장 많았다. "그중에서 집중한 시간은 얼마인가?"라는 질문에도 비슷한 결과가 나왔다. 공부는 집중력과 시간이 최대 관건이라는 사실이 증명된 것이다.

〈공신닷컴〉에는 이런 문구가 있다. "스스로 공부한 1시간은 사교육 3시간과 같은 성적 향상 효과를 보인다." 스스로 집중하는 것이 공부의 왕도(royal road)임을 깨우쳐 주는 말이다.

"재능은 10배, 집중은 1,000배의 차이를 만든다. 누구에게나 같은 양의 에너지가 잠재돼 있다. 하지만 사람들은 여러 가지 하찮은 일에 정력을 소비한다. 나는 한 가지 일에만 몰두한다." 세계적인 예술가 피카소가 한 말이다. 피카소 같은 천재 예술가도 재능보다 집중력을 더 강조하고 있다. 평범한 보통 사람들에게 집중력의 중요성은 더 말할 것도 없다.

집중하면 공부가 더 잘된다

"신선놀음에 도끼자루 썩는 줄 모른다.(선유후부가 仙遊朽斧柯)"라는 말이 있다. 재미있는 일에 정신이 팔려 시간 가는 줄 모르는 경우를 이르는 말이다. 어떤 일에 집중하면 시간이 흐르는 것을 잊게 된다. 집중을 하면 왜 이런 현상이 발생할까?

집중을 하면 우리 몸에서 아세틸콜린(acetylcholine)과 도파민(dopamine), 노르에피네프린(norepinephrine)과 같은 신경전달물질이 분비된다. 어떤 일에 재미를 느끼면 자극 강도가 높아지고 뇌는 흥분하게 된다. '어 이게 뭐지?'라는 호기심이 생기고, '계속해 보자!'라는 동기가 유발된다. 이와 같은 신경전달물질은 중독성을 가지고 있으므로 시간 가는 줄 모르고 계속하게 된다.

공부도 마찬가지다. 공부에 집중하게 되면 계속 유입되는 새로운 정보로 인해 자극 강도가 높아지면서 뇌는 가벼운 흥분 상태가 된다. 이 흥분 상태는 노르에피네프린 같은 신경전달물질을 계속 분비시키고 학습자는 약간 중독된 상태에서 공부에 몰입하게 된다. 그래서 공부에 빠져 있는 사람은 시간 가는 줄 모르고 열중한다.

반면 공부를 싫어하는 사람은 집중하지 못한다. 집중하지 않으면 위와 같은 신경전달물질이 분비되지 않으므로 계속 안절부절못하고 딴짓을 하게 된다. 이런 신경전달물질이 부족해지면 뇌세포와 시냅스가 활성화되지 못해 집중력과 사고력이 저하된다. 결과적으로 학습의 악순환이 일어나는 것이다. 의학적으로는 주의력결핍을 겪는 ADHD 증상의 환자에게 이런 신경전달물질을 투여하기도 한다.

집중을 하면 신경전달물질의 분비로 인해 가벼운 흥분 상태가 되고 뇌의 가소성이 높아진다. 뇌가 어떤 정보를 받아들이기에 적합한 말랑말랑하고 유연한 상태가 되는 것이다. 뇌파도 세타파로 바뀌어 방출된다. 이때 공부를 하면 성과가 높아진다. 뇌는 유입된 정보를 정확하게 파악하고 분별하며 단기기억을 장기기억의 저장고로 옮겨 보관한다.

흔히 게임이나 소설, 만화 등에 빠져 있는 아이들을 보며 "얘들은 집중력도 뛰어난데 왜 공부를 못할까?"라는 의문을 가지는 부모도 많다. 하지만 그것들은 공부집중력과 확연히 다르다. 게임·소설·만화·영화 등은 학습의 영역이 아니라 오락이다. 오락은 누구나 빠질 수 있으며 수동적이다. 하지만 학습은 모르는 것을 알아 가는 탐구의 영역으로 적극적인 성격을 띤다. 또한 목표를 설정하고 이를 이루기 위해 지속적 반복적으로 수행하는 의지적인 행위다.

그러므로 '집중을 하면 공부가 더 잘된다.'는 집중력의 법칙을 깨달아야 한다. 집중력과 공부가 서로 시너지를 발휘하여 선순환이 되도록 해야 한다.

공부는 광부다

우리 주변에 공부를 방해하는 요인은 너무 많다. 도처에 너무 많은 유혹이 도사리고 있다. 심지어 스마트폰은 시시때때로 주인을 불러 댄다. 도대체 집중력을 발휘할 수 없다.

따라서 공부에 집중하기 위해서는 학습을 방해하는 요인들을 과감하게 제거해야 한다. 이일저일 모두 간섭하고 해결하겠다고 나서면 공부는 이미 물 건너간 것이다. 공부에 집중하기 위해서는

① 공부에 대한 정확한 목표 설정,

② 공부에 집중하기 위한 주위 환경의 조성과 통제,

③ 신체 조절-지구력 확보, 심리적 안정과 감정조절,

④ 장시간 집중하는 장기집중력의 유지,

⑤ 효율적인 시간관리

등이 반드시 필요하다.

무엇을, 왜, 어떻게 공부하는가에 대한 정확한 목표가 설정되어야 하고, 소음·시각적 유혹·인터넷·스마트폰 등 공부를 방해하는 요인을 책상에서 싹 치워 버려야 한다. 공부 잘하는 학생은 책상이 늘 깨끗하고 정돈되어 있다.

공부는 체력이므로 지구력을 확보하고 불안과 충동에서 벗어나는 심리적 안정과 감정조절에 힘써야 한다. 음식을 너무 많이 먹으면 혈액이 위로 모여 졸음이 오므로 적게 먹어 집중력에 방해되지 않도록 해야 한다. 또한 장시간 공부에 열중하는 장기집중력을 길러야 한다. 결국 공부

의 결과인 시험성적은 '집중력 × 시간'이므로 효율적인 시간관리가 생활화되어야 한다.

옛사람들은 흔히 "공부는 머리로 하는 것이 아니라 엉덩이로 한다."라고 하였다. 전적으로 맞는 말이다. 머리만 믿고 엉덩이를 들썩이면 공부에 집중할 수 없다. 타고난 재능은 성실한 노력을 절대로 이기지 못한다. 단기간에는 성과를 낼지 모르지만 오랜 시간이 지나면 엉덩이가 무거운 사람이 반드시 공부의 승리자다.

공부는 끈질기게 눌러 붙는 힘이 있어야 한다. 학습활동을 장시간 유지하는 장기집중력을 키워야 한다. 결국 공부는 광부다. 알고자 하는 미지의 세계를 향해 광부처럼 파고들어 가는 것이다. 광부의 착암기처럼 드릴(집중력) 끝에 힘을 모아서 바위를 뚫어 가야 한다.

공부는 광부다. 집중력을 모아서 바위를 굴착하는 광부가 되어야 한다.

4. 집중력과 기억력

나에게는 기억력이 아주 좋은 친구가 둘 있다. 모두 고등학교 친구인데 이들의 기억력은 비상하다. 그들을 만나서 이야기하다 보면 내가 기억할 수 없는 옛일을 비디오테이프를 돌리듯 줄줄이 재생한다. 몇 년 몇월 즈음, 장소는 어디, 참석자 누구누구, 당시 날씨, 그리고 어떤 일이 있었는지를 마치 어제 일처럼 생생하게 회고한다.

"아니야, 그 일은 ○○이 먼저 일어났고, △△는 그 후에 일어난 것이야."

"그래, 맞다. 맞다."

수십 년이 지났지만 둘은 당시의 상황을 떠올리며 약간의 착오가 있는 것을 서로 수정해 가며 거의 완벽하게 재구성해 낸다.

"그랬던가? 당시 나도 있었나?"

"당연하지. 네가 주범이야. 네가 □□ 이런 일을 저질렀잖아?"

"그런가? 나는 전혀 기억이 나지 않는데……."

감탄스러울 만큼 그들의 기억력은 탁월하다. 반면 당시의 일을 기억하지 못하는 나는 구박을 받으며 웃고 만다. 우리는 그 친구들을 '워킹 메모리(walking memory)-걸어 다니는 USB'라 부른다. 기억력이 뛰어난 친구들은 모두 훌륭한 사회인이 되었다.

그런데 기억력이 뛰어난 그들의 학업성적은 어땠을까? 물론 좋은 편에

속했지만 최상위는 아니었다. 기업의 일을 하면서 수많은 사람을 만나다 보면 정말 기억력이 좋은 사람을 만날 수 있었다. 그런데 그들의 학업성적도 꼭 좋지는 않았다. 물론 학업성적의 형성에는 많은 변수가 있지만 '기억력=성적'의 등식은 꼭 성립하지 않았던 것이다.

집중력과 기억력의 관계는 어떠한가? 기억력이 좋은 사람은 집중력이 뛰어난가? 아니면 집중력이 좋은 사람이 기억력이 뛰어난가? 인간의 뇌는 한 방향으로만 열려 있는 게 아니기 때문에 매우 어려운 질문이다. 집중력과 기억력의 관계를 알기 위해서는 먼저 인간 뇌의 기억회로를 탐구해 볼 필요가 있다.

기억이란 무엇일까

인간의 뇌 속에 저장되어 있는 기억이란 무엇일까? 인간에게 기억이 없다면 과거와 현재라는 시간 개념도 없었을 것이다. 인류는 수만 년 동안 경험을 통해 습득한 새로운 정보나 기술을 기억하고, 이를 후세에 전승함으로써 문명을 이루어 왔다. 기억이 없다면 이 역시 불가능했을 것이다. 인간 문명의 발전은 철저하게 기억에 의존해 있고, 개인의 자아와 사회집단의 형성도 모두 기억에 바탕을 두고 있다.

기억은 일상생활을 영위하는 데 필요한 온갖 정보를 꺼내어 쓸 수 있게 하고, 시시각각으로 다가오는 새로운 환경에 적응하도록 한다. 극히 개인적인 체험을 구성하고, 정말 필요한 정보를 망각하기도 한다. 기억은 인간에게 가장 필요한 것이지만 또한 불가해한 것이기도 하다. 수십 년 전의 일이 갑자기 떠오르기도 하고, 불과 한 시간 전의 일도 까마득히 기억나지 않는다. 이처럼 참으로 이해하기 어려운 기억의 메커니즘은 무엇일까?

　개념적 의미의 기억(記憶, memory)은 사람이나 동물이 경험한 것이 어떤 형태로 저장되었다가 나중에 재생 또는 재구성되어 나타나는 현상을 뜻한다. 그러나 기억은 경험 당시의 사실(fact)과 반드시 동일한 것은 아니다. 기억은 매우 불완전하며 자아의 주관적 해석과 감정에너지에 따라 달라진다. 타인과 환경에 의해 얼마든지 조작될 수 있다. 이에 관한 유명한 실험이 있다.

　미국의 인지심리학자 엘리자베스 로프터스(Elizabeth F. Loftus, 1944~)는 기억의 변형 가능성에 대해 연구하기 시작했다. 한 실험에서 그녀는 실험참가자들에게 빨간 신호등을 보여 준 후, 한참 지난 후에 "아까 본 신호등은 노란색이었나요?"라고 물었다. 그러자 많은 사람들은 빨간 신호등을 보았음에도 불구하고 "네. 노란 신호등 맞아요."라고 대답했다.

　이어서 복면을 한 남자가 등장하는 영화를 보여 주고 "그 남자의 수염을 기억하십니까?"라고 물었다. 역시 많은 실험참가자들이 "남자의 얼굴에 수염이 있었다."라고 답했다. 사실 영화 속의 남자는 복면을 하고 있어서 수염의 존재 여부를 알 수 없었다.

　1995년 로프터스 교수는 한 단계 더 진전된 연구를 실시했다. 그것이 바로 심리학계에서 유명해진 〈쇼핑몰에서 길을 잃다(Lost in the mall technique)〉라는 연구다. 연구팀은 24명의 실험참가자들에게 4개의 짧은 이야기를 담은 소책자를 나눠 줬다. 소책자에는 각 실험참가자들이 겪은 어린 시절의 경험에 관한 이야기가 실려 있었다. 물론 그 이야기들은 실험참가자들의 가족으로부터 채록한 것이었다. 그런데 그중 3개는 진짜였지만 1개는 가짜였다. 그것이 바로 '쇼핑몰에서 길을 잃었다'는 가짜 기억이었다. 진짜 사이에 가짜 기억을 살짝 끼워 넣은 것이다.

연구팀은 실험참가자들에게 소책자를 읽은 다음 자신이 겪은 과거의 경험을 기억나는 대로 적으라고 했다. 실험 결과, 참가자의 25%가 자신이 과거에 쇼핑몰에서 길을 잃었다고 적었다. 어떤 사람은 가짜 사건을 설명하기 위해 더 많고 장황한 단어를 사용했다. 그러나 그 사람들은 실제로는 쇼핑몰에서 길을 잃은 경험이 전혀 없는 사람들이었다. 소책자에 살짝 끼워 넣은 이야기를 자신의 경험이라고 착각하고, 진짜 사이에 살짝 끼워 넣은 허위 기억이 암시에 의해 조작된 것이다. 이 연구 결과는 큰 반향을 일으켰고 이후 불완전한 기억에 대한 연구가 가속화되었다.

크리스토퍼 놀란 감독의 영화『메멘토(Memento, 2000)』는 인간의 불완전한 기억을 잘 표현하고 있다. 주인공 전직 보험 수사관 레너드는 자신의 아내가 강간당하고 살해되던 날의 충격으로 기억을 10분 이상 지속시키지 못하는 선행성 기억상실증 환자가 된다. 그는 범인을 잡고 기억상실증을 극복하기 위해 분투하지만 결론은 뜻밖이다. 극적인 반전이 숨어 있다. 스포일링을 하면 영화가 재미없다.『메멘토』는 인간의 기억이 얼마나 불완전한가라는 메시지를 강력하게 전해 주고 있다.

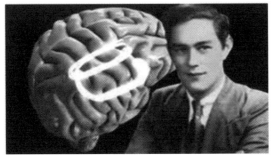

헨리 구스타프 몰래슨(Henry Gustav Molaison, 1926~ 2008)과 수술 장면

이처럼 인간의 기억은 주관적인 것이며 과거와 동일하지 않다. 또한 기억은 대단히 선택적인 것이다. 인간은 시시각각 많은 정보에 접촉하고 있지만 실제 뇌에 저장되는 정보는 극히 일부분이다. 우리가 인터넷에서 보는 수많은 정보도 사실은 대부분 상실된다. 저장되어 있는 정보도 원형 그 자체는 아니다. 과거의 사실과 기억 사이에는 온갖 주관적, 사회적, 문화적 변인들이 끼어들어 그것을 왜곡 변형시키고 새로운 기억을 만들어 낸다. 그래서 기억은 오히려 추상에 가까울지도 모른다. 그럼에도 우리는 기억에 의존해서 살며 기억을 유지하기 위해 애쓴다.

해마, 기억의 비밀을 알려주다

헨리 구스타프 몰래슨(Henry Gustav Molaison, 1926~2008)은 1926년 미국 코네티컷주 하트퍼트에서 태어났다. 그는 일곱 살 때 자전거 사고로 우리가 흔히 간질이라고 부르는 뇌전증을 앓게 되었다. 고통이 심해지자 하트퍼트병원 신경외과의사인 스코빌(Wiliam Beecher Scoville)은 뇌수술을 권유했다.

스코빌은 뇌전증의 주된 원인이 환자의 양쪽 해마와 측두엽(medial temporal lobes(MTLs) 손상이라고 보고 절제 수술을 제안한 것이다. 그리하여 1953년 8월 25일 몰래슨은 해마와 그 인접 구조물의 대부분을 제거하는 수술을 받았다.

이 수술로 몰래슨의 심각한 뇌

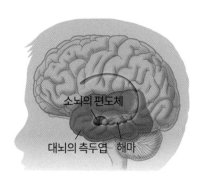

해마(hippocampus)의 모양과 위치

전증 발작은 멈췄다. 하지만 더 심각한 문제가 발생했다. 몰래슨은 수술 전 정상인과 같은 기억을 유지하고 있었지만, 수술 이후에는 장기 기억을 형성하지 못했다. 기억을 형성하는 능력을 상실하여 조금 전에 일어났던 일도 기억하지 못했다.

몰래슨의 사례는 1957년 학계에 처음 보고되었고, 그가 죽을 때까지 광범위한 연구가 이루어져졌다. 신경과학자들은 그에 대한 연구를 통해 매우 중요한 사실을 발견했다. 뇌의 해마가 어떤 일을 하는지에 대해 알게 된 것이다. 그에 대한 연구는 뇌의 특정 영역이 기억 형성에 어떻게 기여하는지에 대한 좋은 정보를 제공했다. 이로 인해 뇌 구조와 기능을 연결하는 인지신경심리학이 탄생하게 되었다. 환자에게는 비극이었지만 몰래슨에 대한 연구는 인간의 기억에 대한 새로운 이론이 탄생하는 데 크게 기여한 것이다. 나아가 뇌과학이 크게 발전하는 계기가 되었다.

몰래슨은 뇌 기능은 매우 비정상적이었지만 2008년 82세까지 살았다. 그의 뇌는 사후 기증돼 2009년 12월 2,401개의 절편으로 나뉘어 미국 샌디에이고에 보관되어 있다.

몰래슨의 이야기를 꺼낸 것은 인간 기억의 메커니즘에서 해마와 기억력의 관계가 밝혀지게 된 연원을 설명하기 위해서다. 그 후 수많은 연구를 통해서 기억을 관장하는 뇌의 영역이 해마(hippocampus, 海馬)라는 사실이 밝혀졌다. 전뇌 변연계에 속하는 해마는 그 형태가 해양생물인 해마(海馬)와 비슷하게 생겨서 붙여진 이름이다. 해마는 장기기억과 외현기억을 부호화하는 역할을 한다.

인간의 해마는 관자엽의 안쪽에 위치하며 대뇌겉질 밑에 존재한다.

크기는 지름 약 1cm에 길이 5cm 정도다. 전체 크기는 3~3.5cm²로 아주 작다. 양쪽에 두 개가 있다. 해마의 앞쪽은 갈고리 이랑의 위쪽 뒷부분에서 형성되어 관자엽까지 이어진다.

해마는 학습, 기억 및 새로운 것에 대한 인식의 역할을 하며 속후각겉질을 통해 주된 들섬유를 받아들이고, 뇌활을 통해 날섬유를 내보낸다. 이런 기능을 통해 지각된 신호를 뇌의 다른 부위로 전달하는 중요한 원심성 신경섬유 역할을 한다. 학습과 기억을 관장하며 감정, 행동 및 운동 조절기능을 가지고 있다. 시상하부의 기능을 조절하는 역할도 한다.

기억력이 좋다는 것은 전두엽과 해마의 기능이 좋다는 것을 의미한다. 전두엽은 기억력, 사고력, 판단력 등의 인지활동을 관장한다. 다른 연합 영역으로부터 습득되는 정보를 조정하고 행동을 조절한다. 사고, 추리, 계획, 운동, 감정, 문제해결에 관여하기 때문에 전두엽이 활성화되어야만 기억력과 학습능력을 향상할 수 있다. 한마디로 전두엽은 정보의 인입부라 할 수 있다.

해마는 전두엽을 통해 습득된 정보를 저장하게 된다. 기억은 뉴런의 일부가 새로운 뉴런으로 바뀌면서 초기화되는데 해마의 치상회(齒狀回)에서는 새로운 뉴런을 계속 만들어 낸다. 뉴런의 끝부분은 가늘게 나누어지면서 뭉툭한 축삭돌기가 형성되고, 다른 뉴런의 수상돌기와 접촉하면서 연접 부위인 시냅스를 만든다. 이 시냅스가 서로 맞닿으면서 신호를 주고받게 되는데, 이런 과정을 통해 해마에 정보가 저장된다. 따라서 시냅스의 활동이 원활하지 않으면 신호 전달체계에 이상이 생겨 저장의 회로가 기능을 못 하게 된다.

뇌에 저장되는 기억의 형성, 즉 엔그램(engram)은 피질연합 영역의 뉴런 집합 시냅스에 구조적 변화가 생김으로써 형성된다고 알려져 있다. 이것이 나중에 재현 가능한 형태로 저장되는 것이다.

기억의 메커니즘

뇌가 활동한다는 것은 어떤 신경세포에서 분비된 신경전달물질을 다른 신경세포가 받아들이는 것이다. 인간은 정보를 어떻게 기억하며, 또 꺼내어 사용할까? 이런 의문에 대해 연구자들은 기억을 정보처리모형(information processing model)에 의해 설명하고 있다. 컴퓨터의 정보처리 과정에 인간의 기억 과정을 대비시킨 것이다. 즉, 감각기관을 통한 입력(registration) - 습득된 정보의 분류와 저장(retention) - 필요한 정보의 인출(retrieval) 과정으로 구조화했다.

입력은 정보를 부호화하여 받아들이는 것이다. 저장은 정보의 유형에 따라 분류를 하고 구조화하며, 저장할 것인가 망각할 것인가를 결정한다. 인출은 기억 저장고에서 보관된 정보를 불러내는 과정이다.

미국의 인지심리학자 앳킨슨(Atkinson, 스탠포드대학)과 쉬프린(Shiffrin, 인디애나대학)은 1968년의 연구를 통해 기억을 감각기억, 단기기억, 장기기억으로 분류했다. 이를 다중기억모형(multi-store model)이라 한다.

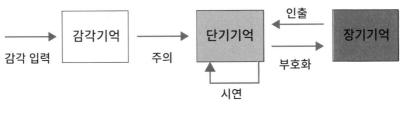

다중기억이론 모델

인간은 매순간 여러 감각기관을 통해 습득되는 정보를 해마로 보내 분류하고 저장한다. 이를 특정 형태로 저장하였다가 나중에 재생한다. 해마는 습득된 정보의 중요도를 판단하고 단기기억을 유지하면서 장기기억의 여부를 결정한다. 물론 인간은 습득한 정보를 모두 저장하지 않는다. 뇌의 기능이 아무리 광범위하다 할지라도 습득한 정보를 모두 저장하다 보면 머리가 터질 것이다. 또한 그 많은 정보를 일일이 저장할 필요도 없다. 망각은 뇌를 청소하는 역할도 하기 때문이다.

감각기억(sensory memory)은 시각·청각·후각·촉각 등 감각기관을 통해 습득되는 기억이다. 물리적 자극이 사라진 다음에도 약 1~3초 동안 자극의 정보를 보관한다. "꽝!" 소리를 들었다면 그 소리가 사라진 후에도 그것을 잠시 기억한다. 기억하면서 그 자극의 실체를 파악하기 위해 애쓴다.

단기기억(short-term memory, STM)은 감각기관을 통해 습득된 정보가 잠시 동안 저장되는 유형이다. 정보는 간단하고 쉽게 운용되도록 하기 위해 부호화된다. 한정된 용량을 가지며 짧은 시간 동안만 정보가 유지된다. 단기기억은 정보의 저장용량이 7개 ±2개로 제한적이고, 지속시간도 20~30초로 짧다. 다음 단계로 변화되지 않으면 30초 이내에 잊힌다.

미국의 인지심리학자 조지 밀러(George A. Miller)는 1956년 「마법의 7숫자, 더하기 빼기 둘(The Magical Number Seven, Plus or Minus Two)」이라는 논문을 발표했다. 인간의 기억은 짧은 순간에 오직 7개(±2) 정도만 단기기억으로 유지된다는 내용이었다. 그의 주장은 학계에 큰 반향을 불러

일으켰다.

하지만 배들리(A. D. Baddeley)는 '매직 넘버 7'에 의문을 가지고 1996년 연구를 진행했다. 넬슨 코완(Nelson Cowan)도 2001년 단기기억을 연구했다. 그 결과 실제 단기기억 용량은 7개도 되지 않으며 미리 되뇌임 하지 않는 경우 4개 정도에 불과하다고 주장했다.

단기기억의 한 형태로 작업기억(working memory)이 있다. 작업기억은 인지적 과정을 순서대로 기억하여 실제적인 작업을 수행하게 하는 단기기억이다. 예를 들어 전화를 걸기 위해 전화번호를 순서대로 기억하는 것과 같은 경우다. 전화번호를 외웠는데도 자꾸 잊어버리는 것은 작업기억 능력이 약하기 때문이다. 그러나 금방 까먹었다고 해도 크게 실망할 필요는 없다. 어차피 작업기억의 지속력은 30초 이내다. 망치질하기, 요리하기 등 수많은 일상의 작업들은 작업기억에 의존한다.

단기기억은 정보를 묶는 방식으로 집단화시켜 정보량을 증대시킬 수 있고, 여러 방법을 통해 망각을 방지하거나 장기기억으로 저장되도록 할 수 있다. 단기기억은 단순한 임시저장고가 아니며, 주어진 정보를 효과적으로 처리하는 기능을 한다.

장기기억(long-term memory, LTM)은 뇌 속에 오랫동안 저장되어 있는 정보다. 단기기억에 있던 정보가 반복과 재구성을 통해 장기간 저장된다. 장기기억의 용량 자체는 거의 무한대다. 인간 뇌의 역량은 헤아릴 수 없다고 하므로 얼마든지 저장할 수 있다. 장기기억의 시간은 짧게는 몇 분, 길게는 수십 년 동안 지속된다.

장기기억은 단기기억에서 선별된 정보가 어떤 필요에 의해 활성화된 지식에 통합되어 장기기억으로 옮겨진다고 추론되고 있다. 그것은 의도적인 것일 수 있고, 무의식적인 것일 수 있다. 어느 날 문득 어렸을 때 살았던 마을의 풍경이 떠오르거나, 초등학교 때 배웠던 노래의 가사가 생각나 읊조린다면 그것은 모두 장기기억으로 처리된 것이다.

장기기억은 조직화와 군집화의 과정을 거쳐 저장된다. 뇌는 습득된 정보를 개념적 위계에 따라 공통적인 속성에 따라 다중기억모형으로 분류한다. 이처럼 정보를 개념적인 위계에 따라 조직화하면 장기기억으로의 전이가 향상된다.

군집화는 유사하거나 관련 있는 항목들을 묶음으로 무리지어 기억하거나, 서로 관련 없는 항목들을 자신에게 개인적인 의미를 가지는 특이한 유목으로 군집시켜 기억하는 방식이다. 또한 병원-의사-간호사처럼 서로 관련 있는 개념들을 연결고리를 따라 기억하는 의미적 그물(semantic network)의 과정도 있다.

예를 들어 보자. 음식을 먹을 때 일어나는 일이다. 우리가 음식을 먹을 때 혀는 맛을 느낀다. 혀는 맛의 정보를 뇌로 보낸다. 짜고 달고 시고 매운 맛의 정보를 뇌가 잠깐 기억하는 것은 감각기억이다.

이어서 뇌는 방금 먹었던 맛의 정보를 단기기억한다. 숟가락, 젓가락질의 작업기억도 동시에 이루어진다. 이때 단기기억은 방금 혀로 느낀 음식을 계속 먹을 것인지를 판단한다. 왜냐면 방금 먹었던 것을 단기기억하지 못하면 쓰거나 매워서 거부감이 생기는 음식을 계속 먹게 되는 일이 발생하기 때문이다. 그래서 뇌는 단기기억을 통해 싫어하는 음식은 '먹지 마라!'고 하고, 입맛에 맞는 음식에 대해서는 '계속 먹어도 된다!'

는 명령을 내린다. 작업기억은 젓가락질을 계속하게 한다.

식사는 끝났다. 만족스러운 식사였다. 식사가 끝난 후, 뇌는 방금 먹었던 음식과 식사를 제공한 식당을 계속 기억할 것인지 판단한다. 그래서 '기억하자!'는 판단을 내리면 장기기억의 저장고로 정보를 보낸다.

정보의 지속력은 알 수 없다. 오래 기억될 수도 있고, 며칠 후 망각할 수도 있다. 만약 기억이 오래 지속되면 상당 기간이 지난 후에도 '아! 예전에 맛있게 먹었던 음식, 그리고 그 식당!'의 장기기억을 떠올려 그 식당을 찾아가는 것이다. 그러므로 맛은 감각이 아니라 철저히 기억이라고 할 수 있다. 이와 같이 우리는 기억에 의존해 살고 있다.

기억의 인출은 제멋대로다

우리는 뇌 속에 저장된 정보를 수시로 꺼내어 쓴다. 잘 생각나지 않는 것은 기억의 단초를 회상하거나 연관된 것을 찾아내어 유추하려 애쓴다. 이처럼 우리가 필요로 하는 정보를 꺼내어 쓰는 과정이 기억의 인출(retrieval)이다. 기억은 뇌에 저장된 정보를 시간 속에서 유지한다. 인출은 뇌에 저장된 정보를 의식적 또는 무의식적으로 찾아서 사용하는 과정이다.

만약 뇌에 저장된 정보를 자유자재로 꺼내어 쓸 수 있다면 좋겠지만 현실은 그렇지 않다. 시험을 치르는데 애써 공부한 내용이 생각나지 않거나, 어제 만난 사람의 이름이 기억나지 않는다. '내가 머리가 나쁜가?' 이런 회의가 생기지만 누구에게나 있는 일이므로 걱정할 필요 없다.

천재 과학자 아인슈타인은 자기 집의 위치도 잊어버리곤 했다. 어느 날 연구소의 비서가 전화를 받았다.

"아인슈타인 박사가 사는 곳을 알려 주시오?"

"죄송합니다. 그것은 사생활이므로 연구소에서는 알려 드릴 수 없습니다."

"미안하지만 내가 바로 아인슈타인이요. 우리 집이 어딘지 잊어버렸소. 아무에게도 말하지 말고 좀 알려 주시오."

전화를 받은 연구소의 비서는 깜짝 놀라 차를 보내 아인슈타인을 집에 데려다 주었다 한다.

인출은 뇌에 저장된 특정한 기억을 상기해 내는 과정이다. 인출 방법으로는 회상(recall)과 재인(recognition, 再認)이 있다. 회상은 학습한 정보를 재구성해 내는 것이다. 재인은 학습한 정보들을 여러 정보들과 섞어서 제시하고 맞는 것을 골라내는 것으로 '맞춰보기'라 할 수 있다. 진위형(○×)이나 사지선다형 문제 형식이다.

기억을 인출하기 위해서는 인출 단서(retrieval cue)가 필요하다. 이는 기억 속에 있는 특정한 정보를 끄집어내는 것을 도와주는 자극이다. 배우가 영화 촬영 도중에 대사를 잊어버렸다. 그때 보조자가 대사의 한두 단어를 쓴 종이를 보여 주기만 해도 배우는 쉽게 대사를 떠올릴 수 있다. 맥락 단서는 어떤 사건이 일어났던 맥락으로 돌아가 기억의 인출을 돕는다. 부호화는 정보를 부호(encoding)처럼 기억하여 인출한다. 환경이나 정서가 일치할 때 인출이 원활해지는 정서일치효과도 있다.

인출과 관련된 재미있는 실험이 있다. 영국 스털링대학교(University of Stirling)의 심리학자 고든(D. R. Godden)과 배들리(A. D. Baddeley)는 1975년 기억 인출에 관한 잠수 실험을 했다.

실험은 두 집단으로 나누어 이루어졌다. 한 집단은 땅 위에서 38개의 단어를 외우도록 했다. 다른 한 집단은 잠수 장비를 착용한 후 18피트 아래의 바닷물 속에서 역시 38개의 단어를 외우게 했다. 그 후, 두 집단을 절반으로 나누어 각각 물과 땅 위에서 외운 단어를 기억해 보라고 했다.

그 결과 놀라운 일이 일어났다. 실험참가자들은 같은 장소에서 외운 단어를 기억하도록 했을 때 더 잘 기억했다. 즉, 땅에서 단어를 외운 사람들은 물속보다 땅에서 단어를 더 잘 기억해 냈다. 물속에서 단어를 외운 사람들은 땅보다 물속에서 훨씬 잘 기억해 냈다. 학습할 때와 인출할 때의 상태가 일치하면 인출이 훨씬 원활해지는 부호화 특수성의 원리가 증명된 것이다.

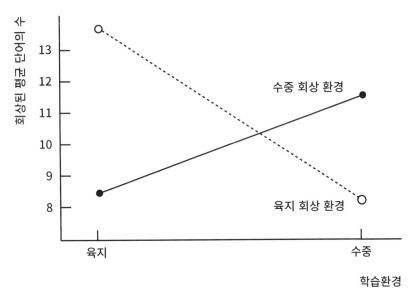

D. R. Godden & A. D. Baddeley의 연구(1975)

기억은 통째로 저장되지 않는다. 뇌는 효율적 정보저장을 위해 분절된 방식으로 나눠 놓았다가 필요한 때가 되면 끄집어내서 재구성하는 방식을 취한다. 이것이 기억의 재구성인데 뇌는 저장된 정보를 단순 조합이 아니라 능동적으로 다시 구성한다. 이 과정에서 왜곡과 변형이 일어날 수 있다. 기억의 인출은 입력(input)과 산출(output)이 정확하게 일치하지 않는다. 무엇이 입력되는지 잘 모르고, 또한 무엇이 저장되어 있는지 모른다. 그중 무엇이 인출될지도 모른다. 그러므로 기억의 인출은 제멋대로다. 무수한 정보가 기억나지 않고, 뜻밖의 기억이 뛰쳐나온다.

기억의 인출을 원활하게 하려면, 즉 기억력을 높이려면 의도적인 훈련이 필요하다. 우리 뇌의 신경세포와 신경세포는 시냅스로 연결되어 있다. 신경세포끼리는 화학신호를 통해 정보 전달이 이루어진다. 자주 사용되는 신경세포 경로는 시냅스가 강력해진다. 자주 다니는 길이 넓어지는 것과 같은 원리다. 이렇게 되면 신경세포 사이의 정보 전달이 강력해지므로 기억의 인출이 쉬워진다. 그러므로 기억력과 인출 능력을 향상하려면 반복과 잦은 회상, 재인의 연습이 필요하다.

그리고 뇌는 망각한다

요리를 하기 위해 부엌의 가스레인지를 켜고 냄비를 올려놓았다. 가스 불 위의 내용물이 끓기를 기다리다 잠깐 안방의 TV에 눈이 팔렸다. '가스 불, 가스 불, 잊지 말자 가스 불' 이렇게 되뇐다. 하지만 "어머, 어머, 저건 말도 안 돼. 어찌 저런 일이?" 풍덩 TV 드라마에 빠져들었다. 어느새 가스 불은 잊은 지 오래다.

그렇게 한참 지났는데 뭔가 타는 냄새가 진동한다. "아니 누구네 집에서 뭘 태우나?" 잠시 그런 생각을 했지만 다시 TV 드라마에 빠져든다. 냄새는 더욱 심해지고 뭔가 이상하다. "아차차! 내 정신 좀 봐! 냄비, 냄비." 그때야 번득 가스 불이 생각난다. 문을 열자 부엌은 화재 발생 일보 직전이다.

누구나 한번쯤 경험했던 일이다. 왜 이런 일이 발생하는 것일까? 가스 불이라는 매우 위험한 신호에 계속 주의집중하면서도 한편으로는 순식간에 까마득히 잊어버리고 마는 이런 사례는 왜 계속 반복되는 것일까?

그것은 바로 망각(forgetting) 때문이다. 예전에는 망각이 기억이 사라지는 것이라고 여겼으나 인지심리학이 발달한 후에는 망각을 인출의 실패로 규정하고 있다.

학생들은 시험을 잘 보기 위해 밤새워 공부한다. 그런데 시험을 볼 때 답이 생각나지 않아 틀리고 만다. 시험이 끝난 후, 누군가 작은 단서를 이야기하자 "아차!" 하며 정답이 금방 생각난다. 이 경우 기억된 정보가 완전히 사라져 버린 것이라면 정답 자체가 아예 생소할 것이다. 그런데 단서를 제공하자 정답인 기억된 정보가 즉시 생각났다. 그때서야 기억이 인출된 것이다.

인출이론에 따르면 일단 저장된 정보가 사라져 버리는 일은 거의 없다. 그러나 인출이 되지 않는 것은 그 정보가 가용한 상태에 있지만 정보에 접근하는 경로를 찾지 못했기 때문이다. 시냅스의 연결 신호가 교란되어 정보에 접근하지 못하는 것이다. 그래서 기억나지 않는다.

"예전에 만났던 사람이 분명한데 누구지?" "지갑을 어디에 두었더라?" 이처럼 머릿속에 기억이 있기는 한데 잘 생각나지 않아 답답한 경우가 있다. 이런 현상은 뇌 속에 기억된 정보가 저장 방법 혹은 인출 방법에

문제가 있어 인출이 되지 않기 때문이다. 이
것이 인출실패이론(retrieval failure theory)이
다. 기억으로 저장되어 있더라도 어떤 원인
으로 인해 제대로 인출되지 않는 상황이 망
각이라는 것이다.

Hermann Ebbinghaus

　망각에 관한 가장 오래된 연구는 '에빙
하우스의 망각 곡선'이 있다. 독일의 심리학
자 헤르만 에빙하우스(Hermann Ebbinghaus,
1850~1909)는 의미가 없는 철자(nonsense
syllables, 예를 들어 'fjisd')를 가지고 기억 연구를 실시했다. 그는 스스로 피
험자가 되어 약 2,300개의 단어를 가지고 실험하기도 했다. 1885년 실험
결과를 「기억에 관하여」라는 논문으로 발표했다.

　실험에 의하면 학습 후 10분 후부터 망각이 시작되며, 1시간 뒤에는

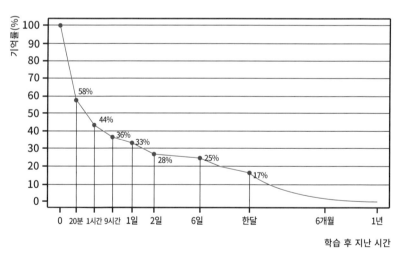

에빙하우스의 망각 곡선

56%, 하루 뒤에는 67%, 한 달 뒤에는 83%를 망각하게 되었다. 아울러 무의미한 철자를 반복해서 암기할수록 더 빨리 기억해 낼 수 있다는 것을 알았다. 암기하는 데 가장 많은 시간을 들인 철자는 천천히 망각했다. 그의 연구 결과는 심리학계에서 기억과 망각 연구의 원형으로 크게 공헌했다.

그렇다면 망각은 왜 일어나는 것일까? 1800년대 후반과 1900년대 초반까지 망각의 원인에 대해서 두 개의 이론이 제시되었다. 쇠퇴(decay)와 간섭(interference) 이론이다.

쇠퇴이론(trace decay theory)은 에빙하우스의 망각 실험에서 비롯되었다. 가장 오래된 이론으로 시간이 지날수록 기억이 희미해져 잊게 된다는 것이다. 쇠퇴이론에 따르면 기억은 뇌세포에 어떤 변화를 일으켜 기억의 흔적(memory trace)을 남기게 되는데, 이 흔적을 사용하지 않으면 비석에 새겨진 글자가 뭉개지듯이 시간의 경과에 따라 점차 희미해지고 결국은 사라진다는 것이다.

미국 심리학자 에드워드 손다이크(Edward Thorndike, 1874~1949)는 1914년 『학습심리학』이라는 책을 통해 기억을 사용하지 않을 경우 시간이 지남에 따라 기억 흔적이 소멸된다고 밝혔다. 이후 최근까지도 많은 연구가 이루어지고 있다.

그렇다면 모든 기억의 흔적들은 동일한 시간이 경과하면 언제나 동일한 양의 소멸이 일어나는가? 그렇지 않다. 어떤 기억은 오래 남아 있고, 어떤 기억은 순식간에 사라진다. 그래서 간섭이론(interference theory)이 주장되었다. 자주 사용하는 인터넷 사이트의 비밀번호를 바꿨다. 그런데 자꾸 옛 비밀번호를 입력하게 된다. 이처럼 망각이 시간의 함수가 아니라 어떤 간섭 때문에 일어난다는 것이다. 독일의 심리학자 존 A. 베르그스트롬(John A. Bergström)은 1892년 두 묶음의 단어카드를 순서를 바꿔 정렬하는 실험을 통해 기억 간섭에 관한 최초의 연구를 수행했다.

기억에 간섭하는 것은 시간 순서에 따라 두 가지가 있다. 먼저 습득한 정보가 나중에 습득한 정보에 영향을 미치는 순행간섭과, 반대로 나중에 습득한 정보가 이전 정보에 영향을 미치는 역행간섭이 있다. 간섭이론은 시간의 흐름이 기억의 쇠퇴를 일으키기보다 계속 습득되는 정보와 뇌 활동이 기억의 인출에 간섭을 미침으로써 망각이 발생한다는 이론이다.

뇌는 기억하고 싶은 것만 기억한다?

쇠퇴와 간섭, 이 두 가지 이론으로 망각이 충분히 설명될까? 마지막으로 동기적 망각이론(motivated forgetting theory)이 있다. 우리가 기억하고 싶지 않은 것들, 싫어하거나 고통스러운 것, 불쾌한 사람, 맛없는 감각기억 등을 의도적으로 잊어버린다는 것이다.

이는 프로이트의 정신분석학에서 비롯된 것으로 회피하고자 하는 기억은 회상하지 않으려는 무의식적 동기에 의해 억압이 일어남으로써 망각이 유발된다. 즉, 기억하고 싶지 않은 것은 무의식적으로 기억하지 않으려 하는 것이다. 이는 지금까지의 이론과 달리 매우 주관적이다. 인간의 뇌는 생존을 위해 매우 적절하게 세팅(setting)되어 있는 셈이다.

하지만 공포·고통·경악·슬픔 등 잊고 싶은 기억이 자꾸 생각나는 사례가 있다. 잊고 싶은 것은 빨리 잊어야 하는데 그게 잘 되지 않는 경우다. 이는 흔히 트라우마(trauma)라고 불리는 외상 후 정신장애다. 너무나 커다란 충격이 뇌에 깊이 각인되어 거의 영구적인 정신장애를 남기는 상태로 당시 사건을 반복해서 생각하게 됨으로써 불안·공포·악몽에 시달린다. 비슷한 상황에 놓이는 것을 극도로 싫어하며 과도한 반응을 보인다. 트라우마는 동기적 망각의 예외로 반드시 정신치료가 필요하다.

또한 망각은 두뇌 회전이 잘되도록 뇌를 깨끗하게 비워 주는 청소부 역할도 한다. 잠을 잘 때 정보를 분류하고 불필요한 정보를 지워 버림으로써 새로운 정보를 받아들일 준비도 한다.

이밖에도 기억과 망각에 관한 많은 이론이 있다. 최근 뇌과학 연구가 크게 진보하였지만 인간의 기억 메커니즘을 완전히 설명하지는 못하고 있다. 인간 뇌는 아직도 우주만큼이나 알 수 없는 미지의 영역이기 때문이다.

집중은 기억력을 높여 준다

기억력은 단순한 정보의 저장능력이 아니다. 기억력은 정보를 잘 분류해 저장하고, 유효적절하게 꺼내어 쓰고, 문제를 효율적으로 해결하는 능력이다.

기억력이 뛰어나면 좋을까? 그렇다. 치열하게 전개되는 현대 경쟁사회에서 뛰어난 기억력은 우월성이 될 수 있다. 공부나 일을 하는데 이해력이 떨어지거나 습득한 지식과 정보를 기억하는 능력이 부족하다면 성과를 올리기 어려운 것은 당연하다. 이해력은 기억력에 바탕을 두고 있다. 이해력이란 먼저 취득한 정보를 바탕으로 나중에 습득하는 정보를 판단하는 것이다. 그러므로 이해력과 기억력은 한 몸처럼 동시에 작동한다.

현대사회는 엄청나게 많은 시험이 있다. 시험을 잘 보기 위해서는 공부한 것을 잊지 말아야 하는데 이때 기억력이 뛰어나면 훨씬 유리하다. 비단 시험을 잘 보기 위해서 뿐만이 아니라 일을 하는 데도 기억력은 매우 중요하다. 회사에서 업무를 처리하거나 생산 현장에서 작업을 할 때 꼭 기억해 두어야 할 사항을 잊어버린다면 심각한 문제에 직면할 수 있다. 업무상 과실로 막대한 손해를 끼치거나 안전사고 등을 일으켜 치명적인 피해를 입을 수 있다. 일상생활에서의 기억력도 매우 중요하다. 기억력이 떨어지면 매우 불편하고 여러 가지 손실을 겪을 수 있다.

기억력이 현저히 저하되고 집중력도 떨어질 때는 뭔가 정신적·신체적 문제가 있기 때문이다. 심한 정신적 충격과 과도한 스트레스는 기억력을 감퇴시킨다. 고민이나 걱정으로 인한 혼란스러운 심리적 상태도 기억을 깜박깜박하게 한다. 신체적으로 비타민과 미네랄이 부족할 경우 기억력과 집중력에 문제가 생긴다. 갑상샘 기능저하로 호르몬 분비량이 적어지면 신체대사가 둔해지고 뇌의 혈류와 뇌세포 기능이 떨어져 기억력이 감퇴한다.

해마가 작을 경우 기억력에 문제가 발생한다는 연구 결과도 있다. 네덜란드 라드바우드대학 프랭크에릭 데 레이위 박사팀의 연구에 따르면 해마의 크기가 작은 사람은 큰 사람보다 기억력에 문제가 더 많았다. 치매에 걸리지 않은 50~85세 남녀 500명을 대상으로 뇌 부피를 분석한 결과, 기억력과 집중력에 문제가 있다고 답한 사람의 뇌 부피는 정상인 사람의 약 94%에 머물렀다. 해마의 크기가 기억력에 영향을 미친 것이다.

노화가 진행되면 뇌의 크기가 작아지고, 뇌세포의 활성도가 낮아져 기억력이 전반적으로 감퇴한다. 정상인의 경우에도 신체의 건강 정도가 기억력과 집중력에 막강한 영향을 미친다. 정신과 신체의 건강은 뇌기능 유지에 필수적이다.

그렇다면 기억력을 향상하기 위해서는 어떤 노력들이 필요할까? 많은 연구 결과를 토대로 그 방법을 제시해 본다.

1) 머리를 더 써라

우리 신체의 각 기관은 쓰면 쓸수록 좋아진다. 쓰지 않으면 퇴화한다. 뇌 기능도 마찬가지다. 우리 몸에는 노화를 촉진하는 물질이 있다. 미국 예시바(Yeshiva)대학교 알버트 아인슈타인 의과대학 카이 박사(Dr. Cai) 연구팀의 연구(2013년)에 따르면 뇌의 시상하부 안에 존재하는 특정 물질이 노화를 촉진하거나 지연시킨다. 쥐의 시상하부 안에 존재하는 신호 전달 물질인 NF-kB를 추적한 결과 이 물질의 활동을 억제시키면 쥐가 평균보다 약 20% 오래 살았다.

불포화지방산이 활성산소를 만나면 과산화지질이 발생한다. 과산화지질이 단백질과 결합하면 리포푸스친(Lipofuscin)이라는 노화물질이 발생하는데 머리를 쓰지 않으면 이 물질이 증가하여 뇌세포를 둔화시킨다. 시냅스의 활동도 둔해져 기억의 저장 능력이 약해진다.

평소의 독서 습관은 아주 좋은 두뇌 훈련이다. 낱말풀이, 퍼즐, 바둑, 장기, 체스 등의 두뇌게임도 뇌기능을 향상한다. 새로운 학습도 기억력 향상에 큰 도움이 된다. 새로운 외국어 학습을 할 경우 뇌가 활성화되고 기억력이 좋아진다는 연구가 있다. 바느질이나 뜨개질도 건망증 치료에 활용되고 있다. 기억력을 향상하기 위해서는 늘 새로운 것을 배우고 공부하는 자세로 살아야 한다.

2) 반복학습하라

학습 기억력을 최고로 높이는 지름길은 단연 반복학습이다. 반복한다는 것은 패턴에 익숙해진다는 것이다. 패턴을 반복하여 각인을 시도한다. 또한 해마에 저장된 정보를 회상과 재인을 통해 반복적으로 끄집어내어 재구성한다. 반복을 계속하면 단기기억이 장기기억으로 전환된다. 장기기억으로 저장된 정보는 어떤 인출 단서가 제공되면 손쉽게 재구성할 수 있다.

반복은 단순하지만 기억력을 향상하는 최선의 방법이다. 기억 저장을 반복할 때는 눈으로 보고 읽는 방법이 기본이지만 입으로 중얼거리는 것이 효과적이다. 뇌는 청각으로 습득되는 소리에 더 주의를 기울이고 집중하기 때문이다. 나아가 손으로 쓰면서 반복학습을 하는 것이 더 효율적이다. 감각기억을 모두 동원하여 적극적인 기억 행위를 하면 뇌는 활성도를 높이면서 저장력을 강화한다. 이와 같이 입으로 중얼거리고 손으로 쓰면서 반복학습을 하면 훨씬 더 잘 기억할 수 있다.

3) 기억력에 좋은 음식을 먹고, 적게 먹어라

기억력에 좋은 음식이 분명 있다. 우리 몸은 신체 전체가 유기적으로 연결되어 있는 통일체이기 때문에 신체가 건강해야 정신이 건강하다. 신체가 건강하지 않으면 주의집중이 안 된다. 몸의 이상 신호가 있는 부위, 즉 아픈 곳으로 자꾸 신경을 쓰게 된다. 손톱 밑에 가시 하나만 박혀도 온통 그곳에 정신이 쏠린다. 두통이 생기면 주의집중과 장기기억은 기대하기 어렵다. 신체의 이상신호는 집중력 저하, 정서 불안정을 유발하여 기억력을 떨어뜨린다.

뇌에 필요한 충분한 영양분을 공급하는 것도 매우 중요하다. 뇌는 포도당(glucose)을 주 에너지원으로 사용한다. 포도당은 탄수화물의 소화작용을 통해 신체에서 생성된다. 일반적으로 탄수화물은 몸에 좋지 않다고 알려져 있지만 절대 그렇지 않다. 탄수화물을 섭취하지 않으면 우리 몸을 지탱할 수 없다. 특히 뇌에게는 포도당을 생성시키는 탄수화물이 필수적이다. 탄수화물을 포도당으로 만드는 비타민 B도 필수적이다. 비타민 B는 현미, 보리, 간 등에 많다. 비타민 C는 피로도를 낮추고 뇌를 활성화한다.

단백질과 지방도 중요하다. 뇌에 필요한 불포화지방산을 생성하게 해준다. 칼슘은 집중력과 기억력을 높이고 과잉행동을 통제한다. 칼슘이 부족하면 산만해질 우려가 있다.

무엇보다 뇌기능을 둔화시키는 활성산소의 발생을 억제해야 한다. 활성산소는 노화의 직접적인 원인이 된다. 활성산소를 억제하기 위해서는 녹황색 채소와 과일, 마늘 등 항산화물질이 많이 들어 있는 음식을 섭취하는 것이 좋다. DHA가 많이 함유된 등푸른 생선과 견과류도 뇌에 좋다. 반면 과도한 당분 섭취는 혈당을 증가시켜 해마의 기능을 떨어뜨리므로 줄여야 한다.

가장 중요한 것은 균형 잡힌 영양분의 공급이다. 신체는 어느 것 하나만 부족해도 이상이 생긴다. 특히 비만과 과식은 뇌기능과 기억력의 가장 큰 적이다. 비만이 유발하는 각종 질병은 인지능력에 커다란 손상을 줄 수 있다.

4) 충분한 수면을 취하라

잠은 인간의 몸과 정신을 리셋(reset)한다. 하루 동안 쌓인 신체적·정신적 피로를 최대한 제거하고, 분류 저장하고, 새로운 활동을 받아들일 바탕화면을 만든다. 잠을 자는 동안 뇌는 해마와 내측 전전두피질(prefrontal cortex)에서 하루에 습득한 정보들을 빠르게 재생해 본다. 이를 통해 습득한 정보를 분류하고, 불필요한 정보는 삭제하고, 꼭 필요한 정보는 장기기억으로 저장한다.

그러므로 충분한 수면을 취하지 않으면 정보의 분류와 저장작업이 교란된다. 정보가 뒤섞이거나 사라져 버린다. 충분히 자지 않으면 집중력이 떨어져 낮에 졸게 된다. 뇌가 자꾸 '쉬어 달라, 쉬어 달라'고 요구하는 것이다. 수업시간에 꾸벅꾸벅 졸고, 회사에서 일하다 책상에 머리를 박는다. 운전을 하다 졸아서 큰 사고를 내기도 한다.

오래 잔다는 것이 충분한 수면은 아니다. 너무 오래 자면 오히려 수면 피로가 생긴다. 충분한 수면은 '질 좋은 수면'을 의미한다. 잠은 일반적으로 논렘수면(non- REM sleep)과 렘수면(REM sleep)으로 나뉜다. 논렘수면은 깨어 있는 상태에서 서서히 잠드는 상태다. 수면의 깊이가 증가함에 따라 뇌파의 주파수는 감소한다. 렘수면은 몸은 자고 있으나 뇌는 깨어 있는 상태의 수면이다. 렘수면에 이르면 눈이 빠르게 돌아가는 급속 안구운동(rapid eye movement)이 일어나는데 이에서 따온 말이다. 대부분의 꿈은 렘수면 상태에서 일어난다.

잠을 자면 논렘수면과 렘수면이 교대로 일어난다. 질 좋은 수면은 렘수면이 전체의 20%를 넘지 않아야 한다. 렘 수면량이 증가하면 꿈을 많이 꾸게 되고 뇌가 쉬지 못한다. 몸의 근육도 꿈에 따라 긴장하면서 피로가 잘 풀리지 않는다.

따라서 기억력과 집중력을 높이기 위해서는 질 좋은 수면이 절대적으로 필요하다. 성인의 적정 수면시간은 하루 7~8시간으로 알려져 있다.

5) 운동을 하고, 숲을 걸어라

운동이 뇌건강에 좋다는 수많은 연구 결과가 있다. 운동을 하면 뇌로 가는 혈액량이 증가하고 산소가 더 많이 공급되어 뇌가 활성화된다. 뇌의 신경전달물질과 호르몬 분비가 원활해지면서 신경세포의 성장이 촉진된다.

연구에 의하면 유산소 운동을 1년간 꾸준히 한 사람들은 앞쪽 해마가 2% 증가한 것으로 나타났다. 독일의 연구에 따르면 정원 가꾸기와 같은 적당한 운동을 즐기는 노인들은 인지장애를 겪을 가능성이 반으로 줄어들었다. 걸어서 학교에 등교하는 아이들은 자동차로 이동한 아이들보다 집중력이 뛰어나고 시험성적이 더 좋다는 연구 결과도 있다.

캐나다 토론토 베이크레스트 로만연구소의 버만(Dr. Marc Berman) 박사가 미국 미시건대학교, 스탠포드대학교와 공동으로 연구(2008년)한 결과에 따르면 숲을 걷는 것이 기억력 향상에 큰 도움이 되었다.

연구팀은 피실험자를 두 그룹으로 나눠 한 그룹은 한적한 숲길을, 다른 그룹은 도심지역을 각각 한 시간씩 걷게 했다. 그 결과 숲길을 걸었던 사람들의 단기 기억력이 약 20% 향상되었다. 그러나 도심지역을 걸었던 사람들은 효과가 없었다. 숲길은 조용하여 정신을 집중할 수 있었지만, 도심은 시끄러운데다가 차량 등을 피하기 위해 계속 신경을 써야 했기 때문에 기억력과 집중력 향상 효과가 없었던 것이다.

규칙적인 운동은 신체 건강뿐만 아니라 기억력과 집중력 향상에 도움이 된다. 오래도록 건강하고 명료한 정신을 가지려면 운동을 해야 한다.

6) 멀티태스킹을 하지 마라

배들리(A. D. Baddeley)와 넬슨 코완(Nelson Cowan)은 오랜 연구 끝에 인간이 한 번에 기억할 수 있는 정보의 용량이 4개 정도인 것을 밝혀냈다. 그런데 보통 사람에게는 4개도 많다. 동시에 4개를 기억하려면 계속 되뇌임을 해야 한다. 그렇게 반복을 한다 할지라도 이내 잊어버린다.

연구에 따르면 한 개의 정보를 기억하는 데는 약 8초의 시간이 걸린다고 한다. 4개를 동시에 기억하려면 8초를 병렬화시켜서 잊지 않아야 한다. 시간상으로도 매우 어려운 일이다. 8초 동안 분명 한두 개는 까먹기 마련이다.

천재가 아니라면 여러 가지 일을 동시에 하는 이른바 '멀티태스킹'은 기억력을 떨어뜨린다. 아침에 출근할 때를 생각해 보라. 회사에 빨리 출근할 생각으로 정신없이 옷을 입으며, 서류가방을 챙기고, 열쇠를 들고 나간다. 그러다가 지하철역에 와서야 지갑을 놓고 온 사실을 깨닫는다. 낭패다. 다시 집에 돌아가야 한다. 빨리 가려다 더 늦어 버렸다. 이번에는 호주머니를 뒤져보니 핸드폰도 두고 나왔다. 스스로가 한심스럽다.

누구나 한 번씩은 겪는 일이다. 여러 가지 일을 한꺼번에 하려다 보니 두서없고 정작 중요한 항목들을 빼먹고 말았다. 이유는 단 한 가지, 우리 뇌는 멀티태스킹을 좋아하지 않기 때문이다. 기억력을 높이려면 한 번에 한 가지 일에 집중해야 한다.

7) 기억을 돕는 방법을 적극 활용하라

인간 뇌의 용량은 무한대에 가깝다고 한다. 하지만 인간의 기억은 한계가 있다. 인간 뇌에는 자동 청소기능이 있다. 망각을 통해 기억을 자꾸 지우기 때문이다. 따라서 일부러 무엇인가를 기억하려 한다면 의식적인 노력이 필요하다.

예를 들어 랜덤한 무작위의 숫자를 기억해 보자. '47892'라는 숫자가 있다고 가정해 보자. 몇 번씩 반복해 보지만 10분도 못 가서 잊어버리고 만다. 그런데 이 숫자를 '네 개의 철판구이'라는 문장으로 만들어 기억하면 신기하게도 더 오래 기억할 수 있다. 회상의 인출 단서를 제공하는 것이다.

이처럼 특정 숫자나 단어 등을 외울 때는 비슷한 인출 단서를 제공하는 연상기법이 효과가 있다. 우리나라 철도청(KORAIL)의 통합 콜센터 전화번호는 '1544-7788'이다. '7788'은 증기기관차가 달리면서 내는 소리 '칙칙폭폭'을 숫자화한 것이다. 치과의원들은 '2875'라는 번호를 좋아한다. '이빨치료'를 연상하기 때문이다.

두문자(頭文字, initial)를 활용하기도 한다. '태정태세문단세…'는 국민 이니셜이다. 조선시대 역대 왕의 계보를 외우기 쉽게 만든 것이다.

또한 우리 뇌는 감각과 감정이 담긴 것, 이야기를 좋아한다. 초등학교 때 배운 많은 지식들은 기억나지 않지만 '학교종이 땡땡땡~~' 노래는 아마 죽을 때까지 기억하고 있을 것이다. 국어 교과서의 많은 단원이 전혀 기억나지 않지만 '나무꾼과 선녀'의 스토리 전개과정은 소상하게 기억한다. 이야기의 맥락으로 연결되어 맥락 단서를 제공하기 때문이다.

이처럼 다양한 연상기법을 활용하면 장기기억을 더 향상할 수 있다.

8) 음주, 흡연을 하지 마라

술이 기억력과 집중력을 떨어뜨린다는 것은 모두가 아는 사실이다. 술의 주성분은 물(H_2O)과 에탄올(ethanol, CH_3CH_2OH)이다. 에탄올은 에틸알코올이라고도 하며 줄여서 알코올이라 하면 술을 지칭한다. 일단 체내에 알코올(에탄올)이 유입되면 대뇌의 제어기능이 억제되어 흥분 상태가 된다. 흥분되므로 말이 많아지고 즐거워진다. 이어서 중추신경이 억제되면서 언어장애가 오면서 말이 꼬이게 되고, 비틀거린다. 감정을 조절하는 중추가 억제되면 갑자기 화를 내거나 울기도 한다.

알코올 성분이 뇌세포에 퍼져 있는 동안에는 갑자기 많은 생각이 떠오르기도 하지만 그것은 해마가 비정상적으로 작동되고 있다는 증거다. 입력-저장-인출 작용이 뒤죽박죽되어 제멋대로이기 때문에 정상적인 기억 활동이 이루어질 수 없다.

과도한 음주는 기억의 일부분이 사라지는 '블랙아웃(Black out)' 현상을 유발할 수 있다. 흔히 '필름이 끊겼다'고 말하는 현상이다. 이는 해마가 알코올에 마비되어 단기적 기억장애가 발생한 것이다. 그 상태가 되면 정보의 입출력이 불가능해져 자신의 행동이 기억나지 않는다. 뇌 속의 알코올 농도가 낮아지면 다시 해마가 작동하지만 '만취-블랙아웃' 상태의 일은 깜깜하다. 블랙아웃이 반복되면 뇌에 영구적인 손상을 줄 수 있다. 이는 알코올성 치매로 발전한다. 이처럼 알코올은 기억력과 집중력에 치명적이다.

담배도 기억력에 악영향을 끼친다. 담배의 유해성분은 4,700여 가지에 달한다. 그중 대표적인 것이 니코틴·타르·일산화탄소 등이다. 니코틴은 강한 중독성을 가지고 있으며, 너무 많이 피우면 구토·현기증·두통을 일으킨다. 담배 연기의 일산화탄소는 산소 결핍을 유발하여 중추신경계의 기능 둔화와 기억력을 감퇴시킨다.

흡연은 점진적으로 뇌세포에 손상을 준다. 그러므로 담배를 오래 피울수록 지능을 더 많이 잃게 된다. 기억력을 높이려면 술과 담배를 멀리해야 한다.

이밖에 기억력과 집중력을 높이기 위해서는 비발디나 바흐의 음악을 듣는 것이 도움이 된다는 연구도 있다. 미국 스탠포드 의과대학의 연구에 따르면 후기 바로크 음악은 집중력을 향상시키고 단기기억력을 개선시키는 것으로 나타났다. 그러나 헤비메탈처럼 시끄럽거나 혼란스러운 음악은 기억력과 집중력에 큰 장애가 된다. 따라서 음악을 들으며 공부나 일을 하는 것은 금해야 한다.

기억력보다 집중력에 주력하라

기억력을 향상하는 방법은 집중력과 깊은 관련이 있다. 집중력과 기억력은 동시에 작용하기 때문에 한 몸과 같다. 집중을 하면 기억이 오래간다. 집중력이 높으면 기억력도 향상된다. 집중과 반복을 통해 오래 기억하려는 노력을 기울이면 기억력이 좋아진다.

그러나 기억력이 좋다고 꼭 집중력이 뛰어난 것은 아니다. 기억력은 좋지만 산만하고 집중하지 않는 사람도 매우 많다. 즉 집중력≧기억력의 식이 성립하는 것이다.

기억력은 의도적인 노력과 생활 습관의 변화를 통해서 분명 향상할 수 있다. 하지만 망각은 자연스러운 것이다. 억지로 기억하려고 해도 잊어버리는 것은 할 수 없다. 뇌는 어떤 필요에 의해서 망각을 진행시키고 새로운 정보를 받아들일 준비를 한다. 그런 과정을 거쳐 생기를 되찾는다(refresh). 뇌가 활성화되어야 새로운 정보를 원활하게 받아들이고 합리적으로 판단한다. 질병 수준의 건망증이 아니라면 망각을 걱정할 필요는 없다.

지금까지 기억의 메커니즘과 집중력에 대해 이야기했지만 필자는 기억력보다는 집중력 향상에 더 노력해야 한다고 본다. 너무 기억에 의존하려 하지 말고 집중력을 높이는 데 힘써야 한다. 왜냐면 기억력은 시간 속에서 한계가 있기 때문이다. 만약 기억력이 떨어진다면 다양한 보완책을 마련할 수 있다. 습관적으로 메모를 한다. 메모(memorandum)는 기억의 인출 단서를 제공한다. 첨단으로 발전하고 있는 컴퓨터, 스마트폰 등의 저장장치에 효율적으로 저장하는 것도 방법이다.

기억력은 각인이고 집중력은 습관이다. 기억력은 보완할 수 있지만 한 번 잘못 길들여진 집중력 부족의 습관은 고치기 어렵다. 세 살 습관이 죽을 때까지 이어진다. 어떤 목표를 달성하기 위해서는 집중력과 문제해결 능력이 더욱 중요하다.

5. 단기집중력과 장기집중력

　집중력에는 단기집중력과 장기집중력이 있다. 단기집중력은 100미터 단거리 선수와 같다. 제한된 시간 내에 모든 자원을 총동원하여 몰입한다. 장기집중력은 마라톤 선수와 같다. 자신이 가진 자원을 적정하게 분배하여 투입하고 스퍼트(spurt)하여 목표에 도달하고자 한다.

　신문기자들은 매일 마감에 쫓긴다. 조간신문 원고 마감시간인 오후 4시가 임박해 오면 기사를 작성하기 위해 엄청난 집중력을 발휘한다. 난장판 같은 상황 속에서도 기사를 작성하여 송고한다. 만약 그날 중요한 기사를 작성하지 못해 낙종(落種)이 되거나 면을 채우지 못하면 회사로부터 엄청난 질책을 받는다. 그런 일이 잦으면 잘릴 수 있다. 이런 직업환경 때문에 신문기자들은 단기집중력의 전문가들이다.

　과학자들은 하루 이틀 사이에 결론을 내리지 않는다. 연구 주제 선정에서부터 연구 설계, 실험, 검증과 재검증을 거쳐 확실한 성과가 도출되었을 때 결론을 내린다. 그 과정이 짧게는 1년에서부터 길게는 평생에 걸쳐 이루어진다. 평생의 연구가 성과 없이 끝나는 경우도 비일비재하다. 괄목할 만한 성과를 올렸거나 큰 상을 받은 과학자들은 대부분 "그런 발견을 할 수 있었던 것은 행운이었다."라고 이야기한다. 진정한 과학자들은 장기집중력의 대가들이다.

　단기집중력은 단편소설 작가와 같다. 200자 원고지 70~80매 내외 분량에서 하고 싶은 이야기를 최대한 압축하여 표현한다. 계곡에서 쏟아져 내리는 폭포처럼 시선을 붙들어 매면서 독자를 압도한다.

장기집중력은 장편·대하소설 작가와 같다. 산과 마을을 돌아 굽이굽이 흐르는 강처럼 유장하게 이야기를 끌고 나간다. 한 페이지를 읽으면 다음 페이지를 읽지 않을 수 없고, 그렇게 이야기가 전개된다. 이처럼 둘은 각각의 특징이 있다.

단기집중력은 시간과의 싸움이다

단기집중력은 용어 자체에서 알 수 있듯이 짧은 시간 내에 얼마나 높은 성과를 올릴 수 있느냐에 초점을 두고 있다. 짧은 시간이라 함은 제한된 시간을 의미한다. 신문기자의 마감시간, 은행의 1일 결산 마감, 제조업체의 1일 생산량 달성, 학생들의 중간·기말시험 대비. 이런 것들이 단기간에 성과를 올려야 하는 과제들이다.

은행에서는 오후 6시까지 1일 결산을 해야 한다. 오후 4시까지는 창구에서 고객을 맞이하느라 정신이 없다. 창구를 마감하고 결산하는 데 2시간이 주어진다. 이 시간 동안에 최대한 정확하게 결산하여 데이터를 넘겨야 한다. 요즘은 전산이 실시간으로 작동하여 자동 결산되지만 만약 오류가 발생하여 결산이 늦어지면 질책을 듣거나 여러 가지 불편한 상황이 발생한다. 야근을 할 수도 있다. 이 때문에 마감을 위하여 최대한의 단기집중력을 발휘한다.

시험이 앞으로 3일 남았다. 세 과목을 공부해야 한다. 하루에 한 과목씩 공부하기로 한다. 오늘은 국어, 내일은 영어, 모레는 수학. 이렇게 계획을 세웠다. 만약 계획대로 실천하지 않으면 좋은 점수를 기대하기 어럽다. 좋아하는 게임도 잠시 접기로 한다. 한마디로 벼락치기다.

벼락치기 공부가 꼭 나쁘다고만 할 수 없다. 누구나 항상 집중력을 발휘할 수 없는 일이다. 그렇게 항상 긴장감을 유지해야 한다면 스트레스로 인해 쓰러질 수 있다. 과제에 질려서 아예 포기해 버릴 수 있다. 그러므로 긴장(tension)과 이완(relaxation)이 적절하게 안배되어야 한다. 벼락치기 공부는 평소에 느슨하게 이완되었다가 갑작스럽게 몰아치기를 하는 경우인데 가장 중요한 두 가지 요소는 방해 차단과 순발력이다.

단기집중력은 시간적 제약을 받기 때문에 방해요소로 인해 시간을 허비하면 끝장이다. 다음은 없다. 단기집중력을 발휘하기 위해서는 자투리 시간도 아껴 써야 한다. 하루 벼락치기 공부를 하지 못하면 그 과목은 망치게 된다. 평소 집중하지 않았으므로 머릿속의 장기기억도 별로 없다.

벼락치기 공부를 하는 사람은 대개 산만한 성격의 소유자들이므로 평소에 관심 분야가 많다. 게임도 좋아하고, 스포츠도 좋아하고, 책도 이것저것 읽고, 이성에 대해 관심도 많다. 공부의 최대 적인 스마트폰에 종일 매달려 산다. 자신에 대한 주변의 평가에 대해서도 민감하다. 산만한 성격의 소유자는 만약 적성이 맞는다면 정치를 하면 잘할 사람이다. 정치인은 종일 이 사람 저 사람, 이곳저곳을 찾아다니는 게 일이다. 그것이 주업이기 때문에 갈등도 별로 없다.

그러나 산만한 성격 때문에 단기집중력이 필요한 시간에 잠시 딴짓을 하게 되면 거기에 빠져 목표를 놓치기 일쑤다. 따라서 단기집중력을 발휘해야 할 때는 온갖 방해 요소를 차단하고 목표에 집중해야 한다. 경마장의 말처럼 눈가리개를 하고 앞만 보고 달려야 한다.

순발력 또한 절대적으로 필요하다. 순발력은 제한된 시간 안에 모든 능력을 집중해 한꺼번에 발휘하는 힘이다. 역도 선수는 힘으로만 바벨을 들어 올리는 것이 아니다. 바벨을 들어 올릴 때는 순간적인 힘의 집중과 기술을 통한 순발력, 몸의 균형이 중요하다.

순발력은 기술의 총합이다. 축구 선수가 골문 앞에서 한 번의 결정적인 킥을 날려 골인시키는 것은 위치가 좋아서가 아니다. 오랜 연습과 기술이 다져졌기 때문이다. 아무리 위치가 좋아도 기술이 없으면 헛발질이다. 그러므로 단기집중력에 필요한 순발력은 평소에 다져져야 한다. 벼락치기 공부를 하려 해도 평소에 기초가 다져져 있지 않으면 뭐가 뭔지 알 수 없다. 참고서에 나와 있는 예상문제나 암기사항을 달달 외워서 시험에 응해 봤자 좋은 성적을 올리기 어렵다. 순발력은 갑자기 발휘되는 것이 아니라 평소에 축적된 지식과 기술, 힘에서 창출된다.

단기집중력은 문제해결 능력에 주력해야 한다

단기집중력은 잠깐이다. 상황이 종료되면 끝이고 과제도 팽개친다. 이를 통해 습득된 정보는 대부분 장기기억으로 전환되지 않고 해당 과제가 종료되면 까마득히 잊기 일쑤다. 물론 장기기억으로 전환되는 정보도 있지만 그 비율은 매우 낮다. 단기간에 습득하는 정보량이 너무 많아 해마의 저장 능력을 초과하고, 처음부터 장기기억을 목표로 하지 않았기 때문이다. 그러므로 기억의 망각률이 높다.

단기집중력은 장기기억으로 전환되는 비율이 낮아 소모적이지만 장점도 있다. 단기간에 집중하여 문제를 해결하는 능력을 키운다는 점에서 큰 의의가 있다. 이것만 잘 발휘해도 성과를 올릴 수 있다.

증권 회사의 펀드매니저들은 단기집중력에 최선을 다해야 한다. 오전 9시에 증권시장이 개장하여 오후 3시 반에 종료될 때까지 모니터에서 눈을 떼지 않고 긴장을 유지한다. 증권을 흔히 '타이밍의 예술'이라 하는데 만약 타이밍을 놓쳐서 실기(失期)하면 커다란 손실을 당할 수 있다. 주식은 주식 자체의 가치보다는 매매 시기를 잘 선택해서 사고팔기를 잘해야 성과를 도출할 수 있다. 때문에 투자운용가는 매순간 집중하지 않으면 안 된다. 증권시장은 항상 위험이 도사리고 있기 때문에 잠시 딴짓을 하다가는 치명타를 입는다. 그러므로 단기집중력을 유지하면서 머릿속으로는 끊임없이 문제해결 방안을 생각한다. 그것을 계속 이어가는 것이 노하우고 능력이다.

문제해결 능력이 포함되어 있지 않은 단기집중력은 모래 위의 집, 사상누각(沙上樓閣)이다. 우리의 삶은 매순간 선택과 포기의 연속이다. 이 길로 갈 것인가, 저 길로 갈 것인가? 이 일을 할 것인가, 하지 말 것인가? 이 사람과 관계를 맺을 것인가, 버릴 것인가? O인가, ×인가? 매순간 선택의 기로에서 결정하게 되는데 문제해결 능력이 갖춰져 있지 않으면 아무 소용없다. 따라서 '단기집중력＝문제해결 능력'이라는 등식을 항상 머릿속에 새기고 있어야 한다.

단기집중력이 뛰어난 사람 중에는 머리가 좋은 사람, 즉 지적 능력이 우월한 사람이 많다. 그들은 평소에 별로 공부도 하지 않고 팽팽 논다. 그런데 시험만 보면 상위권이다. 열심히 공부했는데도 그에게 뒤졌다. 얄밉기까지 하다. 왜 그런 일이 일어나서 주변 사람들의 기를 꺾어 놓는가? 하느님은 공평하지 않다.

모든 사람은 저마다의 특성이 있고 특장점이 있다. 태생적으로 지적 능력이 뛰어난 사람이 있는 것도 사실이다. 어쩔 수 없다. 하느님은 한 사람에게 모든 것을 주지 않는다. 그러므로 굳이 그들을 부러워할 필요도 없다. 머리가 좋아 단기집중력이 뛰어난 사람도 뜻밖에 성과를 이루지 못하는 경우가 많다.

단타에 익숙하다 보니, 그리고 그 성과에 취해 있다 보니 장기집중력을 발휘하지 않는다. 자신의 머리만 믿고 이것저것 일을 벌이면서 목표를 분산시킨다. 그렇게 이어가다 보면 나중에는 백수가 될 확률이 높다. 머리가 뛰어나고 학업성적도 좋고 친화력도 있는데, 성취를 못 하고 빌빌거리고 있는 사람들을 주변에서 자못 발견할 수 있다. 그들은 단기집중력은 뛰어나지만 끈기가 부족해 목표가 자주 흔들리고, 밀어붙이는 힘이 약하다. 그런 사람들은 장기집중력이 부족하다.

어렸을 때나 성장기에는 단기집중력이 성과를 좌우할 수 있다. 그러나 나이가 들어가고 주변 환경이 복잡해질수록 장기집중력이 중요하다. 인생 전체로도 장기적 계획 수립과 실천이 가장 중요하다.

장기집중력은 우공이산이다

옛날 태행산과 왕옥산 사이의 좁은 땅 북산에 우공(愚公)이라는 90세 노인이 살고 있었다. 그런데 노인의 집 앞뒤에 사방 7백리에 높이가 만 길이나 되는 큰 산 두 개가 가로막고 있어 왕래가 어려웠다. 우공은 어느 날 가족을 모아 놓고 이렇게 말했다.

"나는 저 두 산을 깎아 없애 예주와 한수 남쪽까지 곧장 길을 내고 싶은데 너희들 생각은 어떠냐?"

아들과 손자들은 찬성했으나 그의 아내만은 무리라며 반대했다.

"아니, 늙은 당신의 힘으로 어떻게 저 큰 산을 깎아 없앤단 말이요? 또 파낸 흙은 어디다 버린단 말이요?"

"발해(渤海)에 갖다 버릴 거요."

아내는 반대를 했지만 우공은 이튿날 아침부터 아들과 손자들을 데리고 돌을 깨고 흙을 파서 산을 깎기 시작했다. 돌과 흙은 삼태기에 담아 발해에 갖다 버렸다. 한 번 갔다 돌아오는 데 꼬박 1년이 걸렸다. 어느 날 지수라는 사람이 "죽을 날이 멀지 않은 노인이 정말 망령"이라며 비웃자 우공은 태연히 말했다.

"내가 죽으면 아들이 하고, 아들은 손자를 낳고, 손자는 또 아들을……. 이렇게 자자손손 계속하면 언젠가는 저 두 산이 평평해질 날이 올 것이요."

이 말을 듣고 깜짝 놀란 것은 두 산을 지키는 산신(山神)이었다. 자기들이 살고 있는 산이 없어지면 큰일이라고 생각한 산신은 옥황상제에게 호소했다. 그러자 우공의 끈기에 감동한 옥황상제는 두 아들에게 명하여 각각 두 산을 업어 태행산은 삭동 땅에, 왕옥산은 옹남 땅에 옮겨 놓게 했다. 그래서 두 산이 있었던 예주와 한수의 길이 터졌다. 우공의 끈질김에 신들도 질려 버린 것이다.

『열자(列子)』「탕문편(湯問篇)」에 나오는 우공이산(愚公移山)이라는 잘 알려진 고사다. 땅덩어리가 큰 만큼 중국인의 스케일은 뻥이 심하다. 뻥이 심해 말문이 막히게 하지만 솔직히 중국인의 스케일은 부럽기만 하다.

얼마나 끈질기면 산을 옮길 생각을 하는가? 성취를 하는 사람은 결코 포기하지 않고 끝까지 노력하는 사람이다. 철저성침(鐵杵成針), 쇠몽둥이를 갈아 바늘을 만드는 사람. 우보천리(牛步千里), 우직한 소걸음으로 천리를 가는 자세가 모두 우공이산과 같은 정신이다.

　장기집중력은 우공이산과 같다. 목표를 정해 놓았으면 흔들림 없이 목표를 위해 매진한다. 시간이 많이 걸려도 상관없다. 언젠가는 목표점에 도달한다. 설사 목표에 이르지 못했을지라도 실망하지 않고 그동안 노력한 과정을 중시한다. 그러기에 결국은 승자가 된다.

장기집중력은 지구력이다

　야생에서 가장 빠른 육상동물은 치타다. 치타의 달리기 속도는 무려 시속 115㎞에 달한다. 100m를 3초에 주파할 수 있다. 늘씬한 체형에 스프링 같은 등뼈가 출렁이며 순간가속도를 최고로 높인다. 하지만 치타는 오래달리기를 할 수 없다. 오래달리면 혈압과 체온이 급격하게 상승해 3분도 못 달린다. 너무 오래 달리면 생명이 위험하다.

　인간의 평균 달리기 속도는 시속 17㎞다. 느림뱅이에 속한다. 하지만 단거리 경주에 약한 인간은 오래달리기에서 탁월한 능력을 발휘한다. 물과 영양만 공급된다면 6시간 이상도 달릴 수 있다. 인간이 오래달리기를 할 수 있는 이유는 독특한 피부를 가졌기 때문이다. 인간은 털이 없다. 털이 없어 매끈한 피부는 자연계에서 아주 불편하지만 사냥에서는 오히려 유리한 장점이 될 수 있다. 매끈한 피부를 통해 실시간으로 땀을 배출함으로써 체온을 조절할 수 있기 때문이다. 그리하여 인간은 장거리 선수가 되었다.

　실제로 BBC뉴스는 2015년 케냐의 북동쪽 마을 주민 네 명이 4마일 경주에서 치타 두 마리를 이겼다고 보도했다. 커다란 치타 두 마리가 마을의 염소들을 계속 잡아먹자 마을 남자 네 명이 하루 중 가장 더운 때를 기다렸다 치타를 쫓기 시작한 것이다. 치타는 달아났지만 인간이 계속 추적하자 지쳐서 헉헉거리다 주저앉고 말았다. 지친 치타들은 결국 인간에게 생포될 수밖에 없었다.

이처럼 오래달리기에 익숙해진 인간은 사냥에 성공하였고 차츰 지구력을 키우게 되었다. 장기집중력은 이 지구력을 통해 생겨났다. 오랫동안 한 가지 일에 집중할 수 있는 능력, 즉 장기집중력은 무엇인가를 끈질기게 붙들고 성취해 내는 능력이다. 장기집중력은 지구력과 동의어다.

장기집중력을 발휘하기 위해서는 다음 몇 가지 요소가 절실하게 필요하다. 우선 가장 먼저 필요한 것은 목표 설정이다. 장기집중력의 목표는 최소 6개월에서부터 몇 년 동안 수행해야 할 과제여야 한다. 장기목표는 오랫동안 수행해야 하기 때문에 자신의 삶을 긍정적으로 바꿔 놓을 수 있는 과제여야 한다. "나는 ○○자격시험에 반드시 합격하겠다." "나는 ○○대학을 목표로 공부하여 꼭 합격하겠다." "나는 5년 이내에 돈을 모아 반드시 집을 사겠다." 등 삶에 전환점이 될 수 있는 수행과제여야 한다.

장기집중력의 목표는 구체적이어야 한다. 막연한 목표는 중간에서 길을 잃기 쉽다. 세상을 살다 보면 처음에 세운 뜻과 달리 온갖 형태의 변수가 발생하기 때문에 구체적이고 명확하지 못한 목표는 무너지기 십상이다. 목표에 이르는 길은 힘들고 멀다. 반면 포기와 변명의 길은 아주 쉽다. 여간 단단하게 목표를 설정하지 않고는 그 길을 헤쳐 나가기 어렵다. 구체적인 목표는 모호성을 감소시키고 행동 방향을 명확하게 제시해 준다. 구체적인 목표는 장기집중력을 강화하면서 성과를 높이는 영양분을 제공한다.

단일한 목표에 집중하는 것도 매우 중요하다. 너무 많거나 과도한 목표는 혼란스럽다. 이것도 하고, 저것도 하고 식의 백화점식 목표는 목표라 할 수 없다. 그것은 취미생활의 수준이다. 오랜 기간에 걸쳐 성취할 수 있는 단일한 목표를 세워야 대들보 같은 큰 기둥을 세울 수 있다. 큰 기둥이 세워져야 집을 지을 수 있다. 장기집중력의 단일한 목표는 자신이 수행해야 할 여러 가지 중에서 최우선 가치가 있는 것이어야 한다. 인생에서 가장 중요한 것, 오직 한 가지, 삶을 바꿀 수 있는 것, 그 단일한 목표에 집중해야 한다.

목표에 이르는 과정에는 많은 갈림길과 샛길이 있다. 그러므로 장기집중력은 기록을 통해 성찰하고 보강되어야 한다. 기록은 스스로를 평가하게 하고, 피드백을 가능하게 한다. 기록은 잘못된 길을 바로잡을 수 있게 해 준다. 기록을 하다 보면 겸허해지고 자신의 부족함과 오류를 발견하게 된다. 기록은 유능한 코치와 같다. 기록은 힘을 보강해 주고 새로운 아이디어를 창출해 낸다.

장기집중력은 엉덩이다

나아가 장기집중력을 유지하기 위해서는 체력과 지구력을 길러야 한다. 장기집중력은 머리가 아니라 엉덩이다. 반짝이는 머리로 문제를 해결하는 것이 아니라 엉덩이를 붙이고 죽어라 과제에 몰입하는 것이다. 과제에 천착하여 끝까지 눌어붙는 힘이다. 따라서 가장 필요한 것이 체력과 지구력이다. 이를 기르기 위해서는 운동을 해야 한다. 꾸준히 운동을 하면서 명상을 하고, 운동을 통해 과제에 몰입하는 힘을 길러야 한다.

마지막으로, 장기집중력의 유지가 어려울 때는 목표 달성을 위한 전략과 지원책을 개발해야 한다. 아무리 좋은 계획을 세워도 목표에 도달하기 어려운 경우가 있다. 이럴 때 중도 포기하면 그동안의 노력은 수포로 돌아간다. 억울하기 짝이 없으며 허탈하다. 중도 포기를 몇 번 겪다 보면 무력해지기 쉽다. 그 다음에는 목표를 세우는 일조차 겁이 난다. 그것이 반복되면 아예 계획도 세우지 않게 된다. 따라서 중도 포기를 하지 않으려면 목표 달성을 위한 새로운 전략을 끊임없이 개발해야 한다. 아울러 주변의 도움 등 지원책을 마련해야 한다. 시시포스(Sisyphus) 신화의 비극은 늘 굴러 떨어지는 형벌이 아니라 주변의 도움을 청하지 못하는 것이다.

　단기집중력과 장기집중력, 이 두 가지를 능숙하게 잘하면 금상첨화다. 그러나 사람은 저마다의 특성이 있고 어느 한쪽이 강한 사람이 많다. 단기집중력과 순발력이 뛰어난 사람, 반면 느리지만 오랜 기간에 걸쳐 목표를 이뤄 내는 사람. 필자는 이 둘 중 하나를 고르라고 하면 장기집중력을 택하고 싶다. 인생은 단거리 경주가 아니라 마라톤보다 더 긴 장거리 경주이기 때문이다. 궁극적인 성취는 장기집중력에서 창출된다. 단기집중력은 자랑할 일은 아니다. 머리와 순발력에 기대지 말고 장기집중력을 길러야 한다. 집중력은 지속력이다.

6. 수면과 집중력의 비밀

우리에게 널리 알려진 동화는 가끔 서사 구조의 원형(prototype)을 제공한다. 프랑스 작가 샤를 페로(Charles Perrault)가 쓴 『잠자는 숲속의 미녀(Sleeping Beauty)』(1697년)도 그렇다.

오랫동안 아이가 없어 슬퍼하던 왕과 왕비에게 예쁜 공주가 태어난다. 그러나 마녀의 저주로 100년 동안 깊은 잠에 빠지게 된다. 성은 가시덩굴로 뒤덮이고 100년이 지났을 때 이웃나라 왕자가 마침 그곳을 지나간다. 성안에 아름다운 공주가 잠들어 있다는 이야기를 들은 왕자는 성안으로 들어간다. 잠든 공주를 발견해 키스를 하고, 공주는 긴 잠에서 깨어난다. 공주와 함께 성안의 모든 것들이 깨어나고, 공주는 왕자와 결혼하여 오래오래 행복하게 산다.

로맨틱한 이 동화는 다시 읽을 때마다 가슴을 설레게 한다. 그러나 만약 어떤 아이가 "엄마, 100년 동안 잠을 잤는데 공주는 늙지도 않아?"라고 묻는다면 어떻게 대답할 것인가? 참으로 난감하다. 그렇다. 아무리 저주라 해도 100년이 흘렀다면 공주는 이미 폭삭 늙어 버렸거나 죽었어야 맞다. 하지만 공주는 깨어나면서 마치 하룻밤 잘 자고 일어난 것처럼 기지개를 쭉 켜고 해맑은 미소로 방긋 웃는다. 아무리 동화라고 해도 불가사의한 일이다.

그런데 이 동화에는 비밀이 하나 숨어 있다. 인간은 원시시대부터 잠이

젊음의 근원이고 수면을 통해 몸과 마음이 매일 아침 재생(reset)된다는 것을 알고 있었던 것이다. 그것이 『잠자는 숲속의 미녀』의 과학이다. 다른 동화를 보아도 주인공들은 깊은 잠을 자고 나면 새로운 인물로 다시 태어난다. 그래서 새로운 활동을 시작한다. 이것이 수면의 비밀이다.

잠은 피로물질 제거 특효약

인간은 생애의 3분의 1가량 잠을 잔다. 90세까지 산다면 대략 30년 동안 잠을 잔다. 생명현상을 지속적으로 유지하기 위해서는 수면이 필수적이다. 잠을 자지 않으면 많은 것들이 재생되지 않기 때문이다. 잠의 기능은 크게 세 가지로 집약할 수 있다.

첫째, 잠은 신체의 기능을 회복시킨다. 사람은 낮 동안 에너지를 보충하면서 여러 가지 활동을 한다. 신체 활동을 하면 세포 에너지원인 포도당(glucose)이 분해될 때 피로물질(疲勞物質, fatigue substance)이 발생한다. 피로물질은 세포가 에너지를 만든 후 남는 찌꺼기와 같은 것으로 근육 속에 젖산(lactate)이나 크레아틴 등으로 축적된다.

피로물질이 쌓이면 근육의 수축과 이완이 불완전해지고 신경근접합부나 뉴런 간의 시냅스가 제대로 작동하지 않는다. 산소를 실어 나르는 운반체들의 흐름도 원활하지 않아 피로감을 느끼게 된다. 젖산 등을 처리하는 적혈구는 근육과 뇌, 다른 장기에 영양분과 산소를 공급하는 역할을 한다. 그러므로 적혈구의 양을 늘리면 피로를 빨리 회복할 수 있다.

낮 동안에 쉴 새 없이 지속되는 활동은 계속해서 피로물질을 누적시키므로 이를 해소할 방법이 필요하다. 그것이 바로 잠이다. 잠을 자면 신체 대부분의 기관이 휴식 상태에 돌입한다. 그동안 적혈구는 몸속에 쌓여 있는 피로물질을 제거하고 각 기관의 기능을 정상화시킨다. 잠은 피로물질을 제거하는 특효약이다.

하지만 숙면을 취하지 못하게 되면 기관이 정상화되지 못해 피로가 해소되지 않고 집중력이 떨어진다. 환각·망상 등이 생겨나며 짜증이 나고 공격성이 증가할 수 있다. 성장기에는 잠자는 동안 성장 호르몬이 집중적으로 분비되므로 숙면을 취하지 못하면 키가 덜 클 수 있다.

잠은 수면시간과 함께 수면의 질이 매우 중요하다. 수면의 질은 멜라토닌(melatonin)이라는 호르몬의 영향을 많이 받는다. 멜라토닌은 생체리듬을 조절하는 물질로 분비가 원활할수록 수면의 질이 좋아진다. 대체적으로 멜라토닌은 밤 10시부터 새벽 2시까지 분비된다. 그러므로 그 시간대에 잠을 자는 것이 좋다.

둘째, 잠은 정신적 스트레스를 해소한다. 하루 일과를 통해 정신적 스트레스가 발생하면 코르티솔(cortisol)이 분비된다. 코르티솔은 콩팥의 부신피질에서 분비되는 호르몬으로 스트레스와 같은 외부자극에 맞서 신체가 대항할 수 있도록 신체 각 기관으로 더 많은 혈액을 방출시킨다. 맥박과 호흡이 빨라지고 근육을 긴장시키며 뇌와 감각기관을 예민하게 만든다. 이러한 상태가 계속되면 긴장감이 유지되고 신체와 뇌가 빨리 피로하게 된다.

이에 따라 몸과 마음은 휴식을 원하게 되고 잠이 최고의 치료제가 된다. 잠을 자는 동안에는 외부의 스트레스 자극이 더 이상 유입되지 않으므로 반응이 감소하여 뇌가 휴식을 취한다. 골치 아픈 일이 있거나 속상한 일이 생길 때 푹 자고 일어나면 뜻밖에 기분이 좋아지는 경험을 한 적이 있을 것이다. 이는 잠이 스트레스 물질을 감소시켰기 때문이다.

정신적 스트레스가 심한데도 숙면을 취하지 못하는 사람은 신경전달 물질의 분비가 불균형해진다. 그런 사람 중에는 불면증·우울증·조울증 등의 정신질환을 앓는 경우가 많다. 아울러 숙면은 뇌의 노화를 예방한다. 숙면을 취하면 뇌세포가 리셋(reset)되고 활성화되므로 활력을 되찾을 수 있다. 잠은 우리의 정신을 건강하게 만드는 최고의 보약이다.

셋째, 잠은 기억력과 집중력을 향상한다. 잠의 또 다른 중요한 기능은 정보처리 활동이다. 뇌는 하루에 습득한 정보를 잠을 자는 동안 저장 또는 삭제하기 위해 바쁘게 일한다. 정보를 분류하고 필요에 따라 저장하고 삭제한다. 다음 날 새로운 정보를 받아들이기 위해서 쓰레기 정보를 삭제하고 뇌의 여유공간을 최대한 넓게 확보한다. 이를 통해 기억을 재설정한다.

숙면을 취하지 않으면 기억의 분류와 저장 작업이 제대로 진행되지 않는다. 혼란이 일어나 기억이 뒤섞이거나 장기기억으로의 전환이 이뤄지지 않는다. 시험에서 좋은 성적을 낸 수험생들이 대부분 "충분히 자면서 공부했다."라고 말하는 것도 바로 이 때문이다.

역시 충분히 자지 않으면 집중력이 떨어진다. 뇌가 쉬어야 하는 시간, 즉 수면시간이 부족하면 뇌세포는 활성도가 떨어진다. '자고 싶다. 자고 싶다.' 뇌는 그런 명령어를 계속 내린다. 졸음이 오면서 눈앞이 흐려지고 동공이 풀린다. 지각이 느려지면서 자신의 현재 상태를 정확히 인식하지 못한다. 그래서 꾸벅꾸벅 졸면서 집중하지 못한다. 운전이나 작업 중이라면 사고가 생길 수 있다. 공부를 하다 졸면 노트에 이상한 글씨가 쓰여 있다.

반대로 충분한 숙면을 통해 휴식을 취한 뇌는 매우 활성화된다. 기능을 최고로 발휘하고 집중할 수 있게 만든다. 그러므로 숙면은 최고의 집중력 강화제이다.

수면과 뇌파

인간의 뇌에서는 뇌의 활동에 따라 특별한 파장이 생겨난다. 대뇌피질에 있는 시냅스가 작동할 때 전기적 신호가 발생하는 것이다. 이를 증폭하여 기록한 것을 뇌파라 한다.

영국의 생리학자 R. 케이튼은 1875년 토끼와 원숭이의 대뇌피질에서 발생하는 미약한 전기적 흐름을 검류계로 기록했다. 1929년 독일의 신경정신학자 한스 베르거(Hans Berger, 1873~1941)는 최초로 뇌전위(腦電位)를 측정하는 기계를 만들어 인간의 뇌파를 파형으로 그려냈다. 베르거는 외상을 입은 환자의 두피에 2개의 백금 전극을 삽입하여 뇌의 전압 변화를 측정하였다. 1934년에는 영국 케임브리지대학교의 아드리안(E. D. Adrian)과 매튜(B. H. C. Mahrew)가 인간 뇌의 뇌파를 다시 측정하고 확인하였다.

이에 대한 개념이 확립되자 연구자들은 뇌파를 주파수와 진폭에 따라 델타파(波, δ-wave, 1~4Hz), 세타(θ)파(4~8Hz), 알파(α)파(8~13Hz), 베타(β)파(13~30Hz), 감마(γ)파(30~120Hz)로 분류하였다.

먼저 1~4Hz의 가장 낮은 진폭의 델타파는 깊은 수면 상태에서 발생한다. 뇌가 거의 활동을 멈추고 있는 상황이다. 다음으로 4~8Hz의 세타파는 얕은 잠을 잘 때 발생한다. 꿈을 꿀 때도 발생한다. 8~13Hz의 알파파는 정상적인 성인이 의식이 깨어 있는 상태에서 쉬고 있을 때 나오는 뇌파다. 긴장을 풀고 휴식하는 상태에서 발생한다.

13~30Hz의 베타파는 공부나 연구 활동, 업무 등 정신적인 작업에 열중할 때 발생한다. 집중력과 가장 관계가 깊다. 기뻐할 때도 베타파가 생겨난다. 30~120Hz의 감마파는 가장 높은 파형으로 긴장하고 흥분하거나 골치 아픈 일을 겪을 때 발생하는 뇌파다. 극도의 분노와 흥분 등으로 뇌의 전압이 최고조로 높아져 있는 상태다.

이러한 뇌파는 수면과 굉장히 밀접한 관계를 맺고 있으며 각 단계에 따라 다른 파형이 발생한다.

논렘수면과 렘수면

세계적인 수면 연구학자 나다니엘 클레이트만(Nathaniel Kleitman) 교수의 제자인 유진 아세린스키(Eugene Aserinsky)는 실험실에서 잠든 사람의 눈꺼풀 밑에 있는 눈동자가 빠르게 움직이는 것을 발견했다. 호기심을 느낀 그는 수면 검사를 하면서 안구운동을 함께 기록해 보기로 했다.

실험 결과 빠른 안구운동이 있을 때 특정한 뇌파의 패턴이 나타난다

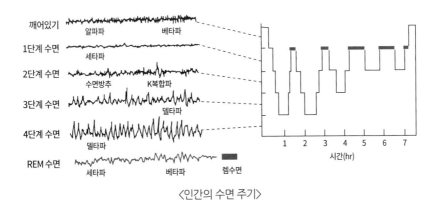

〈인간의 수면 주기〉

는 것을 발견했다. 그런데 빠른 안구운동을 하던 피험자 한 명이 깨어나서 꿈에 관한 이야기를 하는 것을 들었다. 실험은 반복되었고 모두 비슷한 결과가 도출되었다.

아세린스키는 이를 급속안구운동(Rapid Eye Movement)을 줄인 '렘수면(REM sleep)'이라 명명하고 스승 클레이트만 교수와 함께 지속적인 연구를 수행했다. 연구 결과는 1953년 저명 학술지 《사이언스(Science)》에 발표되었으며 이로부터 수면과학에 관한 연구가 본격화되었다.

수면은 논렘수면(non-REM sleep: NREM)과 렘수면(REM sleep)으로 나뉜다. 잠을 자면 서서히 잠드는 논렘수면으로 시작한다. 논렘수면은 4단계로 진행된다.

1) 각성(awake)

정상적으로 깨어 있는 동안 뇌에는 알파파와 베타파가 발생한다. 알파파는 주파수 8~13Hz의 규칙적인 파형으로 조용히 쉬거나 가벼운 정신활동을 할 때 나타난다. 베타파는 13~30Hz의 불규칙적이고 낮은 진폭의 파형으로 어떤 일에 대해 집중하거나 사고 활동이 활발할 때 나타난다. 깨어 있는 동안 뇌는 각종 상황에 반응하며 기민하게 대응하고 시시각각 명령을 내린다.

2) 논렘수면 1단계 - 입면기

반성반수(半睡半醒)의 잠을 자는 첫 단계다. 반쯤 깨어 있는 상태다. 보통 잠을 자기 시작한 지 3분에서 7분 사이의 시간이다. 부분적으로 주위의 소리를 의식하고 있으며 눈은 좌우로 천천히 움직인다. 4~8Hz의 세타파가 나타난다. 호흡과 맥박이 느려지며 안정하게 된다.

3) 논렘수면 2단계 - 얕은 잠

잠든 후 대략 10분이 지나 새근새근 잠에 들어간 단계다. 얕은 수면 상태로 근육신경이 느슨해지고 감각기관이 무디어진다. 세타파, 12~14Hz의 수면방추(sleep spindle), 날카로운 파형의 K복합파(K-complex wave) 등이 나타난다. 수면방추는 감각입력에 대한 뇌의 민감성을 감소시키면서 수면을 유지한다. 나이가 들면 수면방추가 덜 발생해 잠을 자다가 자주 깬다.

4) 논렘수면 3단계 - 중간 정도의 잠

잠든 지 대략 30분 후의 단계다. 진폭이 큰 델타파가 나타난다. 안정된 깊은 잠으로 서파와 방추파가 많이 나타난다.

5) 논렘수면 4단계 - 깊은 잠

축 늘어져서 깊이 잠든 상태다. 뇌로 가는 혈액량이 최저이며 외부 세계와 완전히 단절돼 깊은 잠에 빠져 있다. 3단계와 4단계는 델타파의 양으로 구분한다. 대개 델타파가 20~50%일 때는 3단계, 50% 이상일 때는 4단계로 분류한다. 3, 4단계의 논렘수면을 서파수면(徐波睡眠, slow wave sleep)이라고 한다.

일반적으로 건강한 성인의 경우 잠든 지 1시간 이내에 논렘수면 4단계까지 도달한다. 이후 잠이 서서히 얕아져 렘수면(REM sleep)이 시작된다.

6) 렘수면

렘수면은 깨어 있는 것에 가까운 얕은 수면으로 몸은 자고 있으나 뇌는 깨어 있는 상태의 수면이다. 척수신경 및 운동 뉴런이 강하게 억제되므로 몸은 거의 마비 상태가 된다.

반면 뇌혈류 및 산소 소모량이 증가하여 뇌는 매우 활동적이게 된다. 세타파가 산발적으로 나타나고 눈꺼풀 아래 눈동자가 빨리 움직이는 렘 현상이 나타난다. 사람들은 대부분 이 상태에서 꿈을 꾼다. 렘수면은 신체와 정신을 회복시키고, 단백질 합성 및 기억력 향상 등의 역할을 한다.

두 가지 잠 가운데 논렘수면을 '뇌를 위한 잠', 렘수면은 뇌가 깨어 있기 때문에 '몸을 위한 잠'이라 한다. 총 수면량 중 논렘수면 1단계는 3~8%, 2단계 45~55%, 3단계와 4단계가 15~20%다. 렘수면은 20~25%를 차지한다. 한 주기는 약 90분으로 하룻밤에 이 주기를 4~5차례 반복한다. 잠자는 동안에는 몸의 에너지를 사용하지 않는다고 생각하기 쉽지만 실제로는 신진대사의 5~10%만 줄어들기 때문에 수면 중에도 많은 에너지가 소모된다. 그래서 잠을 자고 나면 배가 고프다.

수면 부족은 질병 종합병원

사람이 잠을 제대로 자지 못하면 신체와 정신의 기능이 정상적으로 작동하지 못한다. 근육과 뇌에 기존의 피로가 남아 있어 원활한 기능 발휘를 방해하기 때문이다. 수면시간과 질이 떨어지면 인지능력, 판단력, 기억력, 집중력, 업무수행 능력 등 모든 신체·정신활동이 감퇴한다. 짜증과 우울증도 심해진다.

그래서 운동선수가 잠을 못 자면 다음 날 기록이 저조해진다. 수험생이 잠을 못 자면 성적이 떨어진다. 잠을 못 잔 사람이 운전을 하면 신체 반응이 늦어져 브레이크를 늦게 밟거나 오작동을 일으킬 수 있다. 더욱이 졸음운전을 하게 되어 큰 사고를 낼 수 있다. 영국의학협회의 발표에 따르면 17시간 이상 잠을 못 자고 운전하면 혈중 알코올 농도 0.05% 정도의 음주운전과 비슷한 상태가 된다. 러시아 체르노빌 원전 폭발사고, 우주선 챌린저호 폭발, 유조선 엑손 발데즈호의 기름 유출 사고 등도 졸음이 원인으로 지목되고 있다.

충분한 수면은 잠을 많이 자는 것이 아니라 '질 좋은 수면'을 해야 한다는 뜻이다. 성인의 적정 수면량은 7~8시간이다. 잠은 축적이 안 되므로 매일 적정 시간을 자야 한다. 그러나 너무 많이 자면 오히려 해가 된다. 수면피로가 발생하여 계속 몽롱한 상태가 된다. 바쁜 일상 때문에 수면시간을 줄이려 하지만 인위적으로 줄일 수 있는 수면시간은 최대 30분이다. 그 이상 줄이면 신체리듬이 깨진다. 약 등을 이용하여 억지로 줄이면 반드시 문제가 발생한다.

심리학자 리처드 와이즈먼의 책 『나이트 스쿨』은 수면에 관해 잘 정리한 책으로 일독을 권한다. 이 책에 따르면 영국 유니버시티 칼리지 런던 연구진이 20여 년에 걸쳐 전수조사를 한 결과(2007년), 매일 2시간씩 덜 잔 사람들의 사망률은 2배 이상 높았다.

1980년대 시카고대학교에서 생쥐에게 잠을 자지 못하도록 하는 실험을 했다. 그랬더니 일주일이 지나자 몸무게가 줄었다. 한 달 후에는 모든 생쥐가 죽어 버렸다.

잠을 제대로 자지 못하면 비만이 발생한다. 식욕을 억제하는 호르몬인 렙틴(leptin)의 분비가 감소하고 식욕을 촉진하는 호르몬인 그렐린(ghrelin)의 분비가 증가하여 평소보다 더 많이 먹게 된다. 프랑스 유럽미각과학센터 연구팀은 건강한 남성 12명을 대상으로 수면시간과 음식 섭취량에 관한 연구를 실시했다. 그 결과 잠을 4시간만 잤을 때는 8시간 잤을 때보다 평소 먹는 양의 22%를 더 먹었다. 잠을 적게 자면 졸려서 운동하기가 싫어진다. 자연히 신체활동이 줄어들고 운동량이 부족해져 비만이 될 수 있다.

헝가리의 연구 결과는 경각심을 불러일으킨다. 코골이와 수면무호흡증으로 깊은 잠을 자지 못하면 정상인 사람보다 뇌졸중 발작을 일으킬 확률이 67%, 심장발작을 일으킬 확률은 34%나 더 높다. 분당서울대병원 김동영 교수는 30, 40대 수면무호흡증 환자 32명을 대상으로 성 기능검사를 실시한 결과 19명(59.3%)에게서 발기부전 증상이 나타났다고 보고했다.

잠을 제대로 못 잔 아이들은 집중력이 약하고, 산만하다. 짜증이 많고, 친구들과 자주 싸우는 등 행동장애 증상을 보이기도 한다. 그러므로 수면의 질이 낮은 사람은 수면다원검사 등을 통해 원인을 진단하고 반드시 치료해야 한다.

한편, 세계보건기구(WHO)와 거의 모든 연구기관이 낮잠을 권하고 있다. WHO는 건강한 생활과 장수를 위해 낮잠을 자도록 권고하고 있다. 30분 정도의 낮잠은 피로를 해소해 주고 집중력과 문제해결 능력이 향상되게 한다. 세계의 여러 학교에서 낮잠을 실시했더니 집중력이 좋아지고 학업성적도 높아졌다는 연구 결과가 다수 있다.

낮잠은 혈압을 낮추고 심장병을 예방한다. 미국 앨러게이니대학의 연구팀이 건강한 대학생 85명을 대상으로 실험한 결과, 낮잠을 잔 그룹은 자지 않은 그룹에 비해 혈압과 심장박동수가 낮아졌다. 스트레스도 해소되어 신체적 정신적 활동량이 증가했다. 그러므로 건강한 생활을 하기 위해서는 짧은 낮잠과 질 좋은 수면이 반드시 필요하다.

질 좋은 수면은 집중력을 향상한다

질 좋은 수면은 사람마다 개인차가 있지만 건강한 사람은 하룻밤에 논렘수면 1~4단계와 렘수면이 한 번에 이어지고 이 주기가 4~5번 반복되어야 한다. 각 단계의 중간에 깨어나거나 주기 중간에 잠이 깨어 더 이상 잠들지 못하면 피로감을 느낀다. 그래서 "어제 잠을 못 잤다."라는 말을 하며 하품을 하게 된다. 건강한 사람도 휴대전화 소리, 알람(alarm) 등으로 중간에 잠을 깨면 낮에 피로를 느낀다. 수면의 각 단계가 분절되어 질 좋은 수면이 이뤄지지 못했기 때문이다.

노인들은 잠을 자다가 자주 깨는 분절 수면 현상을 많이 겪게 된다. 이는 수면방추가 감소하고 수면 형태를 조절하는 특정 뉴런군이 나이가 들어가면서 서서히 감소하기 때문이다. 분절 수면을 겪는 노인들은 행동이 둔화되고 종일 피곤한 상태가 지속된다.

깊은 잠인 논렘수면 3, 4단계(서파 수면)와 몸을 위한 잠인 렘수면의 양이 줄어들어 얕은 잠만 자게 되면 수면의 질이 나빠진다. 다음 날 몸이 피곤하고 집중력이 떨어진다. 깊은 잠에 빠지는 논렘수면은 주로 근골격계와 각종 장기 등 신체의 피로를 해소해 준다. 몸의 치료와 재생이 진행되고 성장호르몬이 분비되어 성장이 촉진된다.

렘수면은 복잡한 마음을 정리하고 평정을 유지하게 해 준다. 낮에 습득한 단기기억을 장기기억으로 전환하고 긴장감과 스트레스를 완화해 준다. 기억력, 집중력을 향상하며 감정을 조절한다. 그런 과정에서 꿈을 꾸게 되는 것이며, 건강한 사람이라면 누구나 꿈을 꾼다. 그리고 잘 잊어 버린다. 연구에 따르면 질 나쁜 수면을 취했을 때 오히려 꿈을 더 많이 꾼다. 술을 마셨거나 각종 바이러스에 감염됐을 때는 꿈이 더 생생하게 기억난다고 한다.

"꿈이 딱 맞았어!" "꿈자리가 사나워."

이런 말을 가끔 듣는다. 꿈의 내용이 현실과 연관되는 것을 '예지몽(豫知夢)'이라 하는데, 이는 과학적으로는 정확한 근거가 없다. 예지몽은 기억 속에 저장된 여러 정보가 복합적으로 조합된 것으로 꿈의 내용은 현실에서 큰 의미가 없다. 좋은 꿈이면 기분 좋게 생각하면 되고, 나쁜 꿈이면 행동을 조심하고 삼가면 된다. 가끔 꿈속에서 본 적이 있는 것 같다고 말하는 '데자뷔(deja vu) 현상'도 기억의 잔존물일 뿐이라는 것이 과학적 견해다.

이처럼 질 좋은 수면을 취하지 못하면 만성피로가 발생하고 집중력이 감소해 업무, 학업 능률이 현저하게 떨어진다. 기억력과 집중력을 높이기 위해서는 질 좋은 수면이 절대적으로 필요하다. 그러므로 잠을 잘 때는 조명, 온도·습도, 소음, 이부자리, 함께 자는 사람 등 쾌적한 수면을 위한 환경을 잘 조성해야 한다.

매년 3월 셋째 주 금요일은 삼겹살을 먹는 날이 아니라 세계수면학회(WASM)가 정한 세계 수면의 날이다. 평소에 잘 자는 습관은 행복한 삶과 평생건강의 필수요소다.

7. 명상과 집중력

인간은 영(靈, soul)적인 동물이다. 인간은 다른 동물과 달리 복잡한 정신적 사고(思考, thinking)를 하고 '마음'이라는 것을 갖게 되었다. 그렇게 진화된 인간은 생각과 인식행위를 하는 주체가 '영혼'이라고 생각해 왔다. 인간의 육체에는 영혼이 깃들어 있고, 그 영혼이 모든 정신적인 행위를 관장한다는 것이다. 고대인들은 그런 인식을 당연시하여 영혼을 중시하는 종교적 행위와 의식을 행하곤 했다. 종교의 기원도 영적인 존재, 즉 영혼에 대한 믿음으로부터 출발했다고 한다. 지금도 여러 종교는 인간이 죽은 후 육체로부터 분리된 영혼이 천국으로 갈 수 있다고 주장하고 있다.

20세기 들어 어떤 과학자들은 영혼의 존재를 과학적으로 규명하고자 했다. 미국의 던컨 맥두걸(Duncan Macdougall, 1866~1920) 박사는 '영혼의 무게'를 재려고 했다. 그는 1907년《American Medicine》이라는 과학잡지에 영혼이 물질처럼 존재한다는 것을 증명하는 실험 결과를 발표했다. 질량보존의 법칙에 의거하여 임종 전후의 환자를 조사한 결과, 사람이 죽기 전후에 21그램(g)의 체중의 변화가 있었다는 것이다. 즉, 영혼의 무게가 21그램이고 사람이 죽으면 그것이 육신으로부터 빠져나간다는 가설이었다.

이 발표는 큰 파문을 일으켰다. 각 언론이 대서특필했으며 이후 많은 공박이 벌어졌다. 결국 맥두걸 박사의 가설은 실험 결과가 신빙성이 없다고 하여 과학적으로는 인정받지는 못했지만 심령학과 초심리학에 많은 영향을 끼쳤다. 특히 이 가설은 많은 콘텐츠의 소재가 되었다. 세계적인 배우 숀 펜이 주연한 영화 〈21그램(21Grams)〉(2003)도 이를 다루고 있는데, 필자도 매우 관심 있게 보았다.

모헨조다로 시바(Shiva) 신상(神像), 명상으로 추정됨.

현대 과학은 영혼의 존재를 인정하지 않고 있다. 인간의 의식을 주관하는 별도의 주체인 '영혼'은 존재하지 않으며, 의식은 뇌 시냅스와 신경 네트워크가 처리되는 과정에서 발생하는 신호라는 것이다. 따라서 육체의 작동이 멈추면 뇌의 신호도 자연적으로 멈출 수밖에 없다. 육체가 사라지면 뇌의 신호는 절대 만들어질 수 없다. 어쩌다 사람들이 보았다고 주장하는 유령이나 귀신도 극단적인 상황에 처한 체험자가 겪는 '뇌의 신호 왜곡'이라고 해석하고 있다.

인체는 우주만큼이나 신비하다. 미지의 우주를 온전히 알 수 없듯이 인체 역시 무한탐구의 영역이다. 그러므로 영혼의 존재나 의식의 작동에 대해서는 아직도 무한한 연구가 필요하다.

명상이란 무엇일까

명상(瞑想, meditation)은 바로 여기서부터 출발한다. 인간이 영적인 존재라고 한다면, 그 영적인 활동인 의식과 마음을 인위적으로 통제하고 조절할 수 있다는 것이다. 이런 행위를 적극적으로 하고자 한 것이 바로 명상이다. 명상은 고요한 정신의 상태를 통해 마음을 정화(淨化)하고 심리적 안정을 취하며, 나아가 초월적인 경지에 이르고자 하는 수련 방법이다.

명상은 고대 때부터 행해졌다. 최초의 명상수련 기록은 인더스 문명 모헨조다로하라파 유적지에서 출토된 대략 5천 년 전의 점토에서 발견되었다. 기원전 1500년경 고대 인도의 베다에 명상에 관한 기록이 있다. 기원전 5~6세기에는 브라만교의 경전인 우파니샤드에 명상이 아트만(atman, 眞我)을 찾는 방법으로 제시되었다. 비슷한 시기에 중국의 도교에서도 명상이 행해졌다.

기원전 589년, 인류 역사에 엄청난 일이 일어났다. 35세의 싯다르타가 인간 존재에 대해 완전한 깨달음을 얻은 것이다. 카필라 왕국의 왕자였던 싯다르타는 29세에 자신의 모든 우월한 조건을 버리고 출가했다. 그는 당시 출가자의 풍습이었던 고행(苦行)에 전념하였으나 6년간의 고행에도 불구하고 깨달음을 얻을 수 없었다. 그리하여 고행을 중단하고 부다가야(Buddhagaya)의 보리수 아래에서 깊은 명상에 들어갔다. 49일의 명상 끝에 기원전 589년 12월 8일(음력) 마침내 완전한 깨달음을 얻었다.

싯다르타의 깨달음은 인류의 정신문명에 엄청난 영향을 미쳤다. 그때까지 아무도 이르지 못한 해탈의 경지에 도달하고, 그것이 누구나 가능하다고 설파했기 때문이다. 이때부터 깨달음에 이르고자 하는 수행방법으로 명상이 크게 확산되었다.

불교에서의 명상은 중국으로 넘어오면서 참선(參禪, Zen meditation)이라는 용어로 정립되었다. 선(禪)의 어원은 '자나(jhana)'로 '깊은 명상'을 뜻한다. 선은 싯다르타가 행했던 것처럼 깨달음에 이르고자 하는 사람의 가장 중요한 수행법이 되었다. 생전의 성철 스님도 수많은 여행안내서를 읽는 것보다 직접 금강산에 가는 것이 중요하듯, 많은 불교 경전과 논서를 읽고 공부하는 것보다 끊임없이 참선을 하는 것이 훨씬 더 중요하다며 명상을 강조했다.

한두교에서는 고대로부터 다양한 명상법이 있었으며 그중 하나로 요가(yoga)가 확산되었다. 요가는 명상과 호흡, 신체의 수련을 병행하는 심신수행법이다. 요가의 최고 단계가 되면 정신이 최고로 집중되어 자신의 의식은 사라지고 무념무상의 초월적인 의식에 도달하게 된다.

이슬람에서는 명상을 하는 사람을 수피(sufi, Muraqaba)라 부른다. 이 신비주의자들은 8세기부터 금욕과 묵상 등 영적 수행을 계속하고 아랍과 인도, 아프리카 등 많은 지역을 떠돌며 자신들의 지혜를 전파했다. 이슬람 수피 명상은 11~12세기에 이르러 체계화되었다.

명상, 대중화의 길을 걷다

명상은 1893년 미국 시카고 만국박람회에서 열린 세계종교회의를 통해 대중화의 길을 걷게 되었다. 한두교 대표로 참석한 파라마한사 요가난다가 미국 전역으로 강의를 다니면서 명상을 소개했다. 1960년대 인도의 마하리시 요기(Maharishi Yogi)는 서양 사람들 취향에 맞는 쉬운 명상법인 '초월명상(transcendental meditation)'을 만들어 보급하였다. 이 무렵 반전운동과 뉴에이지 운동이 확산되면서 명상도 널리 파급되었다. 비틀스가 인도로 명상 여행을 떠나기도 했다.

1967년 하버드대 의대 허버트 벤슨 교수는 실험을 통해 명상이 심신을 이완시키고, 수면 뇌파인 세타파를 발생시킨다는 것을 알아내고 명상에 관한 많은 연구 논문을 발표했다.

1979년 미국 매사추세츠주립대 존 카밧진(Jon Kabat-Zinn) 교수는 불교의 명상법을 응용하여 '마음챙김명상(MBSR, mindfulness based stress reduction)'을 만들었다. 이는 스트레스 감소와 심리 치료에 적용되고 있다.

미국 국립보건원(NIH) 산하 대체의학연구소(OAM)는 1993년 대체의학의 기능으로써 명상 연구에 공식적으로 연구비를 지원하기 시작했다. 이 기관은 정기적인 명상이 불안·스트레스·고혈압·만성 통증 등의 치료에 효과가 있다고 보고하고 있다.

우리나라에서도 다양한 명상프로그램이 보급되어 있다. 불교의 선원에서 명상 강의와 수행을 많이 실시한다. 단월드, 마음수련 등 다수의 기업도 활동하고 있다.

명상을 하면 평화로워진다

명상을 하면 어떤 변화가 일어날까? 1929년 독일의 신경정신학자 한스 베르거(Hans Berger, 1873~1941)는 뇌전위(腦電位)를 측정하는 기계를 만들어 인간의 뇌파를 파형으로 그려냈다. 뇌의 활동에 따라 일어나는 전류를 증폭하여 기록한 것이다. 그의 작업은 에드가 더글라스 아드리안(Edgar Douglas Adrian)에 의해 심화되었다.

앞서 기술한 것처럼 뇌파는 진폭에 따라 델타(δ)파(1~4Hz), 세타(θ)파(4~8Hz), 알파(α)파(8~13Hz), 베타(β)파(13~30Hz), 감마(γ)파(30~120Hz)로 구분된다.

델타파는 논렘수면 3, 4단계의 깊은 수면 상태에서 발생되는 뇌파다. 세타파는 얕은 잠과 렘수면 상태에서 발생되는 뇌파다. 알파파는 심신이 안정을 취하고 있을 때의 뇌파로 '안정파'라 한다. 인간 뇌파의 대표적인 파형이다. 베타파는 긴장, 집중하고 있을 때 발생하는 뇌파다. 학습할 때도 발생하며 '스트레스파'라고도 한다. 감마파는 극도의 분노, 흥분 시 발생한다.

이와 같은 뇌파 가운데 명상을 하는 동안에는 세타파가 발생한다. 세타파가 증가할 때는 깊은 통찰력, 직관적 깨달음, 창의력, 문제해결 능력이 우세해진다.

미국 위스콘신대학의 리처드 데이비슨(Richard J. Davidson) 교수는 2008년 달라이 라마의 도움을 받아 10년 이상 명상을 한 티베트 승려 175명의 뇌 활동을 자기공명영상(fMRI) 장치로 촬영했다.

그 결과 놀랍게도 175명 모두 좌측 전전두엽의 활동이 우측 전전두엽에 비해 우세했다. 이는 낙관, 열정, 활력과 같은 긍정적인 감정과 연관

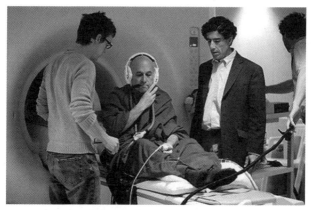

티베트 승려들의 뇌파를 측정하는 데이비슨 박사팀

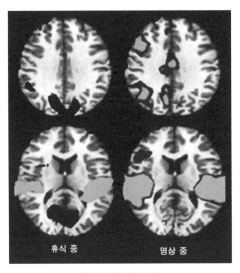

휴식 중   명상 중

명상 수행자의 뇌파

된 뇌 부위가 일반인에 비해 훨씬 활성화되어 있다는 증거였다. 명상을 하면 기분을 좋게 하는 뇌 부위의 밀도도 높아졌다. 티베트 승려들은 명상을 통해 평화스럽고 안정된 생활을 하고 있었던 것이다.

다른 연구에 따르면 보통 사람들도 명상을 하면 마음이 평화로워져 행복감을 담당하는 뇌 부위가 더 두꺼워졌다. 아울러 명상은 면역기능도 강화한다. 미국 UC데이비스의 클리포드 샤론(Clifford Sharon) 박사팀의 연구에 따르면 명상은 수명에 영향을 미치는 염색체의 말단에 있는 텔로미어를 복구해 노화를 늦출 수 있다.

이처럼 명상은 스트레스를 낮추고 심리적 안정을 부여한다. 정신과 신체 건강을 증진하고 나아가 수명 연장에도 도움을 줄 수 있다.

명상은 집중력을 강화한다

우리나라 최초로 미국 야구 메이저리그에 진출한 코리안 특급 박찬호 선수는 2005년 100승을 달성했다. 2010년에는 124승을 거두어 동양인 최다승 투수에 등극했다. 치열한 경쟁 때문에 '지옥의 리그'라 불리는 메이저리그에서 박찬호 선수가 항상 잘 나갔던 것은 아니다.

1994년 데뷔하여 5년 연속 13승 이상을 거둔 박찬호는 전성기를 맞이하여 2002년 텍사스 레인저스로 이적했다. 그런데 최악의 시즌이 시작됐다. 허리 부상과 볼 컨트롤 미스로 저조한 성적을 기록하자 각종 비난에 시달렸다. 절망의 시간이 계속됐다. 그때 박찬호를 지탱해 준 것이 바로 명상이었다.

"잘 던질 때는 그토록 칭찬하던 사람들이 마치 원수처럼 비난할 때는 엄청난 배신감을 느꼈다. 하지만 명상을 시작하며 어려움을 극복할 수 있었다. 텍사스 때 명상이 없었으면 아마 나는 이 세상에 없었을 것이다."

언론 인터뷰에서 그는 이렇게 밝혔다. 박찬호는 어려운 시기에 명상을 통해 자신을 되돌아보고 마음을 가다듬을 수 있었던 것이다.

미국 코네티컷대학교의 로버트 콜버트 교수 연구팀은 2013년 고교 3학년 235명을 대상으로 실험을 실시했다. 이 중 일부는 하루 두 차례 20분씩 초월명상을 수행하고 나머지는 하지 않았다. 그 결과 명상을 한 집단의 졸업률은 그렇지 않은 집단에 비해 15%나 높았다. 학업 성적이 낮은 학생만 비교했을 때는 25%로 높아졌다.

우리나라의 전남 영암중학교에서는 학생들이 매일 아침 5분 명상에 이어 30분의 독서시간을 갖는다. 그 결과 학생들의 만족도와 성취도가 크게 높아졌다. 인천에 있는 도화기계공고는 학교폭력에 많이 노출되어 있었다. 이에 뇌교육 명상 교육을 도입했더니 금품 갈취·괴롭힘 등 학교폭력이 모두 줄었다. 아울러 명상 프로그램을 도입하고, 명상숲을 조성하여 걷게 함으로써 좋은 학습효과를 거두고 있는 학교들이 계속 늘어나고 있다. 이처럼 명상은 여러 분야에서 효과를 나타내고 있다.

명상은 정서적 안정, 긍정적인 마인드를 부여하며 학습능력 향상에 효과적이다. 정신을 맑게 하고 판단력을 명징하게 하며 문제해결 능력을 증진한다. 명상은 산만한 마음을 가라앉혀 흐트러진 마음을 하나로 모아 집중력을 강화할 수 있다. 명상을 하는 동안 자신을 되돌아보고 앞으로 자기가 할 일에 대한 목표를 분명히 함으로써 집중할 수 있다. 명상은 그 자체로도 효과가 있지만 마인드 컨트롤에도 탁월한 효과를 발휘한다. 분노·짜증·조급함·공격성 등을 완화시켜 부정적인 마인드를 긍정적으로 전환시킨다.

　명상을 하는 동안에는 뇌에서 세타파가 발생하여 통찰력과 창의력, 문제해결 능력이 증가함으로써 학습 및 업무에 높은 성과를 기록할 수 있다. 이는 집중력이 증가하고 있으며 신체, 심리, 학습, 대인관계 등에서 겪는 많은 어려움을 스스로 해결하고 있다는 증거가 된다.

　또한 명상은 행복감을 증진한다. 우리가 불행하다고 생각하는 요인들은 대부분 외부로부터 비롯된다. 경제적인 문제, 인간 관계성의 문제 등 불충족과 갈등은 사람의 마음을 갉아먹고 고통스럽게 한다. 심지어 파멸에 이르게 한다. 이를 스스로 해소하지 못하면 고통에 계속 시달린다. 반면 자아가 외부 환경에 별로 흔들리지 않고 평정을 유지할 수 있다면 자기정화 능력을 발휘하여 보다 행복해질 수 있다. 많은 연구 결과가 증명하듯 명상은 행복감을 증진한다. 행복감이 증진되면 일상생활이 즐겁고 일의 효율성이 높아지는 것은 당연하다.

　명상이 집중력을 강화하고 일상생활에 많은 도움이 되지만 실천하기 어렵다는 견해가 있다. 명상센터나 선원 등 특정 장소에 가야만 명상을 할 수 있는 것으로 생각하기 때문이다. 물론 초기에는 명상법을 배워야 한다. 그러나 일단 명상 수행이 익숙해지면 어디서든 할 수 있다. 집이건 회사건 현장이건 어디서든 가능하다.

예를 들어 공부를 하기 전이나 회사에서 보고서 쓰기, 중요한 업무를 하기 전에 5분 정도의 명상시간을 갖고 시작한다면 훨씬 더 높은 집중력을 발휘할 수 있다. 시험을 보기 전에 1분 명상만 해도 성적이 좋아질 수 있다. 어떤 일을 하기 전에 5분 명상을 권한다. 꼭 실천해 보기를 권한다.

제4장

집중력 강화를 위한 훈련

1. 주변을 통제하고 정리하라

"너는 글씨를 써라. 나는 떡을 썰겠다."

명필이 되겠다고 절에 들어가 수련을 한 지 3년 만에 집에 돌아온 석봉은 어머니와 암흑대결을 벌인다. 어머니는 어둠 속에서도 고르게 떡을 썰어 낸다. 그러나 석봉의 글씨는 비뚤비뚤 엉망이다. 석봉은 어머니에게 호된 꾸지람을 듣고 쫓겨난다. 다시 절로 돌아간 석봉은 글씨 공부에 매진하여 훗날 조선 최고의 명필이 된다.

호롱불마저 꺼진 캄캄한 방 안에서 벌어진 어머니와 아들의 대결은 초등학교 교과서에 나오는 명필 한석봉(한호 韓濩, 1543~1605)에 관한 일화다. 어린 시절 이 이야기를 읽은 나는 의문에 사로잡혔다.

"아니, 절에 틀어박혀 연습만 하면 명필이 되나? 좋은 글씨를 많이 보고 익혀야 명필이 되지 않을까?"

여러분들은 어떤 답을 가지고 있는지 자못 궁금하다. 그러나 이 일화의 교훈은 명확하다. 목표를 이루기 위해서는 집중해야 한다는 것이다. '절'은 모든 유혹에 대한 차단을 뜻한다. 목표를 향해 오직 한길 용맹정진하겠다는 의지의 실행이다. 그래서 선인들은 목표를 위해 수행정진하고자 할 때는 으레 절에 들어가곤 했다. 예전에 고시공부를 하는 수험생들도 외부의 불필요한 자극을 차단하기 위해 절에 틀어박히곤 했다.

외부 자극을 통제하라

절은 스스로를 세속과 격리하는 공간이다. 외부 환경뿐만 아니라 마음까지 격리하는 곳이다. 인위적으로 그런 환경을 만들어 놓고 수행에 몰입한다. 하지만 어떤 일에 집중하기 위해서 모조리 짐을 싸서 절에 들어갈 수 없는 게 현실이다. 요즘은 절도 번잡스러운 곳이 많다. 그러므로 자신의 현 위치에서 집중력을 강화하기 위해서는 외부의 자극을 통제하는 연습이 반드시 선행되어야 한다.

우리 주변에는 정신을 분산시키는 요소들이 너무 많다. 공부를 하려 해도 현대의 다양한 매체들은 사람을 가만히 놔두지 않는다. TV는 온종일 잡다한 프로그램을 쏟아 내고, 스마트폰은 시시때때로 울려 댄다. 온갖 마케팅 문자를 보내오고 카카오톡이니 밴드니 뭐니 하며 온종일 주인을 불러 댄다. 도저히 공부를 할 수 없다.

회사에서 일할 때도 마찬가지다. 무슨 회의는 그리 많은지, 쓸데없는 문서나 절차는 왜 그리 많은지, 그리고 스마트폰은 왜 그리 울려 대는지? 도저히 일에 집중할 수 없다. 그래서 정작 중요한 일은 야근으로 해결해야 한다.

따라서 어떤 일에 집중하기 위해서는 외부의 자극으로부터 자신을 통제하는 연습이 반드시 필요하다. 통제하는 힘, 즉 통제력은 크게 두 가지로 나눌 수 있다.

첫째는 주변 환경에 대한 통제다. 자기 주변에서 집중을 방해하는 요소들을 강제적으로 차단하여 몰입의 환경을 조성하는 것이다. 그러기 위해서는 우선 자기 주변에서 집중을 방해하는 물건들을 모두 치워 버려야 한다. 요즘 집중을 방해하는 대표적인 물건으로는 스마트폰·컴퓨터·TV를 꼽을 수 있다. 이런 IT기기들은 수시로 사용자를 불러 대고 중독성이 강하기 때문에 한번 접촉하기 시작하면 쉽게 빠져나올 수 없다.

흔히 '낚시'라고 표현되는 IT기기의 유혹에 걸려들면 여기저기 계속 낚시질을 하다가 시간을 몽땅 허비하게 된다. 대표적인 예가 인터넷이다. 이에 걸려들면 이것저것 검색하다가 몇 시간을 허비하고 후회하게 된다. 스마트폰도 마찬가지다. 수시로 사람을 불러 대고, 재미있는 앱들이 깔려 있는 이 기기를 코앞에 두고 있으면 안 볼 수 없다.

학부모들이 가장 싫어하는 것이 자녀들이 게임에 빠지는 것이다. 요즘에는 게임에 빠진 어른들도 많다. 이를 원천적으로 차단하기 위해서는 컴퓨터 등 게임기기들을 아예 치워 버려야 한다. 눈앞에 놓아두고 하지 말라고 하는 것은 음식을 앞에 두고 먹지 말라고 하는 것과 똑같다.

공부와 일에 집중하기 위해서는 이런 IT기기들을 사그리 치워 버리고 자신을 격리시켜야 한다. 한동안 IT기기들을 사용하지 않는다고 해서 큰일이 일어나지 않는다. 집중이 필요하다면 불필요한 모든 것을 치우고 집중할 공간에 틀어박혀야 한다.

만약 회사에서 인적요소를 통제할 필요가 있다면 집중근무제를 시행하는 것도 방법이다. 일례로 행정자치부는 매일 오전 10~11시에는 회의, 부내 행사, 직원 호출, 타 부서 방문 등을 최소화하고 커피·흡연·잡담 등 업무에 방해되는 요소를 일절 금지하는 집중근무제를 실시하고 있다. 서울의 한 IT업체는 오전 10~12시 집중근무제를 실시했더니 월 평균 연장 근로시간이 50시간에서 18.7시간으로 줄었다. 업무 능률이 올라 매출액도 20% 가량 상승했다. 이처럼 인적요소를 통제하여 주변을 집중하기에 적합한 환경으로 조성하면 능률은 당연히 높아진다.

우리는 가끔 영화관에 간다. 영화관은 어두워서 다른 일을 할 수 없고 오직 한 방향 스크린만 바라본다. 그러므로 영화에 집중할 수밖에 없다. 집중하므로 영화에 흠뻑 빠져 극의 내용과 동일시(同一視, identification)된다. 함께 영화를 보는 사람이 있다면 동일시를 공유할 수 있으므로 한마음이 된다. 마음이 합치되면 좋아하는 감정이 고양되므로 더 가까워질 수 있다. 그래서 연인들끼리 영화를 자주 보러 가는 것이다. 이것이 바로 집중에 관한 '영화관의 원리'다. 모든 것을 차단하면 집중할 수 있고, 그 일과 하나가 될 수 있다.

주변을 깨끗이 정리하라

아울러 집중하기 위해서는 자기 주변을 깨끗이 정리해야 한다. 현대는 대량생산에 의한 대량 소비사회다. 소비가 미덕이 되어 버렸고, 국가도 소비를 진작시키기 위해 많은 노력을 하고 있다. 심지어 경기가 살아나지 않으면 국민에게 돈이나 쿠폰을 주어 물건을 사라고 부추긴다.

그런데 과연 우리가 살아가기 위해서 그렇게 많은 물건이 필요할까? 주변을 한번 둘러보라. 우리 주변에는 잡동사니 천지다. 1년에 한번 쓰지 않는 물건도 널려 있다. 그렇게 불필요한 잡동사니들을 자꾸 양산하다 보니 지구는 쓰레기별이 되고 말았다. 지구 표면에 있는 모든 인공구조물을 얇게 펴서 깐다면 아마 10미터 이상의 두께로 지구를 덮어 버릴 것이다. 근자에 들어 '정리의 기술'에 관한 책들이 다수 출간되고 있는데 이는 복잡한 현대에 대한 반작용이라 할 수 있다.

필자는 정리를 생활화하고 있다. 최소한 적게 가지고 생활한다는 신조를 지키려고 노력한다. 이럴 경우 쇼핑과 물건을 찾는 데 시간을 허비할 필요가 없다. 물건을 적게 가지고 간결하게 생활하므로 치우거나 청소하는 시간도 줄어든다. 머릿속도 단순해진다. 쓸데없는 물건을 구매하지 않으므로 경제성도 확보된다. 그러므로 일에 집중하는 시간을 늘릴 수 있다.

불필요한 물건을 버리지 못하고, 주변을 어지르고, 잡동사니를 쌓아 두는 증상을 '잡동사니 증후군'이라 부른다. 잡동사니에 파묻힌 사람은 천재적 재능을 가진 사람이 아니면 일에 집중할 수 없다. 정리되지 않으므로 목표가 불확실하고 자신의 위상을 파악하기도 어렵다. 이런 습관을 가진 사람은 성취하기 어렵다.

생산현장에서 20세기 초반의 '포드 시스템'을 능가하는 생산방식으로 세계적인 각광을 받은 '도요타 생산 시스템(Toyota Product System)'이 있다. 불필요한 요소를 최대한 제거하여 생산효율을 최대한 높인 이 시스템에서 가장 중요한 요소는 바로 '정리'다. 적기(適期), 적소(適所), 불량 감소 등의 생산 수칙들이 모두 '정리'를 기반으로 하고 있다. 정리는 효율의 출발점이다.

복잡한 현대에서는 단순하게 사는 것이 매우 중요하다. 목표를 단순화하고, 사람 사이의 관계도 단순하게 만든다. 물건을 적게 가지고 항상 주변을 단순하게 정리한다. 어지러운 환경을 피하고 정돈된 공간 속에서 일과 공부에 집중한다. 이것이 삶의 질을 높이는 또 다른 방법이다.

우리에게 『어린 왕자』로 친숙한 생텍쥐페리는 단순함에 대해서 이렇게 말했다. "단순하게 만들기가 가장 어렵다. 단순함의 완벽함이란 더 이상 보탤 게 남아 있지 않을 때가 아니라 더 이상 뺄 게 없을 때 완성된다."

또한 르네상스 시대의 천재 레오나르도 다빈치는 "명료한 것은 단순함에서 비롯된다. 명료한 것은 결코 복잡하거나 모호하지 않다. 복잡하게 표현한다는 것은 사물의 본질과 핵심을 잘 모른다는 증거다. 복잡함은 장황함에서 나오기 때문이다."라며 단순함이 본질에 훨씬 더 가깝다고 설파했다.

마음을 통제하라

둘째는 마음을 통제해야 한다. 주변 정리를 했지만 마음이 들떠 있거나 불안정하면 집중할 수 없다. 마음처럼 다스리기 어려운 것이 없다. 불교에서 말하는 사람의 다섯 가지 욕심인 오욕(五慾, 재물욕·명예욕·식욕·수면욕·색욕)과 수시로 변하는 일곱 가지 감정인 칠정(七情, 희·노·애·락·애·오·욕)이 모두 마음에서 비롯된다.

집중을 하기 위해 마음을 통제한다는 것은 불필요한 일에 빠져들지 않는 것, 괜히 시간을 낭비하지 않는 것이다. 가치 없는 일에 빠지지 않고, 별 소득도 없이 남의 일에 끼어들지 않는 태도를 말한다. 불안정한 마음을 다잡아 집중해야 할 일에 매진하는, 마음의 기둥을 굳건하게 세우는 의지를 뜻한다.

우리 몸에는 신경계에서 흥분을 조절하는 GABA(Gama-aminobutyric acid)라는 억제성 신경전달물질이 있다. GABA는 염소이온의 세포 내 유입을 조절하여 신경 활성도를 억제한다. GABA는 신경계의 브레이크 역할을 한다. 이것이 조절되지 않으면 분노조절장애를 겪을 수 있다. 통제력을 발휘하기 위해서는 GABA가 적정하게 조절되어야 한다. 스스로의 감정 조절 훈련과 수행을 통해 마음을 다스려야 한다.

조선 최고의 천재이자 과거에서 아홉 번 장원한 구도장원공 이이는 스무 살 때 스스로를 경계하여 생활의 지침으로 삼고자 '자경문(自警文)'을 지었다. 모두 11조로 된 자경문을 보면 이런 내용이 있다. 이 중 여섯 가지를 고른다. 글의 숫자는 후대에 이해를 돕기 위해 나눈 것이다.

2. 마음이 안정된 사람은 말이 적다. 그러므로 마음을 안정시키는 일은 말수를 줄이는 것부터 시작해야 한다.
- 心定者言寡(심정자언과) 定心自寡言始(정심자과언시)

3. 오래도록 방치하였던 마음을 하루아침에 거두어서 힘을 얻는다는 것이 어찌 쉬운 일이겠는가? 마음이란 살아 있는 것이다. 안정시키고자 하는 힘이 충분하지 않으면 마음이 흔들려서 안정되기 어렵다. 만약 생각이 어지러워서 그것을 끊어 버리려 작정해도 어지러운 생각은 더욱 갈래를 친다. 생각이 일어났다 꺼졌다 하며 제 마음대로 되지 않는다. 가령 잡념을 끊어 버린다 하더라도 끊어야겠다는 생각이 마음속에 가로놓여 있다면 그 또한 망령된 잡념이다. 그러므로 마땅히 마음이 어지러울 때는 정신을 가다듬고 담담하게 마음을 다스려 잡념에 끌려가지 말아야 한다. 그렇게 오랫동안 애쓰면 고요하게 안정되는 때가 있을 것이다. 또한 일을 할 때는 일에만 집중해야 한다. 이것 역시 마음을 안정시키는 공부가 된다.
- 久放之心(구방지심) 一朝收之(일조수지) 得力豈可容易(득력기가용이) 心是活物(심시활물) 定力未成(정력미성) 則搖動難安(칙요동난안) 若思慮紛擾時(약사려분요시) 作意厭惡(작의염오) 欲絶之(욕절지) 則愈覺紛擾(칙유각분요) 夙起忽滅(숙기홀멸) 似不由我(사불유아) 假使斷絶(가사단절)

244

只此斷絶之念(지차단절지염) 橫在胸中(횡재흉중) 此亦妄念也(차역망념야) 當於紛擾時(당어분요시) 收斂精神(수렴정신) 輕輕照管(경경조관) 勿與之俱往(물여지구왕) 用功之久(용공지구) 必有凝定之時(필유응정지시) 執事專一(집사전일) 此亦定心功夫(차역정심공부)

4. 늘 경계하고 두려워하며 혼자 있을 때 삼가야 한다. 시시각각 게으르지 않겠다는 의지를 가지면 모든 나쁜 생각들이 일어나지 못한다. 만 가지 나쁜 것들은 혼자 있을 때를 삼가지 않는 데서 생긴다. 홀로 있을 때 삼갈 줄 안 다음에야 기수에서 목욕하고 시를 읊으며 돌아오는 의미를 알 수 있을 것이다.

- 常以戒懼謹獨意思(상이계구근독의사) 存諸胸中(존제흉중) 念念不怠(념념불태) 則一切邪念(칙일절사념) 自然不起(자연불기) 萬惡(만악) 皆從不謹獨生(개종불근독생) 謹獨然後(근독연후) 可知浴沂詠歸之意味(가지욕기영귀지의미)

6. 무릇 어떤 일이 생기거나 해야 할 일이 있거든 정성을 다해서 그 일을 처리해야 한다. 싫증을 내거나 게을리하는 마음을 가져서는 안 된다. 또한 해서는 안 될 일이라면 딱 끊어 버려 가슴속에서 옳고 그름에 대한 시비가 일어나지 않게 해야 한다.

- 凡遇事至(범우사지) 若可爲之事(약가위지사) 則盡誠爲之(칙진성위지) 不可有厭倦之心(불가유염권지심) 不可爲之事(불가위지사) 則一切截斷(칙일절절단) 不可使是非交戰於胸中(불가사시비교전어흉중)

10. 밤에 잘 때나 질병에 걸렸을 때가 아니면 눕지 않아야 하고 비스듬히 기대지도 말아야 한다. 한밤중이라도 졸리지 않으면 눕지 않아야 한다. 다만 밤에

억지로 잠을 막아서는 안 된다. 낮에 졸음이 오면 마땅히 정신을 차려 바짝 깨워야 한다. 그래도 눈꺼풀이 무거우면 일어나 여기저기 걸어서 정신이 깨어나도록 해야 한다.

- 非夜眠及疾病(비야면급질병) 則不可僵臥(칙불가언와) 不可跛倚(불가파의) 雖中夜(수중야) 無睡思(무수사) 則不臥(칙불와) 但不可拘迫(단불가구박) 晝有睡思(주유수사) 當喚醒(당환성) 此心 十分猛醒(차심 십분맹성) 眼皮若重(안피약중) 起而周步(기이주보) 使之惺惺(사지성성)

11. 공부에 힘쓰되 느리게도 말고 급하게도 하지 않아야 한다. 공부는 죽은 다음에야 끝나는 것이다. 만약 공부의 효과가 빨리 나타나기를 구한다면 그 또한 이익을 탐하는 마음이다. 만일 이와 같이 정진하지 아니하면 어버이로부터 물려받은 몸뚱이를 욕되게 함이다. 그것은 사람의 도리가 아니다.

- 用功不緩不急(용공불완불급) 死而後已(사이후이) 若求速其效(약구속기효) 則此亦利心(칙차역이심) 若不如此(약불여차) 戮辱遺體(육욕유체) 便非人子(변비인자)

이이의 자경문을 읽어 보면 그가 어찌하여 과거에서 아홉 번이나 장원을 했는지 깨닫게 된다. 타고난 천재이기도 했지만 스스로를 엄격하게 삼가고 깨우쳐서 조금의 흐트러짐도 없이 학문에 매진했음이 여실히 드러나 있다. 특히 마음의 통제와 학문을 하는 자세에 대해서는 불가의 수도승 못지않게 수행정진했음을 알 수 있다. 조선의 선비정신이 이이에 이르러 최고에 이르렀음을 느끼게 된다.

역시 천재는 1%의 재능과 99%의 노력이라 했던가? 천재 이이도 이처럼 스스로 삼가고 가열한 노력을 기울였는데 평범한 사람들이야 더 말할 필요도 없지 않겠는가? 더 이상의 변설이 필요 없고 부끄러움에 고개가 저절로 숙여질 뿐이다. 특히 이이의 생활철학이 집약된 '근독(謹獨, 홀로 있을 때 스스로 삼가는 마음가짐)'은 마음을 통제하는 집중력의 정수라 할 수 있다. 근독(謹獨)은 중용(中庸)에 나오는 '신독(愼獨)'과 같은 뜻이다.

집중하기 위해서는 잡스러운 마음을 통제해야 한다. 잡념은 묘하게도 고리 구조를 가지고 있다. 한 가지 생각을 하면 또 다른 생각이 뛰쳐나와 잡념이 꼬리에 꼬리를 문다. 고리와 고리에 얽힌 생각에 사로잡히다 보면 잡념이 실타래처럼 뒤엉켜 도저히 풀 수 없게 된다. 이 난마(亂麻)를 풀기 위해서는 알렉산더의 칼이 필요하다. 일도양단(一刀兩斷). 한칼에 베어 두 동강을 내버려야 한다. 집중하고자 할 때는 잡념과 유혹을 단칼에 끊어 버리는 고도의 통제력(intensive control)이 필요하다.

'정신일도 하사불성(精神一到何事不成)', 정신을 한 곳으로 집중하면 어떤 일이라도 성취할 수 있다.

통제력이 최후의 승자를 만든다

통제력은 상황을 정확하게 파악하는 데도 필수적이다. 소설 『삼국지』의 후반부를 주도하는 인물은 제갈량이다. 이에 맞선 사마의는 제갈량에게 번번이 당하며 여러 차례 굴욕을 겪었다. 그러나 그는 제갈량의 다섯 차례 북벌을 모두 막아냈고, 4대에 걸쳐 조조 일가를 보좌하면서 몸을 낮출 대로 낮추며 살아남았다. 마지막에는 정변을 일으켜 위나라의 권력을 장악했다. 마침내 그의 손자인 사마염이 삼국을 통일하여 최후의 승자가 되었다.

중국의 자오위핑(趙玉平)은 『사마의-자기 통제의 승부사』라는 책을 통해 권모와 술수가 난무하는 시대에서 사마의가 살아남고 권력을 장악할 수 있었던 것은 오직 하나 '절제와 인내'를 실천했기 때문이라고 분석한다. 그래서 이렇게 결론짓는다. "승자가 되는 유일한 처세법은 자기 자신을 다스리는 것이다."

우리나라의 이순신 장군도 스스로에 대한 절제와 통제력이 탁월한 전략가라 할 수 있다. 그는 왕의 뜻을 어겨 가면서까지 전쟁 상황에 대한 냉철한 분석을 통해 군사를 엄격하게 통제했다. 그리하여 23전 23승 불패의 신화를 창조했다. 그에게 1593년 조선 최초의 '삼도수군통제사'라는 직함이 부여된 것은 당연한 일이라 하겠다. 전쟁은 통제하는 힘이다. 집중력도 통제하는 힘이다. 통제력을 제대로 발휘하는 사람이 끝내 승리한다.

2. 우선순위가 높은 일을 먼저 하라

당신은 하루에 몇 가지 일을 하는가? 인간의 행동을 연구하는 행동심리학자에 의하면 중간 분류를 할 때 사람은 하루에 100가지 이상의 일을 한다고 한다. 물론 더 작게 나누면 수백 가지 일을 할 것이다.

사람이 하루에 하는 일의 종류를 대분류하면 다음의 네 가지로 나눌 수 있다.

① 생리적인 일: 먹다, 자다, 배설하다, 섹스하다 등

② 관계하는 일: 대화하다, 이동하다, 연락하다, 교류하다 등

③ 목적하는 일: 노동하다, 생산하다, 영업하다, 학습하다, 운동하다, 종교 활동, 예술 활동 등

④ 노는 일: 놀다(오락·유희), 휴식하다 등

이렇게 나누고 나서 하루에 자기가 목적으로 삼는 일을 하는 시간이 과연 얼마나 되는지 따져 보자. 일단 먹고 배설하고 자는 생리적인 활동 시간을 뺀다. 대화하고 전화하고 누구를 만나기 위해 일터로 가기 위해 이동하는 시간도 뺀다. 중간중간 노는 시간도 뺀다. 그러고 나면 실질적으로 일을 하거나 공부하는 시간은 정작 얼마 되지 않는다.

게다가 요즘은 주 5일 근로(주 40시간 근무)가 보편화되어 있으므로 1주

일 단위로 따져 보면 아마 실질적으로 일을 하는 시간은 채 20시간도 되지 않을 것이다. 물론 하루 12시간 이상 일하는 자영업자도 많고, 하루 8시간 이상 공부하는 학생들도 매우 많다. 평균을 따져 보면 그렇다는 이야기다.

그런데 목적으로 하는 일을 하는 시간의 양이 적다는 것은 그리 큰 문제가 되지 않는다. 가장 큰 문제는 그 적은 시간마저 집중하지 않는다는 것이다. 일과 공부에 대한 몰입이 안 돼 집중력을 발휘하지 못하는 것이다. 그런 상황이라면 일과 공부의 질을 높일 수 없어 성과를 기대하기 어렵다. 좋은 방법은 없을까?

일의 3요소

누구나 아침에 일어나면 그날 할 일을 계획한다. "오늘은 이것을 하고, 저것을 하고, 또 그것도 해야지."라고 생각한다. 하루의 계획을 메모지에 구체적으로 쓰지 않더라도 대강의 순서를 정하고 실천에 옮긴다.

하지만 계획한 일이 뜻대로 되지 않는 경우가 많다. 그 이유는 상황이 바뀌었거나, 준비가 덜 되었거나, 시간이 부족하거나, 게으름을 피웠거나, 깜박 잊어버렸거나 등이다. 어찌 됐건 아침에 계획한 일을 모두 잘 마무리했다면 성공적인 하루라고 평가할 수 있다. 그러나 미결된 일들이 있다면 찜찜하고 다른 날 해결해야겠다는 생각으로 스트레스가 쌓인다.

솔직히 어느 누구도 모든 일을 제때에 잘 해내는 것은 매우 어렵다. 의지가 굳고 실행력이 강한 사람은 어떻게든 해내지만 대부분은 계획대로 마치지 못한다. 혼자서 하는 일은 오히려 쉬울 수 있지만 다른 사람과 함게 해야 하는 일은 변수가 더 많다. 상대방이 한 명일 때도 쉽지 않지만 인원수가 늘어나면 늘어날수록 더욱 힘들다. 특히 이해집단이 많은 경우에는 더욱 어렵다. 오죽하면 대한민국을 '갈등 공화국'이라 부르겠는가?

우리는 주변에서 '누구는 일을 잘한다'는 말을 들을 때가 있다. 일반적으로 '일을 잘한다'는 표현 속에는 세 가지 요소가 깃들어 있다.

---

① 제때(in time) - 때를 놓치지 않고 적시에 일을 해낸다.

② 제대로(properly) - 대충대충 하는 것이 아니라 제대로 실행하여 질 높은 성과를 도출한다.

③ 두루 만족스럽게(satisfactory) - 일에 관계되는 이해당사자들이 두루 만족하게끔 일을 처리한다.

회사에서 실기하지 않고 높은 성과를 올리면 좋은 평가를 받게 되고 진급이 빠른 것은 당연한 일이다. 학생이 제때제때 공부하여 높은 성적을 올리면 본인은 물론 부모, 선생님 등 관계자들이 두루 만족한다. 본인의 미래에 선택의 기회와 범위도 넓어진다.

이러한 '일의 3요소'를 깊이 인식하여 실천하면 좋은 결과로 이어진다. 하지만 그렇지 못한 경우에는 일을 주도하지 못해 계속 일에 질질 끌려가게 된다. 낮은 성과로 인해 불만족도 높아진다.

중요한 일을 먼저 하라

일과 공부에 대해 스스로 만족하지 못한다면 가장 먼저 자신의 일하는 스타일에 대해 깊이 생각해 봐야 한다. 위에서 말한 '일의 3요소'를 잘 지키고 있는지 분석해 봐야 한다.

모든 일에는 우선순위(priority)가 있다. 우선순위란 시간과 자원을 투입하는 과정에서 중요도·긴급성·파급효과 등을 따져 먼저 실행해야 하는 순서를 말한다. 우선순위를 정할 때는 목표의 중요도, 비용, 인적 및 물적 조건, 시간과 공간, 파급효과 등을 계량적으로 고려한다. 우선순위 판단의 가장 일반적인 방법은 투입(input)-산출(output) 효과를 분석하는 것이다. 모든 일을 동시에 할 수 없으므로 중요도와 시급성을 따져 선택을 해야 한다. 이른바 '선택과 집중'이다.

일을 잘하기 위해서는 하루의 계획을 나열해 놓고 '오늘 가장 중요한 일이 무엇인가?'를 따져 본 다음 그 일을 우선적으로 처리하는 데 주력해야 한다.

그런데 뜻밖에도 대부분의 사람들은 중요한 일을 먼저 처리하지 않는다. 그날 해야 할 중요한 일이 있고 우선순위가 높은 일이 있다는 것을 분명히 인지하고 있지만 아침부터 당장 시작하지 않는다. 왜 그럴까? 그런 사람들은 중요한 일을 시작하기 전에 분위기부터 잡는다. 말하자면 워밍업을 하는 것이다. 차를 한잔 마시고, 흡연자는 담배도 한 대 피우고, 이것저것 둘러보고, 분위기를 잡은 다음에 일을 시작하려 한다.

그러나 그런 방식으로 일을 하면 시작도 하기 전에 진이 빠져 버린다. 분위기를 잡으며 워밍업을 하는 동안 시간이 흘러가고 집중력이 저하되어 일에 몰입하기 어렵다. 워밍업 시간이 긴 사람은 항상 일처리가 더디고 성과도 낮다. 중간에 딴짓을 하거나 자리를 뜨거나 왔다 갔다 하며 시간을 허비한다. 마무리를 못 하고 다음으로 미루기 일쑤다. 전형적인 산만한 성격이다.

이런 습관을 고치기 위해서는 일의 우선순위를 정하고 중요도가 가장 높은 일을 가장 먼저 처리하도록 해야 한다. 워밍업을 제거하고 곧바로 일에 집중할 수 있도록 습관을 바꿔야 한다.

일에 워밍업은 필요 없다. 곧바로 시작해야 한다. 이것저것 분위기 잡은 뒤에 본질적인 일을 하려하면 나중에 힘이 빠져 못 하게 된다. 중요한 일을 먼저 하면 빨리 끝내야겠다는 생각으로 집중하게 된다. 그 일을 해결하고 나면 마음이 가벼워진다. 자연히 일의 능률도 오른다. 일의 선순환이 이뤄지는 것이다. 아래 그림처럼 역삼각형으로 일을 처리해야 한다.

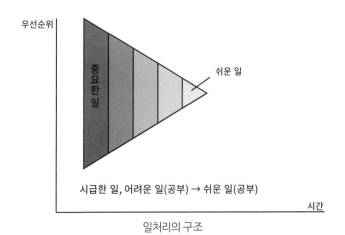

일처리의 구조

회사에서 일을 잘하는 사람들은 아침에 출근하자마자 집중해서 일을 한다. 중요한 일을 우선적으로 하고 결재도 미리 받아 놓는다. 이어서 현장에 나간다든가 다음 수순에 들어간다. 그런 사람은 항상 빠르다. 재촉도 받지 않는다. 그날 일을 미루지 않는다. 그래서 병목현상(bottleneck)

이 없다. 오후에는 여유가 있어 좀 더 창의성 있는 일을 궁리한다.

반대로 일을 못하는 사람은 늘 재촉받는다. "김 과장! 그 일 했나요?" "아니요." "아니, 그 일을 지시한 지가 언제인데 아직까지 안 했단 말이요?" "그게 아니고 어쩌고저쩌고……." 변명이 시작된다. 직장에서 관계가 나빠지고 서로 스트레스가 증가한다. 정작 중요한 일을 시간에 쫓겨서 하다 보면 일의 질이 낮아진다. 일처리를 제대로 하지 못했으므로 상사의 질책을 받는다. 차츰 상사의 눈치를 보게 되고 늘 조마조마하다. 직장과 일이 점점 싫어진다. 하기 싫으므로 성과도 낮다. 악순환이 계속된다.

어부가 제때 그물을 거두지 않으면 물고기는 모두 달아나 버리거나 그물에 걸려 썩어 버린다. 항상 제때, 제대로 집중해야 한다.

어려운 과목을 먼저 공부한다

공부도 어려운 과목을 먼저 하는 것이 더 효율적이다. 공부를 잘하는 학생들은 대부분 어려운 과목을 먼저 시작한다. 어려운 과목은 그만큼 더 높은 집중력을 요구하기 때문에 뇌가 피로해지기 전에 먼저 공부하는 것이다. 어려운 문제를 푸느라 뇌가 긴장하고 활성화되면 짧은 시간에 뇌력이 높아진다. 어려운 과목을 먼저 공부하면 쉬운 과목은 술술 풀리기 때문에 기분이 좋고 실력도 향상된다.

반대로 공부에 성과를 올리지 못하는 학생은 쉬운 과목을 먼저 한다. 그러면 정작 어려운 과목을 하고자 할 때는 이미 뇌력과 체력이 저하되어 집중력을 발휘하지 못한다. 끙끙거리며 해결하고자 하지만 쉬이 지쳐 버려 중간에 포기하게 된다. 다음 날 다시 하려 하지만 역시 같은 패턴이 반복되어 '과목 기피 현상'이 생긴다. 그러다 보면 학습성과가 낮아져 뒤처지게 된다. 점점 더 공부에 흥미를 잃게 되고 종래는 탈락하고 만다. 그러면서 스스로 중얼거린다. "나는 안 돼. 재능이 없나 봐. 노력을 해도 안 되잖아." 노력을 했는데도 안 되는 게 아니라 공부의 방법이 잘못된 것이다. 이를 극복하기 위해서는 힘들더라도 어려운 과목을 먼저 하는 습관을 길들여야 한다.

강조하고 싶은 결론은 이것이다. 하루에 할 일의 목록을 적어 놓고 우선순위가 높은 일을 반드시 먼저 하라. 그래야 집중력이 높아진다. 중요한 일은 정신이 맑을 때 해결하라. 뇌가 피로해지기 전에 집중해서 먼저 끝내라. 그래야 일과 공부에 대한 장악력이 높아진다.

3. 마감정신을 가져라

마라톤 선수는 출발점에 섰을 때 도착점을 생각한다. 42.195㎞. 힘겹고 고통스러운 여정이지만 도착점에 도달했을 때의 뿌듯한 성취감을 생각하며 한 발 한 발 달린다. 달리기를 하다 보면 매우 힘들기 때문에 중간에 그만두고 싶은 생각을 자주 하게 된다. 코스를 이탈하여 도로변에 주저앉아 버리면 만사휴의(萬事休矣), 그것으로 끝이다. 고통스럽게 달리지 않아도 되는 편안함으로 두 다리 쭉 뻗고 드러누우면 되지만 성취는 사라진다.

그러나 반환점을 넘어 도착점이 다가올수록 마라톤 선수는 온 힘을 다해 달린다. 그때 마라톤 선수가 생각하는 것은 오직 하나, 피니시 라인(finish line)뿐이다. 도착점을 통과했을 희열을 생각하며 다리에 힘을 준다. 마라톤 선수가 피니시 라인을 향해 집중하여 달리는 의지가 바로 마감정신이다.

끝까지 완주하는 사람이 성취한다

마감정신은 계획한 목표를 완수하고자 하는 강력한 의지다. 마감정신에 투철해야 단기간 혹은 장기간으로 계획한 일을 끝낼 수 있다. 마감정신은 목표에 대한 책무이자 약속에 대한 이행이다.

동양 최고의 역사서 『사기(史記)』를 집필한 사마천(司馬遷, B.C. 145?~B.C.

86?)은 온갖 고난을 무릅쓰고 위대한 업적을 이룩했다.

사마천은 전한(前漢)시대인 기원전 145년 중국 섬서성(陝西省)에서 태어났다. 그의 아버지 사마담은 한무제 때 역사를 기록하는 사관인 태사령이었다. 사마천은 아버지의 가르침을 받으며 성장했다. 스무 살 때는 3년 동안 전국을 유람하여 풍물과 역사를 익혔다. 28세에 낭중이라는 하급 관료가 되었다. 36세 때 아버지 사마담이 병으로 쓰러지면서 아들에게 유언을 남겼다. 자신이 마치지 못한 역사서 집필을 끝내라는 것이었다.

아버지의 뒤를 이어 38세에 태사령이 된 사마천은 40대 초반부터 『사기』 집필을 시작했다. 그런데 47세 때 예기치 않은 일이 발생했다. 기원전 99년 한나라의 장수 이릉이 흉노와 싸우다 사로잡혀 투항하는 사건이 발생한 것이다. 사람들은 이 사건에 대해 한나라를 망신시킨 일이라고 비난했다. 그러나 사마천은 그의 투항이 군사력의 열세에 따른 어쩔 수 없는 일이었다며 이릉을 변호했다. 이 일로 사마천은 무제의 노여움을 사게 되어 사형을 선고받았다.

당시 사형에서 벗어나는 길은 오십만 냥으로 감형받는 것과 궁형을 받아 환관이 되는 것이었다. 궁형(宮刑)은 남성은 성기를 잘라 내고, 여성은 질을 폐쇄하여 성기능과 자손 생산을 불가능하게 하는 치욕스러운 형벌이다. 오십만 냥이라는 큰돈이 없었던 사마천은 결국 궁형을 선택했다. 목숨을 건져 역사서를 쓰라는 부친의 유지를 받들기로 한 것이다.

그 후 사마천은 궁형의 치욕을 견디며 삶의 목표를 역사서 집필로 정하고 이에 몰입하였다. 수많은 자료를 모으고 조사하며 한 자 한 자 죽간에 써 나갔다. 그리하여 마침내 56세 되던 해 『사기』 집필을 완료하였다. 그 분량은 무려 130편, 52만 6,500자에 달했다. 장장 20여 년에 걸친 각고의 노력 끝에 한 사람의 집념이 인류에게 위대한 유산을 남긴 것이다.

사마천이 『사기』를 완성하게 만든 힘의 원천은 그 일을 꼭 마무리하겠다는 의지였다. 남자의 기능마저 상실한 채 오직 한 가지 필생의 목표를 이루고야 말겠다는 '마감정신'의 소산이었다.

2014년 10월 스웨덴 왕립과학원 노벨위원회는 그해의 노벨 물리학상 수상자를 발표했다. 수상자는 청색 발광다이오드(LED)를 발명한 일본 나고야대학의 아카사키 이사무와 아마노 히로시 교수, 나카무라 슈지였다.

이 중 나카무라 슈지는 매우 이례적인 경력을 가진 수상자였다. 그는 1954년 일본에서 가장 낙후된 지역의 하나인 시코쿠 에히메현에서 태어났다. 어린 시절 만화영화 〈철완 아톰〉의 코주부 박사를 좋아하고 과학에 관심이 많았던 그는 지방대학인 도쿠시마대학을 졸업했다. 졸업 후 취업한 회사는 직원 200명 남짓의 지방 중소기업인 니치아화학공업이었다. 이 회사는 브라운관에 쓰이는 형광체를 만들고 있었다. 나카무라 슈지는 10년 동안 종래의 방식으로 열심히 제품을 만들었으나 별다른 성과를 올리지 못했다.

결국 그는 입사 10년이 되던 1988년 "어려워서 사람들이 손을 대지 않는 것을 시작해 보겠다."라고 결심했다. 20세기 안에는 만드는 게 불가능하다고 여겨졌던 청색 LED 개발에 도전한 것이다. 성공 가능성이 1퍼센트도 되지 않아 누구도 시도하지 않았던 '질화갈륨'을 LED의 주재료로 선택했다. 나카무라 슈지는 사장에게 이 제품을 개발해 보자고 제안한 뒤, 회사의 지원을 받아 1989년 미국 플로리다대학에 유학했다.

귀국 후, 기존 논문이나 참고 문헌도 읽지 않고 오로지 자신만의 방식으로 연구를 진행했다. 실패가 반복되고, 회사의 재정적 지원마저 줄어들자 부품을 직접 조달하고 실험장치를 만들어 가며 끝까지 연구를 포기하지 않았다.

4년에 걸친 고투가 계속됐다. 500번에 달하는 시행착오를 거듭한 끝에 마침내 1993년 세계 최초로 청색 LED 실용화에 성공했다. 거대 연구기관과 대기업에서도 이뤄 내지 못한 것을 시골 중소기업에서 그것도 연구원 혼자서 성공해 낸 것이다. 그의 나이 39세였다. 이 뉴스를 접한 과학계는 큰 충격에 휩싸였다.

지방 중소기업의 평범한 연구원 나카무라 슈지가 성공할 수 있었던 이유는 자신의 열악한 환경을 탓하지 않고 목표에 대한 끈질긴 집중력으로 오직 한길에 매진했기 때문이다. 500번이 넘는 실패에도 멈추지 않고 연구를 반드시 마치고야 말겠다는 마감정신이 투철했기 때문이다.

당시 《뉴욕 타임스》는 "일본의 발명가가 세계 굴지의 대기업을 앞질렀다."라며 격찬을 아끼지 않았다. 스웨덴 노벨위원회도 횃불, 백열등, 형광등, LED를 차례로 언급하며 "청색 LED 개발은 램프 혁명이며, 인류에게 최대의 혜택을 주는 발명"이라고 평가했다. 한 사람의 노력이 인류에게 새로운 빛의 시대를 열어 준 것이다.

누구에게나 목표가 있다. 크든 작든 이루고자 하는 목표가 있다. 그 목표를 이루는 힘은 재능과 자본이 아니다. 목표에 도달하게 하는 힘의 원천은 끝까지 해내겠다는 마감정신이다. 집중력은 이 마감정신에서 생겨난다.

마감정신은 시간관리가 중요하다. 오늘 해야 할 일을 한없이 뒤로 미루는 것은 시간관리가 아니다. 마감정신은 사전에 계획된 시간 안에 일과 공부를 완수하는 것이다. '제때' '제대로' 일을 끝마칠 수 있도록 최선의 집중력을 다하는 것이다. 집중력은 시간관리가 반드시 병행되어야 한다. 시간을 철저히 관리하지 않으면 집중력은 생기지 않는다.

두 번 일하지 마라

단기간이건 장기간이건 목표를 세워서 어떤 일을 추진하다 보면 항상 어려움에 봉착하게 된다. 세상에 쉬운 일은 없다. 이럴 때 돌아가거나 설렁설렁하는 사람이 있다. 반면 끝까지 제대로 해내는 사람이 있다. 집중력은 대충대충 하는 것을 의미하지 않는다. 집중력은 제대로 완벽하게 해내는 것을 뜻한다.

나는 우리 아이에게 공부할 때의 자세에 대해 다음의 세 가지를 지키도록 요구했다.

> ① 끈질기게, 꾸준히 한다.
> ② 정확하게 한다.
> ③ 완전히 이해할 때까지 한다.

첫째, '끈질기게, 꾸준히 한다.'는 것은 공부가 단거리 경주가 아닌 장거리 경주임을 의미한다. 반짝이는 재능으로 잠깐 두각을 나타내는 사람보다 오랜 시간 끈질기게 하는 사람이 공부에서 성취를 이뤄 낸다.

둘째, '정확하게 한다.'는 것은 공부의 속성이다. 공부는 시간량만으로 측정되는 것이 아니다. 공장에서는 시간당 생산량에 가동시간을 곱하면 생산량이 산출되지만 공부는 절대 그렇지 않다. 공부의 질이 가장 중요하다. 얼마나 집중해서 정확하게 공부했느냐가 성과를 결정한다.

셋째, '완전히 이해할 때까지 한다.'는 것은 학습하고자 하는 내용을 온전하게 내 것으로 만들어야 한다는 것을 뜻한다. 이른바 '메타인지 학습'이다. 잘 모르는 부분이 있는데도 진도만 나간다면 구멍이 숭숭 뚫린 그물과 같다. 고기를 잡을 수 없다. 학습한 내용이 온전히 내 것으로 습득되지 않는다.

그렇게 설렁설렁 공부하면 뒷부분을 공부하다 이해하지 못하는 부분이 많아 다시 앞부분으로 돌아와야 한다. 성과는 당연히 떨어질 수밖에 없다. 그러므로 제대로 완벽하게 이해할 때까지 공부해야 내 것이 된다. 일하는 자세도 마찬가지다. 이런 학습법을 지키도록 노력한 아이는 지금 예비 과학자로 공부를 계속하고 있다.

또한 일을 할 때는 두 번 일하지 않기 위해서 최대한 노력해야 한다. 주변에는 처음에 대충대충 해 놓고 나중에 다시 고치겠다는 생각으로 일하는 사람들이 많다. 단연코 이것은 좋은 방법이 아니다. 그렇게 생각하는 사람은 불량품도 좋으니 일단 생산해 놓고 제품을 다시 고치겠다는 사람이다. 그런 방식으로 일을 하면 시간과 경비가 많이 들 뿐 아니라 제품의 질도 낮아진다. 처음 잘못 생산된 불량품은 고친다고 해도 어차피 'B품'일 뿐이다.

모든 일은 처음부터 잘 해내야겠다는 자세로 임해야 한다. 시작 단계부터 제대로 정확하게 해내겠다는 굳은 의지를 가지고 매순간 집중해야 한다. 오늘 정한 목표를 오늘 중에 꼭 끝내겠다는 다짐을 해야 한다.

집중력은 '제때' '제대로' 정한 시간 안에 목표를 달성하겠다는 마감정신이다. 마감정신이 투철해야 집중력이 향상된다. 나아가 마감정신에 입각한 단기집중력에 익숙해져야 장기집중력으로 이어갈 수 있다.

4. 운동은 집중력을 강화한다

　진화생물학은 인류의 과거에 대한 비밀의 열쇠를 제공하지만 한편으로는 우리가 어떻게 살아야 하는가에 대한 방향타를 제시하기도 한다. 인간의 신체와 운동의 관계도 마찬가지다.

인체는 진화의 산물

　인간의 몸이 현재와 같이 진화된 것은 혹독한 자연환경에서 살아남기 위해서였다. 직립보행을 살펴보자. 인간은 다른 동물에 비해 신체가 연약했기 때문에 앞다리, 즉 손을 써야 할 필요성을 느끼게 되었다. 그래서 척추가 발달하면서 두 발로 서서 보행하는 것이 가능해지자 점점 손을 사용하였다. 손의 사용은 도구를 만드는 계기가 되었다.

　직립보행으로 손을 많이 사용하면서 인간의 두뇌도 커지기 시작했다. 인간의 두뇌가 다른 포유동물과는 비교도 안 될 정도로 큰 것은 인류의 조상들이 사나운 포식동물에 잡아먹히지 않으려고 두뇌를 열심히 사용한 결과라는 연구도 있다. 인간의 두뇌 용량은 동물계에서 가장 크다. 인간 뇌는 평균 1,300~1,500g으로 몸무게의 2.5%밖에 안 되지만 몸 전체가 사용하는 에너지의 18~20%를 소비한다. 에너지를 사용하는 속도도 신체의 다른 부위보다 평균 9배는 더 빠르다.

　인간이 이렇게 커다란 뇌를 가지게 되자 많은 영양분이 필요해졌다.

인간은 두 발로 걸어 다니면서 보다 넓은 시야를 확보하게 되었다. 이는 다양한 식량을 획득할 수 있는 기회를 제공했다. 게다가 자유로이 쓸 수 있는 손이 있었다. 인간은 초원을 열심히 돌아다니면서 열매와 고기 등 다양한 식량을 닥치는 대로 섭취하였다. 아울러 불을 사용해 식품을 익혀 먹음으로써 소화 흡수율을 더욱 높였다.

런던 유니버시티칼리지 인류학과 존 리더 교수는 『아프리카 대륙의 일대기』라는 책을 통해 이와 같은 인간의 진화에 대해 잘 설명하고 있다. 대부분의 동물은 보호막 역할을 하는 털이 있다. 만약 털이 없으면 햇빛의 직격탄을 맞게 되어 몸이 익어 버린다. 사막에서 흰옷으로 몸을 감싸고 있는 이유는 이 때문이다.

직립보행을 하면 네발 보행동물에 비해 직사광선에 훨씬 덜 노출된다. 직립보행을 하면 신체 표면의 7~20% 정도만 햇빛에 노출된다. 따라서 털이 오히려 불편해진다. 다만 직사광선을 가장 많이 받는 머리는 털이 남아있는 게 유리하다. 이런 이유로 인간은 선택적으로 털을 버리고, 그 대신에 땀샘을 발달시켰다. 인간의 땀샘은 다른 포유동물보다 훨씬 빠른 속도로 열을 방출한다.

이러한 변화는 인간을 지구상에서 가장 지구력이 강한 동물로 바꿔 놓았다. 인간의 달리기 속도는 다른 동물보다 훨씬 느리지만 오래달리기 능력은 탁월하다. 치타처럼 빠른 동물도 채 몇 분을 달릴 수 없다. 체온과 혈압이 급상승하기 때문이다. 하지만 인간은 땀샘을 통해 열을 계속 방출한다. 가죽주머니 등을 통해 물을 계속 마시면서 몸을 효율적으로 냉각시킴으로써 몇 시간이고 달릴 수 있다. 이처럼 탁월한 냉각기관은 인간에게 지구력을 선사했다. 또한 오래달리기를 하면 뇌에서 도파민 같은 호르몬이 나와 달리는 고통을 잊게 한다. 이처럼 인간의 몸은 살아남기 위해 몸부림친 진화의 산물인 것이다.

운동은 뇌력을 강화한다

이제 진화의 시계를 거꾸로 돌려보자. 만약 인간이 다른 동물처럼 털을 유지하고, 더우면 그늘 밑에서 낮잠만 잤더라면 지금처럼 진화하지 못했을 것이다. 그러나 인간은 직립보행을 하고 털을 버렸다. 끊임없이 이리저리 돌아다니면서 채집과 수렵활동을 했기 때문에 뇌를 키울 수 있었다. 오래달리기를 통해 지구력과 인내심을 키우고 뇌력을 증진했기 때문에 진화의 사다리를 오를 수 있었다.

따라서 인간은 오랜 조상부터 전해진 유전자 속에 녹아 있는 '초원의 방랑'이라는 행위를 반복해 주어야 뇌력이 향상되는 체질을 가지고 있는 것이다. 이것이 인간이 운동을 해야 하는 이유다. 인간은 걷고 달리면서 생각하면서 생존했기 때문에 걷고 달려야 한다. 생각이 꽉 막혔을 때 걷기를 하면 생각이 정리되는 것도 이 때문이다. 걷기는 뇌 활동과 생각을 촉진한다. 이것이 인간이 먼 곳으로 여행을 하는 이유이기도 하다.

당연히 운동은 신체적 건강을 증진한다. 달리기와 빨리 걷기를 비롯한 다양한 운동은 심폐 기능과 근력, 지구력을 키우는 데 효과가 좋다. 정신건강에도 크게 도움이 된다. 운동은 스트레스 해소는 물론 우울증과 불안감을 해소시켜 정서적 안정에도 크게 기여한다. 운동을 하면서 들숨과 날숨을 크게 하고 혈류가 좋아지면 뇌에 공급되는 혈액과 산소의 양이 늘어나 기분이 상쾌해진다. 허준은 『동의보감』에서 만병의 원인이 '통(通)하지 않기 때문'이라고 했다. 기혈(氣血)이 몰려 있고 경락이 통하지 못하면 병이 생긴다는 것이다. 통하면 병이 사라진다.

운동은 기억력과 집중력을 향상한다. 운동을 하면 뉴런과 시냅스의 활동이 활발해지면서 인지능력과 기억력이 증가한다. 노르에피네프린과 엔도르핀 분비도 늘어나 스트레스를 줄여 주고 새로운 신경세포의 생성을 촉진한다.

규칙적인 운동이 학업 성적을 높인다는 연구 결과가 있다. 네덜란드 암스테르담 브리제대학교 메디컬센터 연구팀은 1990~2010년까지 6~18세의 청소년 1만 2천 명을 대상으로 연구를 수행했다. 연구 결과, 운동을 규칙적으로 한 학생들의 성적과 행복지수는 그렇지 않은 학생들에 비해 22~75% 더 높게 나타났다.

스페인 마드리드 자치대학교 연구팀은 2014년 스페인 어린이와 청소년 2,038명의 체력과 학업성적 등에 관한 자료를 분석했다. 그 결과 심폐능력과 운동능력은 학업성적과 밀접한 관계가 있는 것으로 나타났다. 반면 근력은 학업성적과 큰 관계가 없었다. 결론적으로 신체 건강 상태가 좋은 아이들이 학업에서도 좋은 성적을 기록했다고 밝혔다.

'0교시 체육시간'을 우리나라까지 전파시킨 하버드 의대 존 레이티 교수는『운동화 신은 뇌』라는 책을 통해 놀라운 결과를 소개하고 있다.

미국 시카고의 네이퍼빌센트럴 고등학교에서는 수업을 시작하기 전에 전교생에게 1마일(1.6km)의 달리기를 시켰다. 운동을 시킨 후 1, 2교시에는 어려운 과목을 배치했다. 달리기를 시작하고 나서 그 학교는 전국 최고의 학업 성취도를 기록했다. 존 레이티 교수는 달리기가 혈액 순환을 촉진해 두뇌를 최적의 활성화 상태로 만들었기 때문이라고 분석했다. 이 외에도 운동이 뇌력을 강화한다는 연구 결과는 너무나 많다.

운동은 당연이 집중력을 강화한다

지속적인 운동을 할 경우 정신의 소통작용이 발달하여 인지력, 판단력, 집중력이 높아진다. 달리기를 하는 사람들 사이에는 '러너스 하이(runner's high)'라는 쾌감을 경험하는 경우가 많다. 러너스 하이는 미국의 심리학자인 A. J. 맨델이 1979년 발표한 논문에서 처음 사용된 용어다. 보통 1분에 120회 이상의 심장박동수로 30분 정도 달리다 보면 이런 쾌감을 느낄 수 있다고 한다.

가벼운 마약 중독 상태와 비슷한 이 행복감은 도파민과 노르에피네프린, 세로토닌 등 신경전달물질이 분비됨으로써 일어나는 현상이다. 이 물질들은 인지력과 집중력에 많은 영향을 미치므로 운동을 통해 이것들이 잘 분비되면 자연히 뇌가 활성화된다. 운동은 명상과 비슷한 효과를 주며 행복감과 자존감을 높인다.

우리가 좋아하는 일에 집중하고 있을 때는 A10 신경이 자극돼 신경전달물질인 도파민이 분비된다. 쾌감 신경이라고 불리는 A10 신경은 성욕·식욕과 같은 욕구를 조절하는 영역과 감정·기억·학습영역에 영향을 미친다. A10 신경을 통해 도파민이 전달되면 쾌감의 신호를 전전두엽 피질로 보냄으로써 집중력이 높아진다. 다만 도파민은 효과가 매우 강하므로 게임이나 술, 마약, 섹스 등의 중독을 유발할 수 있다.

미국의 건강정보 사이트 '로데일 뉴스(www.rodalenews.com)'는 『운동치료(The Exercise Cure)』의 저자인 조단 메츨(Jordan Metzl) 박사의 의견을 토대로 운동이 불안증, 주의력 결핍, 기억력 저하, 수면 장애 등의 치료에 기여한다고 밝히고 있다. 이를 요약하면 다음과 같다.

① 불안증: 일과 돈, 가족 문제 등으로 불안증에 시달릴 수 있다. 만성적인 불안증도 있다. 운동은 이 모두에 도움이 된다. 운동을 하면 엔도르핀이 나온다. 운동을 하는 사람은 하지 않는 사람에 비해 불안증 위험이 25%나 줄어든다. 요가 같은 명상 운동도 좋다.

② 주의력 결핍, ADHD: 성인이나 어린이 모두에게 운동은 집중력을 향상하고, 불안감을 조절하는 좋은 방법이다. 운동은 일시적으로 도파민 수치를 높여 충동 조절에 기여한다.

③ 기억력, 인지력 장애: 건강한 두뇌는 건강한 심장에서 나온다. 운동은 뇌 혈류를 촉진해 두뇌 성장을 좋게 한다. 똑같은 운동보다는 새로운 운동을 배우면 뇌가 더 활성화된다.

④ 수면장애: 헬스장의 운동은 수면제보다 더 효과적이다. 운동은 질 높은 수면을 취할 수 있게 한다. 특히 운동은 체중 증가를 막음으로써 수면 무호흡증 예방과 수면장애 극복에 기여한다.

필자는 젊은 시절부터 달리기, 빨리 걷기, 등산 등 운동을 생활화하고 있다. 골치 아픈 일이 있을 때는 오히려 운동량을 늘리고, 운동을 하면서 생각을 정리하기도 한다. 몸이 찌뿌둥하거나 체력이 저하되는 것 같으면 적정한 운동을 통해 활력을 되찾는다. 장기 프로젝트를 수행할 경우에도 지속적인 운동을 통해 체력과 집중력을 유지한다.

"죽어라 공부해도 죽지 않는다." 입시를 준비하는 학생들 사이에서 이런 말이 회자되고 있다. 맞는 말이다. 그러나 '죽어라 공부하는' 대신에 '운동을 하면서' 공부하는 것은 어떨까? 입시에서 탁월한 성적을 나타내는 학생들은 대부분 공부 스트레스를 운동으로 풀고, 운동을 통해서 집중력을 향상했다는 경험담을 이야기하고 있다.

끈질기게 몰입하는 집중력은 체력에서 비롯된다. 운동은 집중력을 증진하는 강화제다.

5. 과연 기계로 집중력을 높일 수 있는가

평소 높은 집중력을 발휘하면 공부와 업무에 매우 유리하다. 그러나 그것이 잘 되지 않으면 스스로 "나는 왜 집중력이 없을까?"라는 자괴감에 빠진다. 이럴 때 기계, 약물 등을 이용하여 인위적으로 집중력을 높일 수 있다면 얼마나 좋을까? 과연 그런 방법이 가능할까?

집중력을 높이는 기계

시중에는 집중력을 향상할 수 있다는 기계가 판매되고 있다. 이 기계들이 적용하고 있는 원리는 간단하다. 집중력 향상에 도움이 되는 뇌파를 인위적으로 발생시켜 뇌에 주입해 보자는 것이다.

3장에서도 기술했지만 뇌파는 진폭에 따라 델타(δ)파(1~4Hz), 세타(θ)파(4~8Hz), 알파(α)파(8~13Hz), 베타(β)파(13~30Hz), 감마(γ)파(30~120Hz) 등으로 나누어진다.

가장 낮은 진폭의 델타파는 깊은 수면 상태에서 나온다. 세타파는 얕은 잠이나 꿈을 꿀 때 발생한다. 알파파는 휴식하는 상태다. 베타파는 공부 등에 집중할 때 나온다. 감마파는 극도의 흥분 상태다.

이와 같은 뇌파의 발생 원리를 살펴볼 때, 만약 집중력을 향상하겠다는 의도가 있다면 어떤 파장을 주입해야 할까? 그것은 두말할 나위 없이 베타파일 것이다. 왜냐하면 집중할 때는 베타파가 발생하기 때문이다.

그런데 집중력 향상 기계는 알파파와 세타파를 발생시켜 뇌를 휴식시키고 안정화함으로써 집중력을 향상한다고 설명하고 있다. 이해가 가지 않는 부분이다. 알파파와 세타파를 발생시켜 주입한다면 오히려 긴장이 이완되고 졸리게 된다. 그런 파장은 쉬거나 얕은 잠을 잘 때 발생하는 뇌파이기 때문이다. 굳이 뇌파를 주입한다고 하면 베타파를 발생시켜야 한다.

또한 헤드셋을 쓴 상태에서 뇌파로 공을 들어 올릴 수 있도록 고안된 어떤 제품은 집중력을 연습할 수 있게 해 준다고 되어 있다. 그런 장난감 같은 기기를 통해 잠깐 훈련한 뒤 고도의 집중력이 발휘될지도 매우 의문이다.

뇌는 인위적 자극을 싫어한다

뇌파를 인위적으로 발생시켜 주입함으로써 집중력이 향상된다는 주장은 매우 의문스럽다. 예를 들어 어떤 일에 집중하고자 할 때 뇌에 다른 자극을 계속 준다고 가정해 보자. 그러면 집중력이 높아질까? 절대 그렇지 않다.

뇌에 어떤 자극을 지속적으로 주는 행위는 뇌를 피곤하게 할 뿐이다. 주의력을 분산시킬 뿐이다. 뇌는 파장과 같은 다른 자극을 계속해서 받으면 주의가 분산되어 집중할 수 없다. 여러 가지 일을 한꺼번에 하는 멀티태스킹이 집중력에 아주 좋지 않다는 것은 이미 많은 연구 결과를 통해 증명된 일이다. 음악을 들으며 공부하는 것도 당연히 학습에 방해가 된다.

여기서 반드시 알아 두어야 할 것이 있다. 뇌파의 구분은 인간의 활동과 뇌에서 발생하는 파장을 통계적으로 분류한 것이어서 그 특성이 기계적으로 정확히 적용되지 않는다는 점이다. 인간의 뇌는 열을 가하면 녹는점(용·융점, melting point)이 정확하게 측정되는 금속처럼 물리적·기계적 특성이 반드시 적용되지 않는다.

감정 변화나 외부 자극에 따라 뇌 신경회로가 수시로 변하기 때문에 깨어 있을 때는 뇌파가 일정한 상태로 유지되지 않는다. 수시로 뇌파가 변한다. 이를 자연스럽게 놓아두어야지 인위적으로 다른 파장을 계속 주입하면 부조화 상태가 일어나 뇌파가 교란된다. 뇌에서는 베타파가 발생하는데 기계에서 알파파를 계속 주입하면 뇌가 평안하겠는가? 오히려 심한 부작용이 나타날 수 있다.

뇌파에서 가장 중요한 핵심은 행위가 뇌파를 발생시키는 것(행위→뇌파)이지, 뇌파가 행위를 유발(뇌파→행위 ×)하는 것은 절대 아니라는 점이다. 반대의 행위는 뇌 기능에 역작용을 일으킬 수 있다.

다만 그런 도구를 사용함으로써 집중력을 향상하려는 의지가 강력하게 작용하거나, 도구로 인해 집중력이 잘된다는 긍정적인 마인드가 작용하여 집중력이 단기간 일부 향상될 수 있다. 이른바 가짜 약을 투입했을 때 나타나는 플라시보 효과(placebo effect) 같은 것이다.

이는 기계의 사용으로 심리적 변화가 유도되는 경우로 심인성 효과와 물리적 효과가 혼동될 수 있다. 만약 '집중력 강화 귀마개' 같은 것을 개발하여 판매한다면 어떨까? 효과적인 광고를 계속 반복한다면 귀마개를 착용한다고 해도 집중력 향상의 심리적 효과는 나타날 수 있을 것이다. 그러나 그것은 단지 심리적 효과일 뿐이지 특정 도구에 의한 효과는 아니다.

따라서 필자는 현재 인위적으로 집중력을 향상할 수 있는 공인되고 검증된 기계나 도구는 없다고 판단한다. 또한 기계에 의한 집중력 향상도 반대한다. 그런 기계는 자칫 뇌를 교란시켜 큰 부작용을 일으킬 수 있기 때문이다. 집중력은 개인의 의지다. 노력이고 훈련이다. 기계로 향상할 수 있는 것이 아니라 정신의 혁신이다.

뇌 영양제

인터넷에 '뇌 영양제'라는 단어를 입력하면 놀랍게도 많은 제품들이 판매되고 있다. 일반적으로 뇌 영양제라 하는 것은 뇌의 기능 활성화를 위하여 필요한 영양소를 공급해 주는 제품을 말한다. 이를 판매하는 회사들은 대부분 해당 제품이 기억력 강화, 집중력 향상, 인지력 개선에 기여한다고 선전하고 있다.

뇌 영양제의 주요 성분은 비타민, 미네랄을 비롯한 각종 추출물 등인데 제조 회사에 따라 매우 다양하게 판매되고 있다. 비타민 중에서는 비타민 E가 많이 사용된다. 비타민 E는 세포막을 유지하는 항산화 물질로 활성산소를 무력화시킨다. 콜레스테롤 수치를 낮추고 심혈관 질환 예방에 기여한다. 불포화지방산에 대해 강력한 항산화 작용을 갖는 비타민 E는 뇌세포의 손상을 억제하고 신경계의 활동에 중요한 역할을 한다. 알츠하이머병의 진행을 억제하기도 한다. 그러므로 비타민 E를 보충해 주면 뇌 기능 활성화에 도움이 될 수 있다.

뇌 영양제는 글리아티린(gliatilin) 계통의 약물을 사용하는 경우가 많다. 기억력 감퇴의 주요 원인은 아세틸콜린(acetylcholine)이라는 물질이 부족해지기 때문으로 알려졌다. 아세틸콜린은 뉴런 전체에 분포하는 신경전달물질로 신경말단의 세포질과 시냅스 소포의 양쪽에 자리하여 전기자극과 촉매에 기여한다. 이 물질이 부족하면 신경계가 잘 작동하지 못한다. 따라서 이 물질을 채워 주면 기억력 개선에 기여할 수 있다. 아세틸콜린의 합성을 도와주는 물질이 바로 글리아티린이다. 의학계에서는 뇌세포 회복에 글리아티린이 효과적인 약물인 것으로 인정하고 있으며 기억력 감퇴, 치매 치료 등에 사용하고 있다.

아울러 포스파티딜세린(phosphatidylserine), 피브로인(fibroin), 징코빌로바(ginkgo biloba) 등도 사용된다.

포스파티딜세린은 생선·쌀·콩·푸른 잎 채소 등에 함유되어 있는 물질로 기억력 개선에 도움이 되는 것으로 알려졌다. 신경전달물질인 아세틸콜린의 양을 증가시키는 역할을 하여 뇌기능을 활성화시킨다. ADHD 치료에도 쓰이고 있다.

누에고치의 실은 피브로인(75%)과 세리신(25%)이라는 두 가지 단백질이 주요 성분이다. 피브로인은 타이로신 등 17종류의 아미노산으로 이루어져 있다. 이 단백질은 기억력, 집중력 개선에 효과가 있는 것으로 알려져 있다. 우리나라의 농촌진흥청 연구팀에서도 피브로인 추출물을 개발해 관련 제품을 만들고 있다.

징코빌로바는 은행나무 잎에서 추출한 물질이다. 뇌 혈행 개선에 도움을 줘 뇌기능의 개선과 기억력 향상에 기여한다. 혈액 순환이 안 돼 발생하는 편두통 치료에도 쓰이고 있다.

이와 같은 뇌 영양제는 두뇌 활성 물질이기 때문에 뇌 기능 활성화에 도움이 될 것이다. 해당 물질이 결핍됨으로써 빚어지는 뇌기능 저하에도 치료보조제로 사용되고 있다. 만약 뇌 기능 저하가 심하다고 판단될 때는 전문의와 상담하는 것이 지름길이다.

하지만 이런 물질의 대부분은 식품을 통해서 충당할 수 있는 것들이다. 그러므로 뇌 영양제를 먹어도 좋지만 먹지 않는다고 해서 걱정할 필요는 없다. 장수하면서 치매도 걸리지 않고 기억력이 좋은 노인들은 특별히 영양제를 먹지 않는다. 그들은 오직 끊임없이 몸을 움직이며 일하고 자연식으로 소식할 뿐이다. 좋은 생활 습관으로 신체와 정신의 건강을 지켜 나가는 것이 오히려 뇌 건강에 유리하다.

결론적으로 집중력을 높이기 위해 기계나 약에 의존하기보다는 스스로의 노력이 중요하다고 본다. 기계나 약은 일시적이지만 훈련을 통한 습관은 평생 지속되기 때문이다.

6. 집중력을 높이는 음식도 있다

　산업의 발달과 급격한 도시화로 지구는 점점 인공별이 되어 가고 있지만 인간은 여전히 자연계에서 살고 있다. 원시 지구로부터 생성된 물과 공기를 마시고 자연으로부터 획득한 식품을 먹으며 생명을 유지하고 있다. 인간의 몸은 수분(63%), 단백질(22%), 지방질(13%), 무기질(4%), 미량의 비타민과 탄수화물로 구성돼 있다. 이런 신체를 유지하기 위해 인간은 끊임없이 다양한 음식을 먹는다.

먹는 음식과 성격은 관계가 있다

　음식은 신체에 영양소를 공급해 기능을 유지시킬 뿐 아니라 혈액과 신경세포, 호르몬 등의 원료가 된다. 음식이 육체에 많은 영향을 끼치는 것은 당연하다. 그렇다면 과연 사람이 먹는 음식과 정신·성격 사이에도 상관관계가 있을까?

　많은 연구자들은 "그렇다."라고 답한다. 특히 동양의학에서는 사람이 어떤 음식을 좋아하느냐에 따라 체질과 성격이 다르다고 한다. 선호 음식에 따라 성격이 다른 이유는 음식의 기본 성질이 다르기 때문이다. 먹는 음식의 성질은 몸에 배어들고 또한 고스란히 밖으로 표출된다.

　예를 들어 육식을 좋아하는 사람은 그렇지 않은 사람에 비해 다혈질이다. 활동적이지만 끈기가 부족하다. 참을성도 적다. 역사적으로 육식을 즐기는 민족은 침략적이었다.

반면 채소를 좋아하는 사람은 인내심이 강하고 차분하다. 천천히 소화시키며 침착하게 일을 처리한다. 상대적으로 느긋하며 생각도 깊다.

좋아하는 맛으로도 성격이 갈린다. 매운 음식을 선호하는 사람은 적극적이다. 성격은 급하고 다혈질이다. 신 것을 좋아하는 사람은 짜증이 많다. 변덕도 심하다. 단것을 좋아하는 사람은 전반적으로 부드럽다.

미국 게티즈버그 칼리지·세인트 자비어대학교·노스다코타 주립대학교 공동 연구팀은 선호하는 맛과 성격 사이의 관계에 대해 연구했다. 2011년의 연구 결과(Journal of Personality and Social Psychology)에 따르면 단 음식을 선호하는 사람은 그렇지 않은 사람에 비해 긍정적이고 부드러운 성격을 가지고 있었다. 자발적이며 친절했다.

소화의 차이도 영향을 미친다. 육류는 채소보다 소화가 빠르고 열량도 높다. 그래서 육식동물은 날쌔고 포악하다. 반면 섬유질이 주성분인 풀은 소화가 잘 되지 않는다. 초식동물은 되새김질까지 해가며 풀을 느리게 소화한다. 육식동물은 섬유질을 분해하는 효소인 셀룰라아제가 없어 풀을 소화하지 못한다. 그래서 말도 안 되는 이야기를 할 때 '개풀 뜯어 먹는 소리'라고 면박을 준다. 소화가 빠르면 조급해지고, 느리면 느긋해진다.

이처럼 먹는 음식은 체질 및 성격 형성과 관련이 있으므로 이를 잘 가려서 먹는 것이 필요하다. 집중력에 대해서도 마찬가지다.

포도당은 뇌의 주 에너지원

집중력은 고도의 두뇌 활동이다. 몰입이 매우 강한 상태의 집중력은 많은 에너지를 필요로 한다. 끈질긴 지구력도 요구된다. 인간 뇌는 체중의 2.5%밖에 안 되지만 몸 전체 사용 에너지의 18~20%를 소비한다.

우리 몸의 6대 영양소는 탄수화물·지방·단백질·비타민·무기질·물이다. 이 중 뇌가 가장 많이 필요로 하는 것은 탄수화물이다. 단당류 탄수화물인 포도당(glucose)은 뇌의 주 에너지원이다. 포도당이 공급되지 않으면 뇌는 정상적인 활동을 할 수 없다. 포도당은 이화과정을 통해 ATP(adenosine triphosphate)라는 작은 단위의 유기화합물로 변환된다. 포도당 한 분자가 변환되면 38개의 ATP가 만들어진다. ATP 분자는 물 분자를 만나 가수분해되면서 다량의 에너지를 방출한다. 포도당 1g이 분해되면 4kcal의 열량이 발생한다. 뇌세포는 이 에너지를 공급받아 활동한다. 포도당은 뇌세포와 뉴런의 연료다. 그런데 뇌는 영양분을 저장하는 기능이 없으므로 혈액을 통해 끊임없이 포도당을 공급받아야 한다.

뇌에 좋은 포도당을 공급해 주는 식품은 탄수화물과 과일이다. 대표적인 탄수화물 식품은 쌀·보리·밀 등 곡류다. 우리 민족은 오래 전부터 쌀을 주식으로 해 왔으므로 밥이 가장 좋은 식품이다. 흰쌀보다는 현미가 낫고, 콩 등 여러 잡곡을 섞어 먹으면 더욱 좋다. 우리 민족은 밀의 성분인 글루텐을 소화하는 효소가 부족하므로 빵과 면류는 자제해야 한다.

과일에는 포도당이 풍부하게 들어 있으므로 뇌에 좋은 식품이다. 첨가물 없이 제철 과일을 먹는 것이 효율적이다. 꿀도 뇌에 좋다. 꿀에 함유된 포도당·과당은 체내에서 더 이상 분해될 필요 없는 단당류여서 체내 흡수가 빠르고 피로회복에 좋다. 설탕은 이당류로 과다 섭취하면 혈당이 높아진다. 뇌 시상하부에 영향을 줘 심장박동수가 빨라지고 고혈압·심혈관질환·당뇨 등을 유발할 수 있으므로 주의해야 한다.

뇌세포와 신경전달물질을 만드는 아미노산

뇌는 단백질도 많이 필요로 한다. 단백질은 우리 몸을 구성하는 가장 기본적인 요소로 수많은 아미노산(amino acid)의 연결체다. 몸의 단백질을 구성하는 기본 아미노산은 20종이다. 기본 아미노산의 배열과 연결 구조에 따라 특성이 달라지므로 단백질의 종류는 무한하다. 단백질은 뼈·근육·혈관·장기·피부·모발·손발톱 등 대부분의 신체조직 구성에 쓰인다. 각종 호르몬을 생성하여 신체대사에도 활용한다.

우리가 단백질을 섭취하면 그대로 쓰는 것이 아니라 미립자인 아미노산으로 분해하여 활용한다. 그런데 체내에서 합성할 수 없는 아미노산이 있어 이를 필수아미노산이라 한다. 트립토판·페닐알라닌·트레오닌·메티오닌·발린·류신·이소류신·리신·히스티딘 등 9종의 필수아미노산은 체내에서는 합성되지 않으므로 반드시 음식을 통해 섭취되어야 한다.

아미노산은 뇌세포 형성과 발달에 중요한 물질이다. 이것이 부족하면 뇌세포가 제대로 자랄 수 없으며 특히 유아기에 충분히 공급되어야 한다. 아미노산은 뇌가 활동하는 데 필요한 신경전달물질도 만들어 낸다.

뇌의 신경전달물질은 100개가 넘는 것으로 연구되고 있다. 이에는 흥분성 물질인 아드레날린·노르아드레날린·도파민, 억제성 물질-가바(GABA)·타우린, 행복물질-세로토닌, 도취물질-엔도르핀, 기억물질-아세틸콜린, 광(光)주기 생체리듬물질-멜라토닌, 통증전달물질-Substance P 등이 있다. 그래서 아미노산이 결핍되면 움직임이 둔해지고 집중력이 떨어진다. 몽롱함과 우울증·무기력·기억 장애가 일어날 수 있다.

아미노산이 풍부한 단백질 식품에는 소고기·생선·해조류·계란·우유·견과류·콩식품 등이 있다.

지방산, 인지질, 비타민, 칼슘

　지방을 가수분해하면 지방산과 글리세롤이 된다. 인체에서는 십이지장에서 분비되는 리파아제에 의해 분해된다. 지방산은 포화지방산과 불포화지방산으로 나뉜다. 불포화지방산인 오메가3 지방산(ALA, DHA, EPA)은 혈중 콜레스테롤을 감소시키고 세포막을 튼튼하게 한다. 등푸른 생선에 많이 함유된 DHA는 뇌 시냅스 활동을 촉진한다. 집중력 향상과 기억 저장에 기여한다. EPA는 혈전을 용해하므로 뇌 혈류를 원활하게 한다. 우리 몸은 체내에서 오메가3 지방산을 합성할 수 없기 때문에 음식물을 통해 섭취해야 한다. 이 성분은 고등어·연어 등의 생선이나 호두와 같은 견과류, 해조류 등에 풍부하다.

　인지질(燐脂質, phospholipid)은 인을 포함하는 지질로 단백질과 함께 생체막의 주요 성분이다. 세포막을 형성하고 신경 전달에 중요한 역할을 한다. 뇌와 간, 망막에 많이 함유되어 있다. 인지질은 기억력 향상, 치매 예방, 피로 해소의 기능을 한다. 혈중 콜레스테롤을 분해하는 유화제 역할도 하므로 장기에 지방이 쌓이는 것을 예방한다. 인지질은 계란·내장·콩식품 등에 많이 함유되어 있다.

　비타민은 우리 몸 전체에 매우 필요한 성분이다. A, B, C, D… 종류를 가릴 것 없이 모두 중요하다. 그중 뇌에 더 필요한 비타민은 B_1, B_6, B_{12}, D, E 등이다. 비타민 B 복합체인 B_1, B_6, B_{12}는 신경전달물질을 만드는 데 기여한다. 햇빛을 통한 합성으로 얻게 되는 비타민 D는 우울증을 예방한다. 비타민 E는 세포막을 유지시키며 활성산소를 제거한다. 생체막에서 지방질 산화 방지, 적혈구 보호, 세포 호흡 등을 원활하게 한다. 비타민은 거의 모든 식품에서 골고루 얻을 수 있는데 육류·생선·우유·달

걀·과일·푸른 잎 채소 등에 풍부하다.

칼슘도 뇌에 꼭 필요한 영양소다. 뇌 세포에는 미량인 0.1%의 칼슘이 존재한다. 이는 정보전달에 중요한 역할을 하며 결핍되면 뇌의 활동이 불안정해진다. 칼슘은 멸치, 해조류 등에 많다.

이처럼 뇌 기능 활성화에 도움이 되는 음식을 섭취하면 기억력과 집중력도 저절로 향상된다. 다만 일부러 골라서 먹기 어려우므로 다양하고 균형 잡힌 식생활을 하면 자연스럽게 건강한 뇌를 유지할 수 있다.

과식하지 마라

인간의 여러 욕망 중 가장 강력한 것은 식욕이다. 수면욕과 성욕은 그 다음이다. 물과 음식을 먹지 않으면 생명이 유지되지 않는다. 그래서 우리 몸은 음식물이 체내에 들어오면 우선적으로 그것의 소화에 집중한다. 소화작용을 통해 각종 영양소를 뽑아내 각 기관으로 보내기 위해 모든 역량을 총동원한다. 인체는 소화기관으로 다량의 혈액을 보내고 뇌는 뒷전으로 밀려난다. 소화기관으로 혈액이 몰려 뇌에 혈액과 산소가 감소하면 자연히 졸음이 온다. 이를 식곤증이라 한다.

식곤증은 과식을 하면 더 심해진다. 다량의 음식물을 소화시키기 위해서는 더 많은 혈액과 에너지가 필요하기 때문이다. 위장 기능이 약한 사람은 식곤증이 더 심하게 나타난다. 육류, 생선 등 소화하기 힘든 동물성 식품을 많이 섭취하면 졸린다. 탄수화물도 많이 섭취하면 혈중 인슐린 수치가 높아져 졸리게 된다.

행복물질인 세로토닌은 80%가량이 소화관 세포에 존재하는데 음식물이 들어오면 세로토닌 수치가 높아진다. 세로토닌은 감정 조절뿐만 아니라 식욕과 수면에 많은 영향을 미친다. 그래서 배가 부르면 세로토닌이 증가하여 행복감이 발생하고 아무 일도 하기 싫어진다. 그냥 TV 앞에 앉아 별 생각 없이 쉬고 싶을 뿐이다. 따라서 뇌력과 집중력을 높이기 위해서는 절대 과식하지 말아야 한다.

과식에 관한 각종 연구 결과도 많다. 2012년 미국 유명 병원 메이요 클리닉의 요나스 게다(Yonas Geda) 박사는 노인들을 대상으로 1일 음식 섭취량과 기억력의 관계에 대해 연구했다. 그 결과 음식 섭취량이 많은 그룹은 적게 먹는 그룹에 비해 기억력 감소와 인지장애를 겪는 비율이 2배 이상 높았다. 과식은 조기 치매를 유발할 수 있다. 원인은 과식이 활성산소를 더 많이 발생시키고 뇌혈관에 영향을 주기 때문으로 추정했다.

일본의 남쪽 섬 오키나와는 장수촌으로 유명하다. 세계에서 100세 이상 노인이 가장 많이 살고 있는 곳이다. 그곳의 '하라하치부(腹八分)'라는 식사법은 널리 알려져 있다. 포만감의 8할까지만 먹고 배가 부르기 전에 젓가락을 내려놓는 소식(小食) 습관이다. 소식이 바로 장수 비결이다.

소식은 활성산소 발생량을 줄여 수명을 연장한다. 연구에 따르면 일일 섭취량의 70%를 섭취하면 동물은 약 30%, 사람은 7% 가량 수명이 늘어난다고 한다. 소식은 수명 연장뿐만 아니라 기억력과 인지력을 유지하는 데도 크게 기여한다.

배부르고 등 따스우면 아무 일도 하기 싫다. 많이 먹으면 반드시 졸리고 게을러진다. 소식을 해야 뇌 기능이 활성화된다. 공부와 업무에 집중하기 위해서는 절대 과식하면 안 된다.

제5장

집중력과 행복

1. 집중력을 높이는 12가지 방법(총정리)

"집중력을 발휘하는 가장 좋은 방법은 무엇인가요?"

이런 물음을 자주 듣는다. 그럴 때마다 나는 "그냥 무식하게 집중하세요!"라고 대답한다. 정말 무식한 대답이다. 하지만 이 말은 정답이다.

집중력을 발휘하는 가장 좋은 방법은 쓸데없는 잡생각을 하지 말고 자기가 해야 할 일에 무작정 몰입하는 것이다. 이것저것 따지고 조건을 붙이고 구실을 대면 아무 일도 집중할 수 없다. "하고자 하는 자는 방법을 찾고, 하기 싫어하는 자는 구실을 찾는다."라는 말이 있다. 집중하기 싫은 사람은 늘 핑계를 찾는다.

백이열전을 11만 번 이상 읽은 김득신

무작정 집중한 사람의 예로 조선시대의 지식인 김득신(1604~1684)을 들 수 있다. 백곡(栢谷) 김득신(金得臣)은 조선 선조에서 숙종 때까지 활동한 시인이다. 병아리를 물고 달아나는 고양이를 그린 파적도(破寂圖)로 유명한 화가 김득신과는 동명이인이다.

임진왜란 때 진주대첩을 이끈 김시민 장군의 손자인 그는 어릴 때 천연두를 앓아 머리가 둔한 편이었다. 아버지 김치는 이러한 아들을 질책하기보다 격려했다.

"학문의 성취가 늦다고 실망하지 마라. 그저 읽고 또 읽으면 반드시

대문장가가 될 것이다."

김득신은 아버지의 가르침에 따라 책을 잡으면 수없이 반복하여 읽었다. 『독수기(讀數記)』라는 책에 자신이 읽은 책의 회수를 기록해 두었는데 1만 번 이상 읽은 책이 36권이나 되었다. 1만 번 이하는 기록하지도 않았다. 『중용』은 1만 8천 번, 『사기열전』 중 「백이전(伯夷傳)」은 무려 11만 3천 번이나 읽었다.

59세에 과거에 합격해 성균관에 들어갔으며 노년에도 '억만 번 글을 읽어야 한다'는 의미의 '억만재(億萬齋)'라는 서재를 짓고 공부에 몰두했다. 이런 김득신을 두고 당대의 문장가인 이식(李植)은 '그대의 시문이 당금의 제일'이라는 평을 내렸다. 김득신은 자신의 묘비에 "재주가 남만 못하다고 스스로 한계 짓지 마라.(無以才不猶 人自畵也)"라는 비문을 직접 지어 남겼다.

조선 최고의 다독가(多讀家)로 꼽히는 김득신은 완전히 이해하고 외워질 때까지 읽고 또 읽는 반복과 정독법을 택했다. 같은 책을 하도 많이 읽어 귀동냥으로 들은 하인도 외우고 있을 정도였다 하니 입이 다물어지지 않는다.

김득신의 공부법은 다소 무모하다고 할 수 있다. 그러나 무수한 반복과 집중을 통해 책의 내용을 완전히 습득하고, 늦지만 뛰어난 성취를 이뤄 냈으므로 그의 노력 앞에서 저절로 머리가 숙여진다.

이처럼 집중력은 이것저것 핑계대지 않고 무모하리만치 한 가지 일에 파고드는 것이 최상의 방법이다. 하지만 안타깝게도 우리 모두가 김득신처럼 될 수는 없다. 양반·귀족·부잣집 출신으로 먹고 살기 편편해서 책만 읽고 있어도 되는 상황이 아니다. 이른바 '금수저'도 아니다. 치열한 경쟁 속에서 살아남아야 하고 부족한 시간을 쪼개 자기계발에 힘써야 한다. 주위에는 집중을 방해하는 온갖 것들이 산재해 있고 세상은 잠시도 쉴 틈 없이 '고객님!'을 불러 대며 정신을 흔들어 놓는다. 웬만한 강심장과 굳은 의지가 아니면 도저히 집중할 수 없다.

그러므로 정보의 홍수 속에서, 혼돈의 아수라장 속에서도 집중할 수 있는 효율적인 방법론을 강구하지 않으면 안 된다. 무턱대고 집중할 수는 없으므로 집중하기 위한 요령을 익히고 습관을 들이는 것이 중요하다. 이를 위해 지금까지 연구한 내용을 토대로 집중력을 높이는 방법을 12가지로 총정리 요약해 본다.

집중력을 높이는 12가지 방법

1) 강력한 목표를 설정하라

집중력의 첫걸음은 강력한 목표 설정이다. 목표와 집중력은 동의어다. 무엇을 어떻게 하겠다는 뚜렷한 목표가 설정돼야 집중할 수 있다. 목표는 두루뭉술하고 모호하게 세우면 안 된다. 구체적이고, 측정 가능하며, 현실성 있는 목표를 설정해야 한다.

2) 핑계를 대지 말고 곧바로 일과 공부를 시작하라

일과 공부를 시작하는 데 진입 속도가 늦은 사람은 능력이 부족하거나 하기 싫기 때문이다. 그래서 자꾸 핑계를 대는 것이다. 핑계와 게으름은 집중력의 최대 적이다. 일하는 절차를 중요시하지 마라. 해야 할 일과 공부가 있다면 곧바로 시작하라. 이것저것 구실을 대다 보면 집중은 멀어진다.

3) 주변을 정리하고 외부 자극을 차단하라

우리 주변에는 집중을 방해하는 요소들이 너무 많다. 그 속에서 집중하기 위해서는 집중을 방해하는 물건들을 모두 치워 버려야 한다. 주변과 책상을 깨끗이 정리하고 통제하라. 휴대전화도 치워 버리고 외부 자극을 차단하라. 또한 마음을 통제하라. 정신을 통일해라. 정돈된 공간 속에서 마음을 가라앉히고 몰입해야 한다.

4) 우선순위가 높은 일을 먼저 하라

모든 일에 집중하기는 어렵다. 어쩔 수 없이 선택과 집중을 해야 한다. 따라서 하루에 할 일의 목록을 적어 놓고 우선순위가 높은 일을 먼저 하는 것이 좋다. 중요한 일은 정신이 맑을 때 집중해서 먼저 끝내라. 공부도 뇌가 피로해지기 전에 어려운 과목을 먼저 하는 것이 효율적이다. 그래야 일과 공부에 대한 장악력이 높아진다.

5) 집중해야 할 일의 패턴을 발견하고 재미를 붙여라

재미있으면 자연히 집중한다. 하지만 재미와 가치가 항상 일치하지는 않으므로 '재미의 딜레마'가 발생한다. 어떤 일에 집중하기 위해서는 반드시 재미가 따라 붙어야 한다. 재미는 자발성과 능동성을 필요로 한다. 집중력을 발휘하려면 하고자 하는 일에 재미를 붙여야 한다. 재미는 패턴이다. 패턴을 발견하고 익숙해짐으로써 재미없는 일을 재미있게 전환시키는 노력과 요령이 필요하다.

6) 일단 집중하기 시작했다면 중간에 자리를 뜨지 마라

집중력은 지속력이다. 일단 집중해서 일을 시작했다면 계속 몰입해야 한다. 그런데 어떤 이유로 전화를 받거나 자리를 뜨게 되면 몰입 상태는 깨지고 만다. 이를 복원하여 다시 집중하려면 강도가 약해진다. 일단 집중하기 시작했으면 절대 자리를 뜨지 마라. 계획한 목표지점까지 성취한 다음 엉덩이를 들어라.

7) 숙면은 최고의 집중력 강화제다

잠은 피로물질을 제거하는 특효약이다. 신체의 기능을 회복시키고 정신적 스트레스를 해소한다. 숙면을 취하지 않으면 기억의 분류와 저장 작업이 제대로 진행되지 못한다. 뇌세포가 쉬지 못해 활성도가 떨어지고 꾸벅꾸벅 졸면서 의식과 판단력이 흐려진다. 충분히 자라. 숙면은 최고의 집중력·기억력 강화제다.

8) 운동은 집중력을 강화한다

인체는 진화의 산물이다. 인간은 달리면서 생각하고 생존했기 때문에 걷고 달려야 한다. 운동을 하면 뇌에 공급되는 혈액과 산소의 양이 늘어나 뉴런과 시냅스의 활동이 활발해지고 인지 능력과 기억력이 향상된다. 운동은 뇌력과 지구력을 증강시킨다. 집중하려면 반드시 규칙적인 운동을 하라. 집중력은 체력이다.

9) 적게 먹어라

인간의 여러 욕망 중 가장 강력한 것은 식욕이다. 이것이 충족되면 아무 일도 하기 싫다. 많이 먹으면 반드시 졸리고 게을러진다. 공부와 업무에 집중하기 위해서는 절대 과식하면 안 된다. 8할까지만 먹고 배가 부르기 전에 젓가락을 내려놓아라. 소식은 기억력과 인지력을 높이며 수명 연장에도 기여한다. 음주, 흡연은 집중력을 떨어뜨리므로 반드시 삼가야 한다.

10) 마감정신을 가져라

마라톤 선수가 피니시 라인(finish line)을 통과하지 않으면 의미가 없다. 끝까지 해 낸다는 마감정신이 중요하다. 마감정신에 투철해야 단기간 혹은 장기간으로 계획한 일을 끝낼 수 있다. 목표를 달성하는 힘은 재능과 자본이 아니다. 그 원동력은 끝장을 보겠다는 마감정신이다. 집중력은 마감정신에서 생겨난다. 끝까지 완주하는 사람이 성취한다. 마감을 위해 시간관리가 병행되어야 한다.

11) 장기집중력을 높여라

잠깐 하고 마는 것은 집중력이 아니다. 벼락치기가 단기적 효과는 있을지 모르나 오래 가지 못한다. 집중력은 지속력이다. 머리가 아니라 엉덩이로 하는 것이다. 끈질기게 놀러 붙는 사람이 결국 이긴다. 장기집중력은 우공이산(愚公移山)이다. 궁극적인 성취는 장기집중력에서 창출된다. 머리와 순발력에 기대지 말고 장기집중력을 길러야 한다.

12) 집중력은 가치 실현과 행복이라는 것을 잊지 마라

집중력은 어렵고 고된 것이 아니다. 무엇인가 집중하는 것은 즐겁고 행복한 일이다. 집중을 통해서 성취를 이뤄 내면 삶이 선순환되면서 행복감이 높아진다. 쓸데없는 일로 시간을 보내면 인생을 낭비하게 된다. 궁극적으로 집중력은 가치의 추구다. 집중력은 꿈을 이뤄 내고 한 번뿐인 인생을 가치 있게 만든다. 결국 집중력은 행복을 실현하는 지름길이라는 것을 잊지 마라.

2. 집중력은 가치실현과 행복이다

　스티브 잡스는 '혁신의 아이콘'으로 불린다. 잡스(Steve Jobs, 1955~2011)
는 부잣집 출신, 이른바 금수저도 아닌 미혼모의 아들이었다. 그런 사정
때문에 다른 가정으로 입양되었고 시골 고등학교를 졸업했다. 대학도 지
방대 출신이다. 미국 오리건주 포틀랜드에 있는 리드칼리지에 의학과 문
학을 공부하기 위해 입학했으나 별 재미가 없어 자퇴했다.

　이후 자기가 좋아하는 일을 찾다가 최고의 파트너인 워즈니악(Steve
Wozniak, 1950~)을 만나 차고 안에서 애플을 설립했다. 새로운 제품을
만드는 데 의기투합한 그들은 1976년 최초의 개인용 컴퓨터인 '애플'을
내놓았다. 이로부터 잡스는 혁신에 혁신을 거듭해 IT혁명을 이끌었다.

　전문가들은 잡스의 창조적 원천을 실패를 두려워하지 않는 도전정신,
창의력, 고난에도 흔들림 없는 집중력, 조직을 이끄는 열정, 인재 발굴
등 다섯 가지를 꼽는다.

　잡스는 집중력의 대가였다. 그는 애플을 세울 때나 애플에서 쫓겨나
방황했을 때나, 다시 복귀하여 아이폰을 만들 때나 한결같이 '혁신'에
집중했다. 잡스는 항상 "한 번에 한 가지씩!"을 외쳤다. 그리고 불필요한
일에 대해 "NO!"라는 말로 일관했다.

　애플의 최고디자인책임자(CDO) 조너선 아이브는 "잡스는 내가 만난
사람 중 집중력이 가장 뛰어난 사람"이라고 평가했다. 전문가들은 애플

의 가장 큰 장점으로 '일과 혁신에 완전히 집중하는 능력'을 꼽는다. 결국 집중력이 신화를 창조한 것이다.

집중력은 세상을 변화시킨다

집중력은 유사 이래 수많은 천재들과 세상을 이끈 지도자들에게서 발견되는 공통점이다. 세종대왕, 레오나르도 다빈치, 갈릴레이, 파스칼, 뉴턴, 칸트, 콜럼버스, 이순신, 베토벤, 나폴레옹, 마리 퀴리, 아인슈타인, 카네기, 에디슨 등 모든 분야에서 인류사에 큰 족적을 남긴 사람들은 집중력의 대가였다. 그들이 한 일은 똑똑한 머리를 믿은 것이 아니라 오직 한 가지 일에 혼신의 힘을 다해 매진했다는 것이다. 그래서 끝장을 보았다는 것이다. 이처럼 집중력은 자신의 능력을 초월하는 놀라운 결과를 만들어 낸다. 그 결과는 우리의 삶을 변화시켰다.

목표한 일에 매진한 사람들은 집중력의 대가들이다. 그들의 목표가 반드시 성공한다는 보장은 없었다. 다만 실패를 두려워하지 않고 쓸데없는 일, 소모적인 일에 휩싸이지 않고 일관되게 나아갔다. 고난과 역경을 이겨내며 집중력을 흐트러뜨리지 않았다. 그리고 마침내 자신의 목표에 다다랐다. 그들은 일에 파묻혀 자신이 이루어 낸 성취가 인류사를 바꾸어 놓을 줄 몰랐을 것이다.

만약 목표에 도달하지 못한다 할지라도 집중하여 노력한 시간은 소중하다. 집중한 만큼의 성과가 있었을 것이며 그것이 자신의 삶과 이웃들에게 도움이 되었을 것이다. 그렇게 집중하다 보면 언젠가는 목표점에 이르게 된다.

종교의 수행도 집중력이다. 간절히 원하는 기도는 그 일에 집중하고 있다는 증거다. 불교의 참선도 집중력이다. 참선은 모든 잡생각인 번뇌를 없애 버리고 삶의 본질에 집중하는 것이다. 집중을 해야만 해탈에 이를 수 있다.

"불광불급(不狂不及), 미치지 않고서는 이루지 못한다." 이 간명한 한자성어는 집중력에 관한 핵심을 말해 주고 있다. 누가 뭐라 하든 자신의 길을 오롯이 가는 사람들, 이리저리 재지 않고 일관된 태도로 노력하는 사람들이 세상을 변화시킨다. '미치는 것', 그것이 바로 집중력이다.

집중력은 행복이다

집중력이라는 한 가지 주제를 가지고 먼 길을 걸어왔다. 마지막 페이지에 이르러 우리는 집중력이 삶에 어떤 역할을 하는지 다시 한 번 생각해 볼 필요가 있다.

집중력이 공부와 일의 효율성을 높이는 지름길이라는 것은 자명하다. 집중력은 목표 설정을 뚜렷하게 해 주고, 실행 의지를 강화한다. 일상생활에서의 온갖 유혹과 주의력을 분산시키는 요소들을 차단하고 한 가지 일에 몰두하게 한다. 특히 집중력은 효율적인 업무관리와 시간관리를 통해 성과를 높이는 데 크게 기여한다.

이처럼 집중력은 목표를 성취하는 효율적인 방법이지만 궁극적으로는 삶을 가치 있게 살고자 하는 매우 중요한 습관이다. 집중력은 공부와 업무에만 그치지 않고 인생 전반과 밀접한 관계가 있다.

집중력은 건강한 정신을 만드는 지름길이다. 어떤 일에 집중하면 문제해결 능력이 향상된다. 자연스레 자신감이 생긴다. 집중력은 스스로에 대한 통제와 관리이기 때문에 삶을 알차게 만든다. 하루하루를 열심히 살게 한다. 요즘 사회는 불확실성 시대이기 때문에 현대인은 늘 불안에 시달리게 되는데 집중력을 갖는 순간 불안감과 두려움, 미래에 대한 걱정에서 벗어날 수 있다.

건강한 정신과 몸을 유지하기 위해 노력하면 균형 잡힌 생활을 할 수 있다. 허드렛일, 쓸데없는 일을 하지 않고 묵묵히 자기 일에 집중하면 안정감이 생긴다. 일과 공부에 열정적으로 몰입하면 반드시 성취한다. 고난이 있고, 다소 성과가 미흡하여 실망스러울지라도 집중하면 언젠가는 목표에 도달한다. 자기 일에 집중하는 사람은 언제나 즐겁고 자신감이 넘친다.

집중력은 실패를 줄인다. 집중하는 사람은 안정적이고 평온하지만 산만한 사람은 불안하고 빈약하다. 한 가지 일에 매진한 사람은 넉넉하지만 이것저것 손댄 사람은 거지꼴이 되기 쉽다.

집중력은 인생을 가치 있게 만든다. 집중을 통해서 시간관리를 잘하면 일과 휴식의 균형을 취할 수 있다. 헛된 시간을 줄이고 잠재력을 발휘할 수 있다. 몰입하면 아드레날린이 분비되면서 신경계가 활성화된다. 성취에 대한 노력이 습관이 되면 자신감과 자긍심이 높아진다. 그러므로 삶이 선순환되면서 행복감이 높아진다.

허랑허랑 놀면 즐거울까? 그것도 하루 이틀이다. 인생을 낭비하는 것은 결국 허망하다. 재화의 낭비도, 정신의 낭비도, 시간의 낭비도 결국 허망한 종착역에 이르고 만다. 반면에 자기가 하고 싶은 일, 해야 할 일에 집중하면 인생이 즐겁지 아니한가? 성취의 기쁨을 맛보면서 가치 있는 삶을 살게 되지 않는가? 궁극적으로 집중력은 가치의 추구다.

집중력은 꿈을 이뤄 내고 한 번뿐인 인생을 가치 있게 만든다. 결국 집중력은 행복의 실현이다.

|참고문헌|

〈제1장〉

Gottfredson Linda S. *Mainstream Science on Intelligence*, University of
Delaware, 1994.

History of the study of attention, Wikipedia, 2012.

Olympic Review: Pool Shark Michael Phelps, *Time Magazine*, August 9 2004.

Peter J. Hampson, Peter Edwin Morris, *Understanding cognition*, Wiley-
Blackwell, 1996.

Stroop J. R., Studies of interference in serial verbal reactions, *Journal of
Experimental Psychology*, 1935.

Terri Passenger, *Understanding ADHD Autism*, Family Doctor Publications,
2006.

Theron Q. Dumont, *The Power of Concentration*, NuVision Publications, 2007.

Tracy Packiam Alloway, Ross G. Alloway, *Understanding Working Memory*,
SAGE Publications, 2014.

William James, *Principles of Psychology*, Dover Publications, 1950.

Baars & Gage N. M. 저, 강봉균 역, 『인지, 뇌, 의식』, 교보문고, 2010.

강명관, 『책벌레들 조선을 만들다』, 푸른역사, 2007.

김은준·강창원, 「주의력결핍 과잉행동장애의 유전적 요인 규명」, 카이스트 뉴스,
Nature Medicine Impact Factor, 2011. 4.

리타 카터 저, 장성준 역,『뇌』, 21세기북스, 2010.

서유헌,『뇌의 비밀』, 살림, 2013.

승현준 저, 신상규 역,『커넥톰, 뇌의 지도(CONNECTOME: How the Brain's Wiring Makes Us Who We Are)』, 김영사, 2014.

올리버 색스 저, 조석현 역,『아내를 모자로 착각한 남자』, 알마, 2015.

이정모·김문수·김민식·유명현·김정오·변은희,『인지심리학』, 학지사, 1994.

크리스토퍼 그린 저, 김선경 역,『ADHD의 이해』, 민지사, 2009.

황농문,『몰입(Think hard!)』, 알에이치코리아, 2007.

〈제2장〉

Freedman J. I. & Fraser S. C., Compliance without pressure: the foot-in-the-door technique, *Journal of personality and social psychology*, 1966.

Wegner D. M., White bears and other unwanted thoughts: Suppression, obsession, and the psychology of mental control, The Guilford Press, 1989.

I. A. 곤차로프 저, 최윤락 역,『오블로모프』, 문학과지성사, 2002.

김재휘,『설득 심리 이론』, 커뮤니케이션북스, 2013.

리처드 코치 저, 공병호 역,『80/20 법칙』, 21세기북스, 2005.

문요한,『굿바이 게으름』, 더난출판사, 2007.

미하이 칙센트미하이 저, 최인수 역,『몰입(Flow)』, 한울림, 2004.

버트란트 러셀,『게으름에 대한 찬양』, 사회평론, 2005.

송명자,『발달심리학』, 학지사, 2008.

조지 레이코프 저, 유나영 역,『코끼리는 생각하지 마』, 삼인, 2006.

〈제3장〉

Birendra N. Mallick, *Rapid Eye Movement,*, Cambridge University Press, 2011.

Godden, D. R. & Baddeley, A. D., Context-Dependent Memory In Two Natural Environments: On And Underwater, *British Journal of Psychology,* University Of Stirling, 1975.

Duncan Macdougall, Wikipedia.

Edward L. Thorndike, *The Psychology of Arithmetic,* Amazon Digital Services LLC, 2102.

Edward L. Thorndike, *The Psychology of Learning,* Teachers College, Columbia University, 1921.

Edwin A. Locke & Gary P. Latham, *New Developments in Goal Setting and Task Performance,* Routledge, 2012.

Elizabeth F. Loftus, *Memory,* Rowman & Littlefield Publishers, 1988.

George Milkovich & Jerry Newman, *Compensation,* McGraw-Hill Education, 2010.

George Miller & Elizabeth Lennesberg, *Psychology and Biology of Language and Thought,* Academic Pr, 1979.

George T. Milkovich, & John W. Boudreau, *Human Resource Management,* Richard D Irwin, 1991.

Hermann Ebbinghaus, *Memory; A Contribution to Experimental Psychology,* Martino Fine Books, 2011.

Jon Kabat-Zinn, *Full Catastrophe Living,* Bantam, 2013.

Jon Kabat-Zinn, *Wherever You Go, There You Are: Mindfulness Meditation in Everyday Life,* Hyperion, 2005.

Latham G. P. & Baldes J. J., The practical significance of Locke's Thoery of goal setting, *Journal of Applied Psychology*, 1975.

Bernard J. Baars & Nicole M. Gage 저, 강봉균 역, 『인지 뇌 의식』, 교보문고, 2010.

EBS 다큐프라임 제작진, 『기억력의 비밀』, 북폴리오, 2011.

Kantowitz, Roediger 저, 남종호 역, 『심리학 연구방법』, 시그마프레스, 2006.

Muchinsky P. M 저, 유태용 역, 『산업 및 조직심리학』, 시그마프레스, 2000.

Paul Chance 저, 박소현·김문수 공역, 『학습과 행동』, 시그마프레스, 2010.

S. lan Robertson 저, 이영애 역, 『사고유형』, 시그마프레스, 2003.

Stephen K. Reed 저, 박권생 역, 『인지심리학』, 시그마프레스, 2003.

고다마 미츠오 저, 정세환 역, 『공부 잘하는 기억력의 비밀』, 아르고나인, 2010.

공신닷컴, www.gongsin.com

김선진, 『재미의 본질』, 경성대학교 출판부, 2013.

김정호, 『인지과학과 명상』, 인지과학학회, 1994.

대니얼 카너먼 저, 이진원 역, 『생각에 관한 생각(Thinking: Fast and Slow)』, 김영사, 2012.

라프 코스터 저, 안소현 역, 『재미이론』, 디지털미디어리서치, 2005.

로렌스 J. 엡스타인 저, 박용한·신윤경 역, 『수면건강과 수면장애』, 조윤커뮤니케이션, 2008.

문제학교에서 성공모델로 탈바꿈한 장곡중학교의 혁신 프로젝트, 『독서신문』, 2013. 8. 9.

리처드 와이즈먼 저, 한창호 역, 『나이트 스쿨』, 와이즈베리, 2015.

샤를 페로 원작, 강원희 역, 『잠자는 숲속의 공주』, 지경사, 2006.

서유헌, 『뇌의 비밀』, 살림출판사, 2013.

양영종·홍호기·김영기, 『메타인지학습』, e경영연구원, 2015.

에드문트 후설 저, 이종훈 역, 『현상학적 심리학』, 한길사, 2013.

엘리자베스 로프터스, 캐서린 케첨 공저, 정준형 역, 『우리 기억은 진짜 기억일까?』, 도솔, 2008.

오쇼 저, 정근호 역, 『명상이란 무엇인가』, 젠토피아, 2014.

오일석, 『패턴 인식』, 교보문고, 2008.

윤가현, 권석만, 김문수, 남기덕, 도경수 저, 『심리학의 이해』, 학지사, 2012.

이케가야 유지 저, 김성기 역, 『착각하는 뇌』, 리더스북, 2008.

장곡중학교 홈페이지(www.janggok.ms.kr), 혁신학교 마당.

정태혁, 『명상의 세계』, 정신세계사, 2004.

조성기, 『전국책』, 동아일보사, 2003.

크리스토퍼 놀란 감독, 영화 〈메멘토(Memento)〉, 2000.

한드로 곤잘레스 이냐리투 감독, 영화 〈21그램(21Grams)〉, 2003.

〈제4장〉

Brian P. Meier, Sara K. Moeller, Miles Riemer-Peltz, & Michael D. Robinson, Sweet Taste Preferences and Experiences Predict, Prosocial Inferences, Personalities, and Behaviors, *Journal of Personality and Social Psychology*, 2011.

Jordan Metzl, The Exercise Cure, www.rodalenews.com.

강영희 저, 『생명과학 대사전』, 아카데미서적, 2008.

나카무라 슈지 저, 김윤경 역, 『끝까지 해내는 힘』, 비즈니스북스, 2015.

노승석, 『이순신의 리더십』, 여해, 2014.

신동준 저, 『무경십서』, 역사의아침, 2012.

이성규 편역, 『사마천 사기: 중국 고대사회의 형성』, 서울대학교출판부, 2007.

자오위핑 저, 박찬철 역,『자기 통제의 승부사 사마의』, 위즈덤하우스, 2013.

정일구,『도요타 생산방식』, 시대의창, 2011.

존 레이티, 에릭 헤이거먼 공저, 이상헌 역,『운동화 신은 뇌』, 북섬, 2009.

존 리더 저, 남경태 역,『아프리카 대륙의 일대기』, 휴머니스트, 2013.

증선지 저, 김정석 편역,『십팔사략』, 미래의창, 2003.

허준 저,『한권으로 읽는 원본 동의보감』, 글로북스, 2012.

〈제5장〉

김병완,『선비들의 평생 공부법: 조선 시대 14인의 공부천재들』, 이랑, 2013.

리앤더 카니 저, 안진환 역,『조너선 아이브』, 민음사, 2014.

신범식,『김득신의 문학론과 문학세계』, 박문사, 2010.

월터 아이작슨 저, 안진환 역,『스티브 잡스』, 민음사, 2011.

정민,『미쳐야 미친다』, 푸른역사, 2004.

쌩큐! 집중력
집중력의 비밀과 실천방법 12가지

2017년 11월 15일 1판 1쇄 인쇄
2017년 11월 22일 1판 1쇄 발행

지은이_김규진
펴낸이_정영석
펴낸곳_**마인드북스**
주 소_서울시 동작구 양녕로25길 27, 403호
전 화_02-6414-5995 / 팩 스_02-6280-9390
홈페이지_http://www.mindbooks.co.kr
출판등록_제25100-2016-000064호
ⓒ 김규진, 2017

ISBN 978-89-97508-49-5 03190

이 도서의 국립중앙도서관 출판예정도서목록(CIP)은 서지정보유통지원시스템 홈페이지
(http://seoji.nl.go.kr)와 국가자료공동목록시스템(http://www.nl.go.kr/kolisnet)
에서 이용하실 수 있습니다. (CIP제어번호: CIP2017029112)